外為エッセンシャルシリーズ Ⅰ

外国為替

大村 博 著

一般社団法人 金融財政事情研究会

まえがき

　現在の私たちの生活は、外国とのつながりおよび海外との取引なしには考えられません。

　日常生活で最も大切な食料の自給率（カロリーベース）は40％ですので、60％は外国からの輸入に頼っていることになります。オーストラリアからの牛肉、米国からの小麦やとうもろこし、中国からの大豆や野菜、フランスからのワイン、ブラジルからのコーヒー等々、数え切れません。また、エネルギー源もサウジアラビアをはじめとしたアラブ諸国からの原油や液化天然ガス（LNG）の輸入に依存しています。ビニール傘も、スーパーやコンビニのレジ袋も、人気ラーメン店の割り箸や爪楊枝も、海外からの供給によって支えられています。

　一方、輸出においては、日本の得意分野である自動車や電子機器はいうまでもなく、本まぐろ、日本酒、りんごまでもが、「メイド・イン・ジャパン」として世界中に溢れています。政治・経済・社会の世界では、この数年間で、米国大手証券会社リーマン・ブラザーズの経営破綻によるリーマンショック、ギリシャの財政赤字に端を発したユーロ通貨危機、円相場が１米ドル＝75円32銭をつけた歴史的な円高、沖縄県の尖閣諸島をめぐる中国との問題、イスラム武装組織によるアルジェリア人質事件、関税の原則撤廃を掲げるTPP（環太平洋経済連携協定）交渉参加、「アベノミクス」による円安・株高など重大な出来事が発生し、わが国にさまざまな問題が投げ掛けられました。そして、現在でも国際的に解決しなければならない重要事項が山積しています。このような環境下、金融の世界でも自由化および国際化が急速に進展しており、金融機関にも大きな影響を与えています。すなわち、金融機関経営の分野において、外国為替業務（以下、「外為業務」）の占める比重は加速度的に高まっています。

　いまや外為業務は、国内の預金業務や融資業務と並んで、金融機関の主要業務となっており、また金融機関経営のなかでも重要な役割を担っていま

す。外為業務についての知識を、単に外為業務に従事している担当者だけがもっていれば十分であるという時代は過ぎ去ったのです。すべての金融機関職員が外為業務についての基礎的な知識・仕組み・用語を理解しておかなければなりません。そうでなければ、多様化・複雑化・グローバル化しているお客さまのニーズに十分応えることができないばかりでなく、内外の金融機関との熾烈な競争に打ち勝つこともできません。

　本書は、このような観点をふまえ、外為エッセンシャルシリーズの第１弾として、金融機関職員として常日頃から知っておかなければならない外為業務の基本的な実務知識を、取引項目ごとにわかりやすく説明しています。皆さまには、本書を学習することで、外為業務に前向きに取り組んでいただき、外為業務も国内業務と同じ感覚で取り扱えるようになることを願っています。

　2013年9月

大　村　　博

【著者略歴】

大村　博（おおむら　ひろし）

FXソリューションズ代表
1948年1月静岡市生まれ
1971年3月一橋大学法学部卒
1971年4月富士銀行（現みずほ銀行）入社
主に、本部および営業店の外国為替業務を担当し、営業店サポートおよび社内外の研修を行う。
2013年1月みずほ銀行退社
外国為替コンサルタント、みずほ総合研究所講師として、外国為替、貿易実務、国際業務に関する執筆およびセミナーを行う。
著書に『国際業務サポートのための外為取引トレーニング』（ビジネス教育出版社）
そのほか、KINZAIファイナンシャル・プラン、近代セールス、バンクビジネス等への寄稿多数

目　次

第1章　外国為替の基本

1 為替とは …………………………………………………………… 2
2 内国為替とは ……………………………………………………… 2
3 外国為替とは ……………………………………………………… 3
4 外国為替と内国為替との違い …………………………………… 5
5 外国為替取引の種類 ……………………………………………… 7
6 外国為替のリスク ………………………………………………… 8
7 外国為替リスクのヘッジ ………………………………………… 10

第2章　外国為替決済の仕組み

1 コルレス契約 ……………………………………………………… 14
2 コルレス銀行とコルレス勘定 …………………………………… 15
3 決済銀行（R/A） ………………………………………………… 16
4 銀行間決済の仕組み ……………………………………………… 16

第3章　外為関連法規

1 外為法の概要 ……………………………………………………… 22
2 許可・承認・届出を要する取引 ………………………………… 29
3 本人確認制度 ……………………………………………………… 34
4 外為法上の報告義務 ……………………………………………… 38
5 マネー・ローンダリング ………………………………………… 43

6 外為法のポイント ………………………………………… 48

第4章　外国為替相場

1 外国為替相場 ……………………………………………… 62
2 円高と円安 ………………………………………………… 64
3 外為相場の変動要因 ……………………………………… 65
4 外国為替市場 ……………………………………………… 72
5 直物相場 …………………………………………………… 77
6 先物相場と為替予約 ……………………………………… 83
7 為替リスクヘッジ ………………………………………… 90

第5章　外貨預金と外貨貸付

1 外貨預金の種類と特徴 …………………………………… 98
2 外貨預金の利用方法 ……………………………………… 104
3 外貨定期預金の採算と実質利回り ……………………… 108
4 非居住者円預金 …………………………………………… 113
5 外貨インパクトローン …………………………………… 116
6 ユーロ円インパクトローン ……………………………… 119

第6章　貿易外取引

1 貿易外取引とその種類 …………………………………… 122
2 外貨両替（外国通貨、旅行小切手） …………………… 124
3 外国送金 …………………………………………………… 129

第7章　貿易取引の基本

1　信用状（L/C） …………………………………………………… 144
2　貿易取引条件（建値） ………………………………………… 160
3　為替手形（ドラフト） ………………………………………… 164
4　船積書類（ドキュメンツ） …………………………………… 166

第8章　輸出取引の仕組み

1　輸出契約までの流れ …………………………………………… 192
2　輸出契約の成立 ………………………………………………… 196
3　信用状の到着 …………………………………………………… 204
4　輸出船積み ……………………………………………………… 209
5　船積書類の作成 ………………………………………………… 214
6　輸出代金の決済方法 …………………………………………… 215
7　書類の点検 ……………………………………………………… 232
8　ディスクレ対応 ………………………………………………… 235

第9章　輸出金融

1　輸出金融の概要 ………………………………………………… 242
2　輸出前貸 ………………………………………………………… 244
3　荷為替手形の買取 ……………………………………………… 246
4　L/Cコンファーム ……………………………………………… 248
5　フォーフェイティング（FORFAITING） …………………… 250
6　インボイスディスカウント（INVOICE DISCOUNT） …… 252
7　インパクトローン（IMPACT LOAN） ……………………… 254

| 8 | 制度金融 | 255 |
| 9 | 輸出関連保証 | 256 |

第10章　輸出代金の回収リスクヘッジ

1	輸出代金の回収リスクヘッジの意義	262
2	輸出ファクタリング	263
3	貿易保険	264

第11章　輸入取引の仕組み

1	輸入契約までの流れ	276
2	輸入契約の成立	279
3	信用状の発行	279
4	輸入代金の決済方法	284
5	信用状付荷為替手形の一覧払決済	292
6	ディスクレとアンペイド	295
7	NACCS	297

第12章　輸入金融

1	輸入金融の概要	302
2	輸入信用状	304
3	支払保証状	306
4	輸入ユーザンス	309
5	輸入はね返り金融	314
6	直はね	315

7	インパクトローン（IMPACT LOAN）	315
8	制度金融	316
9	荷物貸渡（T/R）	317
10	荷物引取保証（L/G）	318
11	AIR T/R（丙号T/R、航空貨物用T/R）	320
12	関税消費税延納保証	321

第13章　輸入商品の入手リスクヘッジ

| 1 | 輸入商品の入手リスク | 324 |
| 2 | 輸入商品の入手リスクヘッジ | 325 |

第14章　特殊貿易

1	特殊貿易の種類	334
2	仲介貿易	335
3	スイッチ貿易	343
4	委託販売貿易	345
5	委託加工貿易	348
6	加工貿易	350
7	貴金属の輸出入	351
8	支払手段等の輸出入	352

事項索引 353

第 1 章

外国為替の基本

1 為替とは

　皆さんご存じのように、銀行の3大業務といえば、「預金」「融資」「為替」です。
　預金は文字どおりお客さまからお金を預かる、融資はお客さまに資金を融通する、すなわちお金を貸すということですが、それでは、「為替とは」という質問をすると、即座に答えられる人は多くはありません。ましてや、「内国為替とは」あるいは「外国為替とは」という質問をすると、それ以上に多くありません。
　それでは、「為替」とは何でしょう。簡単に、そして具体的にいえば、
① 　銀行を通じて、お金を決済すること
② 　現金を送ることなく、銀行が仲介してお金を送ること
③ 　銀行の窓口・ATM、ネットバンキング、でんさいネット、コンビニのATMなどでお金を振り込むこと
④ 　銀行用語でいえば、振込みや代金取立手形のこと
⑤ 　英語でいえば、EXCHANGE（為替、交換、両替、取引所）
などと表現できます。
　すなわち、「為替」とは、場所の離れた二者の間の資金決済を、現金の輸送によらず、銀行への支払委託によって行う仕組みです。場所の離れた二者が、同一国内であれば「内国為替」であり、異なる国であれば「外国為替」になります。

2 内国為替とは

　内国為替とは、同一国内の場所の離れた二者間の資金決済を、現金の輸送を伴わず銀行を介在して行う仕組みで、略して内為（ナイタメ）といいま

す。英語ではDOMESTIC EXCHANGEです。

具体的な決済手段としては、振込み、小切手、約束手形、為替手形、電子債権などになります。それでは、振込みで内国為替の決済の仕組みをみていきましょう（図表1－1参照）。

図表1－1　内国為替の仕組図

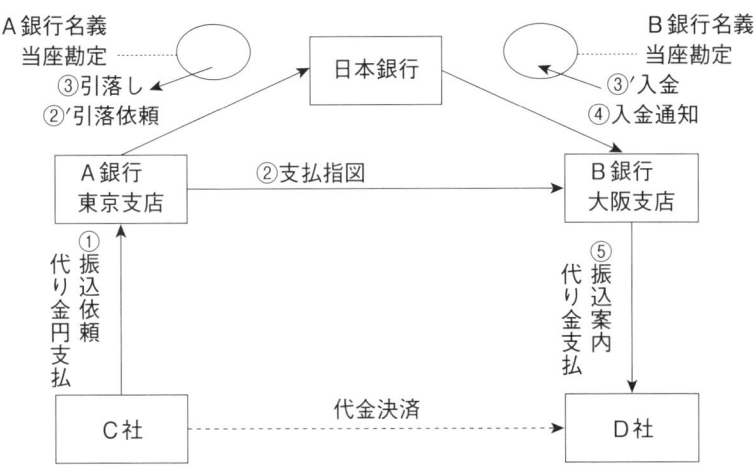

① C社は、A銀行東京支店に振込代金を払い込み、振込依頼をします。
② 振込依頼を受けたA銀行は、D社名義の口座に振込代金を支払うように、B銀行大阪支店に指図します。
②′③③′　A銀行とB銀行との間で資金決済をしなければなりませんが、内国為替の資金決済は、各銀行が日本銀行にもつ当座勘定を通して決済を行います。
④⑤　B銀行大阪支店は、入金通知を確認し、D社に振込案内をし、振込代金を支払います。
この支払方法により、現金輸送に伴う危険や手間を回避することができます。

3　外国為替とは

外国為替とは、異なる国の二者間の資金決済を、現金の輸送によらず、銀行への支払委託によって行う仕組みで、略して外為（ガイタメ）といいま

す。英語では、FOREIGN EXCHANGEです。

具体的な決済手段としては、外国通貨、旅行小切手、外国送金、クリーンビル（小切手）、荷為替手形、信用状などがあげられます。それでは、外国送金で外国為替の決済の仕組みをみていきましょう（図表1－2参照）。

図表1－2　外国為替の仕組図

日本のC社が、米国のD社から電子部品を購入（輸入）し100千米ドルの輸入代金を送金する場合：

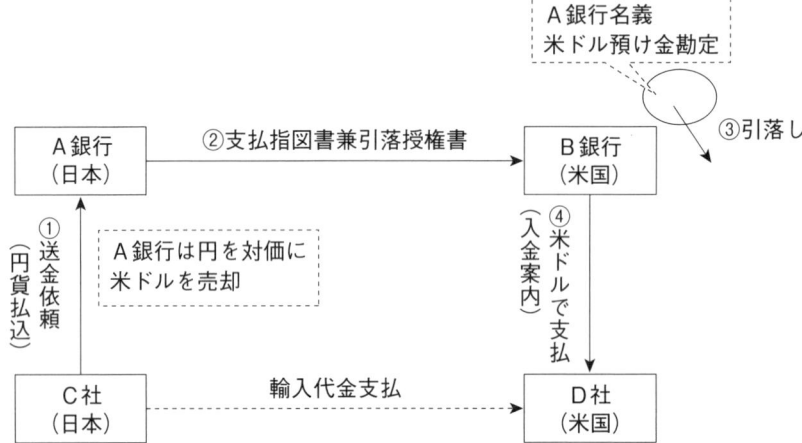

① C社は、仕向外国送金を利用して輸入代金100千米ドルを送金することにしました。
　A銀行に送金を依頼し、送金すべき100千米ドルに相当する円貨額を払い込みます（A銀行は、C社の円を対価に米ドルを売却）。
② A銀行は、D社が口座を保有するB銀行（A銀行名義の米ドル預け金勘定あり）宛に支払指図書兼引落授権書を発行し、A銀行の預け金勘定から100千米ドルを引き落としてD社の口座に入金するように依頼します。
③④ 支払指図書兼引落授権書を受け取ったB銀行は、その支払指図書兼引落授権書がA銀行からのものであることを確認のうえ、A銀行名義の口座から100千米ドルを引き落とし、D社に入金案内をするとともにD社の口座に入金します。

4 外国為替と内国為替との違い

　図表1-1と図表1-2でわかるように、外国為替と内国為替は、基本的な仕組みは同じですが、外国為替は国境を越える資金決済であるため、内国為替と異なる点がいくつかあります。それでは、その違いをみていきましょう。

(1) 決済方法の複雑性

　内国為替（たとえば、銀行振込み）の場合、銀行間の清算は集中決済機関である日本銀行にある預け金勘定（当座預金とほぼ同じ機能）を通して、差額で資金を振り替えることにより行われます。

　一方、外国為替（たとえば、外国送金）の場合、相手の銀行が世界中に広がっているばかりでなく、日本銀行のような集中決済機関がありません。そのうえ、各国の通貨がそれぞれ異なるため、為替取引の決済の仕組みはより複雑なものになっています。

　このため、各銀行は通貨ごとの決済勘定を主にそれぞれの通貨の金融の中心地にある銀行に保有し、その預け金勘定を通じて資金決済をする仕組みになっており、資金決済は差額ではなく、個々の取引ごとに一件一件行われます。

(2) 外国為替相場の存在

　内国為替の場合、当然、取引通貨は日本円のみですが、外国為替は、日本と外国との国境を越える資金移動を行うため、お客さまは決済に必要な外貨を購入したり、受領した外貨を円に交換したりしますが、その際異なる通貨間の交換比率として外国為替相場が必要になります。

　銀行は、この外国為替相場を使用してお客さまと外貨の売買をしますが、この外貨の売買により、銀行には、為替変動リスクが生じます。この為替変

動リスクの回避は銀行にとってきわめて重要な業務で、内国為替業務と大きく異なる点です。

(3) 法律・規則の複雑性

外国為替は、国と国との間の資金決済手段として利用されているため、必然的に国際収支ひいては国内経済にも影響を及ぼします。このため、国際収支の均衡、国内産業の保護、さらには国際条約の遵守、国際連合による経済制裁への協力などのため各国とも程度の差こそあれ各種法律、規則などを制定しています。

わが国で制定し、外国為替業務に直接かかわる主なものには次のようなものがあります。

「外国為替及び外国貿易法」(以下、「外為法」)
「外国為替令」
「外国為替に関する省令」
「内国税の適正な課税の確保を図るための国外送金等に係る調書の提出等に関する法律」(以下、「国外送金等調書法」)
「犯罪による収益の移転防止に関する法律」(以下、「犯罪収益移転防止法」)

また、法制度の異なる国をまたがる外国為替取引において、国際的な規則として現在、信用状取引、取立取引ならびに保証取引などに関して、国際商業会議所(ICC)の制定した規則が世界の多数の銀行によって広く利用されています。主なものに次のようなものがあります。

「信用状統一規則」(UCP600)
「取立統一規則」(URC522)
「請求払保証統一規則」(URDG758)
「銀行間補償統一規則」(URR725)

5　外国為替取引の種類

(1) 貿易取引

貿易取引とは、外国と物（商品）やサービスの売買を行うことです。貿易取引は、国内取引と違い、外国と取引することから、さまざまな国際ルールがあります。

貿易取引には、外国へ物を販売する輸出取引、外国から物を仕入れる輸入取引、そして三国間で輸出入取引を行う仲介貿易があります。

(2) 輸出取引

日本の輸出業者が、外国の輸入業者との売買契約に基づいて、海外に商品や原材料を販売し、その輸出代金を回収するまでの一連の流れを輸出取引といいます。

言い換えると、輸出者は輸出する商品の生産または集荷を行い、その販売代金を輸入者から回収することです。

(3) 輸入取引

日本の輸入業者が、外国の輸出業者との売買契約に基づいて、海外から商品や原材料を仕入れ、その輸入代金を決済するまでの一連の流れを輸入取引といいます。

(4) 仲介貿易

外国の輸出者と外国の輸入者との貿易を日本の業者が仲立ちする場合、これを仲介貿易といいます。

この場合、売買契約は輸出者と日本の仲介業者、輸入者と日本の仲介業者との間で交わされ、商品である貨物は、直接、輸出者から輸入者に宛て輸出

されることになります。

　代金は輸入者から日本の仲介業者に支払われ、さらにその仲介業者が海外の輸出者に代金を支払って、その差額が日本の仲介業者の儲けとなります。

(5) 貿易外取引

　貿易外取引とは、文字どおり、貨物の輸出入取引以外の取引の総称です。具体的には、輸出入取引にかかわるサービスの提供（たとえば、輸送、用船、保険、保管、検査、査証など）、技術の提供・援助、寄付、贈与、見舞い、海外旅行などがあげられます。

(6) 資本取引

　資本取引とは、貨物やサービスの移動を伴うのではなく、お金だけが移動する取引です。具体的には、金銭の貸借、投資、債務の保証、預金、証券の取得、不動産の売買などがあげられます。

6　外国為替のリスク

　日本国内で商取引を行う場合、取引の相手方は通常日本人であり、日本に住所があって、日本語を話し、日本円で代金の決済をします。商取引において、大切な相手先の信用状態も比較的容易に調べることもできますし、電話1本やメール1通で商品が配達され、その代金決済は小切手や約束手形を振り出すことによって済ますことができます。一度振り出された小切手や手形の金額が決済日に変わることもありませんし、あまり神経を使うことなく、取引を進めることができます。

　一方、海外取引の場合はどうでしょうか。国内取引と比較してどのような相違点や問題点があるのか、そしてこれらの問題点はどのような方法で解決できるのかについて説明します。

(1) 非常リスク

　日本は、政治的にも経済的にも相対的に安定していますが、取引の相手国や直接投資する相手国によっては、現実に戦火のなかにあったり、政変が繰り返されたりという国もありますし、経済情勢が大きく変化することもあれば、外貨準備高が悪化することもあります。貿易上の輸入制限などもその1つです。その他、港湾ストライキ、天変地異など人力の及ばないいわゆる不可抗力のリスクもあります。これらを非常リスク（FORCE RISK）、または、カントリーリスク（COUNTRY RISK）といいます。

(2) 信用リスク

　海外取引の相手先は、外国企業であり、地理的にも遠く、訪問することも簡単にはできず、情報量も少ないので、取引の相手方の実態を知ることは容易ではありません。信用状態がはっきりつかめず、代金決済や品物の品質、受渡にも不安があります。これを信用リスク（CREDIT RISK）といいます。

(3) 為替リスク

　海外取引では日本円を使用するか、外国の通貨を使用するかのどちらかを選ばなければなりません。外国の通貨で取引する場合は、常に日本円とその通貨との交換比率、つまり外国為替相場が問題となります。したがって、海外取引には国内取引では考えられない為替リスク（EXCHANGE RISK）があるわけです。為替相場の変動の激しいときには、この為替リスクには特に注意しなければなりません。なお、海外取引に日本円を使用した場合、日本側には為替リスクはありませんが、逆に相手先のほうが為替リスクにさらされることになります。

(4) その他のリスク

　海外取引では、上記のように国内取引では考えられないようなリスクがあ

りますが、このほかにも、言葉の違いによる大きなハンディがあります。また法律、習慣などの違いによるトラブルなどもかなり多く、特に外国で裁判に持ち込まれたような場合、その手数と出費は大変なものになります。また、リスクではありませんが、外為法をはじめとする一連の法令があって、有事規則などの一部制限や、当局への報告を義務づけられている取引があります。特に、直接貿易を始めるときには、外為法も理解しておく必要があります。

7　外国為替リスクのヘッジ

　海外との取引では、国内取引では起きないようないろいろなリスクや問題点があることを述べました。それでは、このようなリスクや問題点に対しては、どのような対処（ヘッジ）方法があるのでしょうか。

(1)　非常リスクのヘッジ

　取引相手国の突然の政変、経済政策の変更などによって、契約されていた取引が実行できないとか、代金の回収が不可能になるなどのリスクに対しては、貿易保険制度があり、独立行政法人 日本貿易保険（NEXI）がリスクの大部分を引き受けてくれます。海外事業に伴う相手国の政治リスクや災害リスクについても貿易保険制度でヘッジすることができます。

　また、輸送中の事故や暴動などによる貨物の損害は、貨物に海上保険を掛けておくことにより防ぐことができます。

　カントリーリスクにより信用状発行銀行から輸出代金の支払を受けられないことがあります。このようなおそれがある場合は、信用状を発行銀行以外の信頼できる銀行の確認を加えた確認信用状にしてもらう方法があります。また、期限付信用状取引においては、フォーフェイティングによりカントリーリスクをヘッジする手法も有効です。

(2) 信用リスクのヘッジ

　まず、相手方の信用調査をしっかり行うことが大切です。海外取引先の信用調査をするには、国内と同様に興信所などの信用調査機関を利用する方法があります。銀行で信用調査を取り次いだり、各国の上場会社などであれば情報を保有していることもありますので、お客さまに情報の提供を心掛けましょう。

　また、ジェトロ（JETRO：日本貿易振興機構）に行けば、各種資料を閲覧することができ、信用調査（有料）を依頼することもできます。

　信用調査の結果、良好な取引先であることが判明しても、やはり輸出をするうえで不安が残ります。このような場合、決済面で両者の取引を安心して行えるようにしてくれる手段として、銀行の発行する信用状があります。銀行が信用状によって代金決済を約束するものです。

　その他、カントリーリスクの場合と同様に、貿易保険制度があり、日本貿易保険がリスクの大部分を引き受けてくれます。

(3) 為替リスクのヘッジ

　為替リスクは、海外取引の決済通貨が外国の通貨である場合、その通貨を日本円に交換するときに生じてきます。したがって、輸出で得た外国の通貨を日本円に交換せず外貨預金にいったん入金して、後日輸入の決済に使ったり、また海外取引でも決済通貨を日本円にしておけば、日本側では為替リスクの問題はなくなるわけです。

　しかし、外貨のまま使用する方法では、輸出と輸入の金額が釣り合わないとうまくいきません。また、円建ての取引では逆に外国側に為替リスクが生じますので、日本側が強い立場でないと、なかなか商談がまとまらないということになります。

　為替リスクを避けるためによく利用されるのは、為替予約（先物予約または単に予約）です。これは、将来輸出入の取引があり、その金額や決済の時期がわかっている場合、銀行とあらかじめ為替相場の取決めをしておくこと

です。

　また、1998年4月施行の改正外為法により自由に行われるようになった居住者間の外貨建決済や、ネッティングを利用することによって、為替リスクを削減することも可能になりました。

(4)　その他リスクのヘッジ

　海外との取引には上記のほか、法律、慣習、言語などの違いによるトラブルがあります。法律、慣習の違いをヘッジするために、信用状統一規則、取立統一規則、請求払保証統一規則、インコタームズなどの国際ルールが生まれました。

　しかし、トラブルが発生した場合は、最終的には、これらの統一規則や契約書や法律に基づいて裁判や仲裁で決着をつけなければなりません。

　この場合、裁判や仲裁が、日本において日本の法律に基づいて行われるのと、外国において外国の法律に基づいて行われるのとでは、日本側の立場に非常に大きな差を生じます。

　したがって、契約書に裁判や仲裁は日本法に基づいて日本で行う旨の条項を入れることができれば、大変有利になるわけですが、相手方が同意するとは限りません。

　海外取引には、このようなリスクや問題点がありますが、これらを回避する方法もあるわけですので、海外取引を成功させるためには、まず最初に外国為替、外国貿易、外為相場などの仕組みを十分に理解することが重要です。

第 2 章

外国為替決済の仕組み

1 コルレス契約

　コルレス契約とは、一口でいえば、国際間の資金決済などのために銀行が外国の銀行と結ぶ為替業務の代行契約のことです。コルレスとは、コレスポンデント（CORRESPONDENT）の略で、銀行が外国為替取引を行う場合、外国の銀行と取引上の一般的事項についてあらかじめ契約を結ぶことをいいます。

　コルレス契約では、資金の決済方法、送金の支払委託、荷為替手形の取立依頼、信用状の授受、手数料の料率などの取決めを行っています。

　日本の銀行は、外国送金や輸出入などの外国為替取引を円滑に行うために、各国の有力銀行とスイフトRMA（RELATIONSHIP MANAGEMENT APPLICATION）導入の合意を行いますが、この合意が、実質的にはコルレス契約に該当します。スイフトRMAとは、相手銀行との資金決済指示などを送受信できる環境をスイフト上に維持するために導入される仕組みのことをいいます。なお、スイフトとは、国際銀行間データ通信システムのことですが、詳しくは、第6章3(3)（131頁）を参照してください。

　上記のスイフトRMAの締結はもちろんですが、コルレス契約を締結するにあたり、次のような事項を取り決めます。なお、コルレス契約の締結時に銀行間で相互に交換する書類のことを総称して、コントロール・ドキュメンツ（CONTROL DOCUMENTS）といいます。

① 　資金決済の方法……外国為替取引の決済に利用する決済銀行を主要通貨ごとに一覧表にして相手銀行へ通知します。
② 　取引条件書……「タリフ（TARIFF）」と呼ばれているもので、銀行が銀行間取引に適用する取引種類別の利息や手数料などの料率を定めます。
③ 　署名鑑……銀行内の英文署名権限が付与された者の署名（サイン）を収録したものですが、最近では、ほとんどの外国為替取引は、上記のスイフトによって行われているため、文書による取引はほとんどなくなってきていま

す。

2 コルレス銀行とコルレス勘定

　日本から米国へ外国送金をする場合、いちいち日本円の現金を米国まで郵送して米ドル札に両替しているわけではありません。上記のように、コルレス契約により日本の銀行は米国に系列銀行もしくは提携銀行をもっていて、そこの米ドル口座を利用して資金決済を行っています。このように、コルレス契約に基づいて、外国為替の決済のために利用している銀行をコルレス銀行（CORRESPONDENT BANK）またはコルレス先と呼んでいます。
　一口でいえば、コルレス銀行とは、銀行がコルレス契約を締結する相手の銀行のことです。コルレス銀行には、次の2種類があります。
① デポコルレス銀行（デポコルレス先：DEPOSITORY CORRESPONDENT BANK）……デポコルレス銀行とは、日本の銀行が外国の銀行に預け金勘定を開設している場合や外国の銀行が日本の銀行に預け金勘定（日本の銀行からみて、預り金勘定）を開設している場合、その相手のコルレス銀行をいいます。デポコルレス先または単にデポ先ともいいます。そして、この預け金勘定や預り金勘定をコルレス勘定といっています。
　日本の銀行は、米ドルやユーロなどの主要通貨については、自らの海外支店のほか、外国の主要な銀行に当該国通貨の決済勘定（当該通貨建ての預金口座）を開設し、外国為替取引に伴う資金移動が円滑に行われるように備えています。
② ノンデポコルレス銀行（ノンデポコルレス先：NON-DEPOSITORY COR-RESPONDENT BANK）……コルレス契約を締結している銀行のうち、上記①の預け金勘定を開設していない銀行をノンデポコルレス銀行といい、単にノンデポ先ということもあります。
　なお、日本の銀行がコルレス契約を締結していない銀行をノンコルレス銀行（NON-CORRESPONDENT BANK）、またはノンコルレス先といいます。

以上をまとめると、図表2－1のようになります。

図表2－1　外国の銀行の区分け

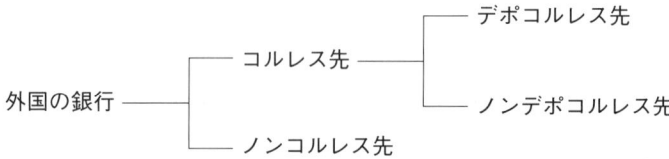

3　決済銀行（R/A）

　日本の銀行は、お客さまの依頼を受けて外国送金や輸出入などの外国為替取引をする場合、外国の相手銀行と資金の授受を行う必要があります。

　その相手銀行がデポコルレス先で、その銀行に取引通貨の預け金勘定があるか、日本の銀行に預り金勘定がある場合は、その口座を通じて資金授受ができますが、その外国の銀行がノンデポコルレスの場合またはデポコルレス先であっても取引通貨の口座がどちらの銀行にもない場合には、原則として双方の銀行が取引通貨の預金口座を開設している第三の銀行を通して資金の授受を行います。この第三の決済銀行のことを、決済銀行(REIMBURSEMENT AGENT、略してR/A)といいます。

4　銀行間決済の仕組み

　日本から外国への仕向送金を例として、4つの基本パターンを説明します。

(1)　預け金勘定引落方式（主に外貨建取引の場合）

　支払銀行にある送金銀行の勘定を引き落として資金の受渡（決済）を行い

ます(図表2-2参照)。

図表2-2 預け金勘定引落方式の仕組図

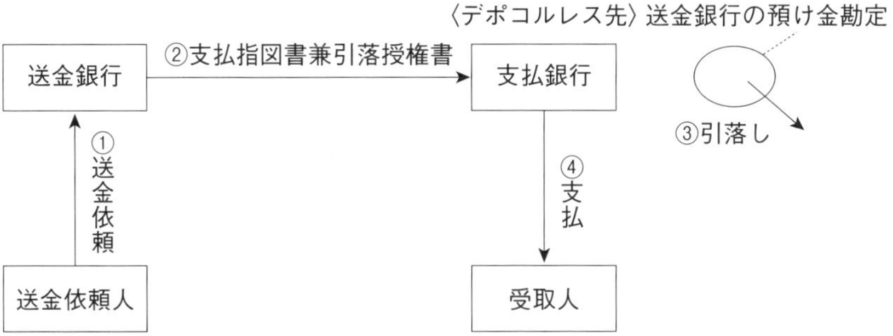

```
送金銀行 ──②支払指図書兼引落授権書──→ 支払銀行    〈デポコルレス先〉送金銀行の預け金勘定
  ↑                                      │              ◯
  ①送金依頼                               ④支払           ③引落し
  │                                      ↓
送金依頼人                              受取人
```

(2) 預り金勘定入金方式(主に円建取引の場合)

送金銀行にある支払銀行の勘定に入金して資金の受渡(決済)を行います(図表2-3参照)。

図表2-3 預り金勘定入金方式の仕組図

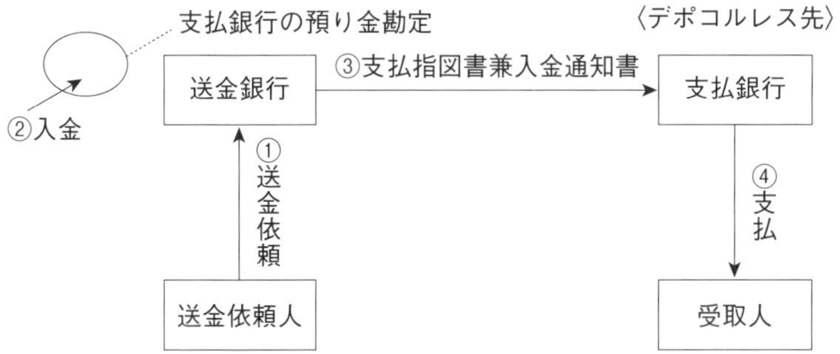

```
             支払銀行の預り金勘定                    〈デポコルレス先〉
    ◯    ─→ 送金銀行 ──③支払指図書兼入金通知書──→ 支払銀行
  ②入金         ↑                                      │
              ①送金依頼                                 ④支払
                │                                      ↓
             送金依頼人                              受取人
```

(3) R/A(REIMBURSEMENT AGENT)方式

支払銀行がノンデポコルレス先の場合、あるいはデポコルレス先の場合でも取引通貨の勘定をお互いに保有していない場合には、決済銀行(R/A)にある送金銀行の勘定から支払銀行の勘定へ振替えを行うことにより資金の受渡(決済)を行います(図表2-4参照)。

図表2－4　R/A方式

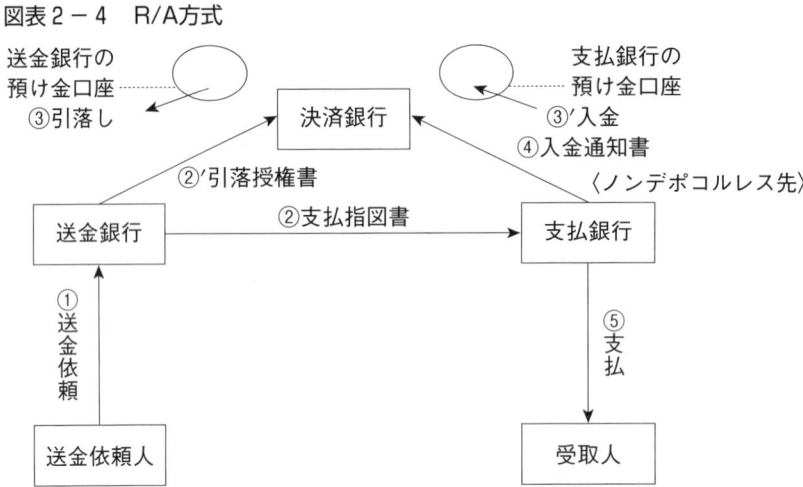

(4) ノンコルレス先への送金

　ノンコルレス先へは支払指図書を直接発信できませんので、同地域（たとえば、同じ都市内）にある送金銀行のデポコルレス先へ支払指図書を発信し、そのデポコルレス先からノンコルレス先に対し、受取人への支払を依頼する流れになります（図表2－5参照）。

図表2-5 ノンコルレス先方式

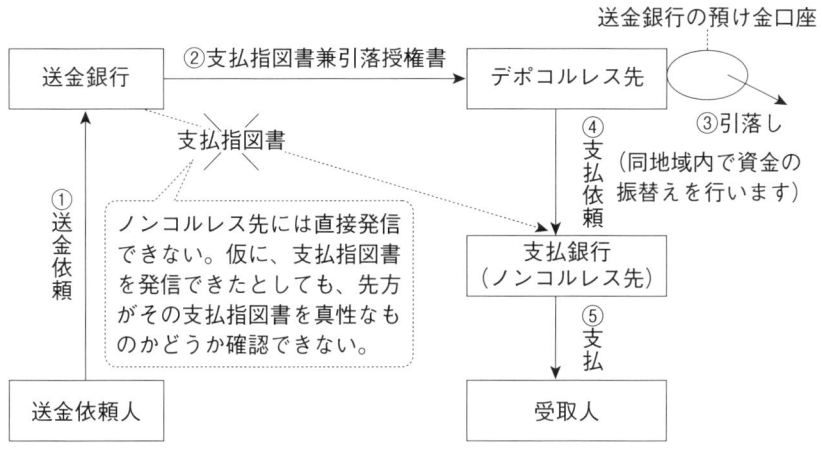

【参考】 資金決済関連の主な用語解説

用　　語	内　　容
支払指図書 PAYMENT ORDER（P/O）	送金銀行が仕向先銀行に対し一定金額を受取人に支払うよう指図する際に使用する指図書
支払通知書 PAYMENT ADVICE（P/A）	支払指図書等により、支払ったことを依頼人に連絡する通知書
入金通知書 CREDIT ADVICE（C/A）	口座に入金があったことを支払銀行へ連絡する通知書
引落授権書 DEBIT AUTHORIZATION（D/A）	口座名義人が、銀行に資金を口座から引き落とすことを依頼する授権書
引落通知書 DEBIT ADVICE（D/A）	上記引落授権書に従って、指定口座から支払ったことを依頼人（送金銀行）に連絡する通知書

第2章 外国為替決済の仕組み　19

第 3 章

外為関連法規

1　外為法の概要

(1)　外国為替及び外国貿易法（外為法）とは

「外国為替及び外国貿易法」（以下、「外為法」）は、資金の移動としての外国為替とその原因となる取引を包括的に管理する基本的法律です。

外為法は、合計9章と附則で構成されていますが、細部は政令・省令などに委ねる形式を採用しているため、全体の体系としては、膨大なものになっています。

1949年（昭和24年）「外国為替及び外国貿易管理法」として制定され、その後何度か部分的な改正が行われてきましたが、1979年（昭和54年）の改正で、基本的な考え方が従来の「原則禁止」から「原則自由」に変更されました。

さらに、その後の内外の金融情勢の変化に対応するため、1998年（平成10年）に、抜本的な改正が行われ、法律名から「管理」の文字が削除されました。外国への支払等が自由化され、資本取引についてはこれまでの「許可または事前届出」から「事後報告制度」に変更されました。このように、外為取引は原則自由化されていますが、まったく無制限に行えるというものではなく、国の許可・承認が必要な取引や事後報告が必要な取引もあります。

(2)　外為法の概略

外為法は、合計9章と附則から構成されており、あらましは以下のとおりです。なお、1998年（平成10年）改正時に、外為法11条〜15条までが削除されています。

① 　第1章：総則（1条〜9条）

外為法の目的、適用範囲、定義、取引等の非常停止など、総則に関する事項が規定されています。

② 第2章：我が国の平和及び安全の維持のための措置（10条）

わが国の平和および安全の維持のために、対外取引の規制、いわゆる「経済制裁措置」を閣議決定により発動できる旨がうたわれています。

この経済制裁措置の対象となる取引は、送金取引、預金取引、資本取引、役務取引、輸出入取引、仲介貿易などで、具体的には財務省・経済産業省の告示によって指定されます。

③ 第3章：支払等（16条～19条）

外国への支払等は、原則自由ですが、法の目的に照らして必要があると認められるときは、支払等をする者に対して許可を受け、または届出の義務を課すことができると定めています。

④ 第4章：資本取引等（20条～25条の2）

対外直接投資（金銭の貸付、証券の取引）などの資本取引は、事後報告制度のもとで、自由に行えますが、異常な事態が生じたときには、有事規制が発動される旨がうたわれています。

⑤ 第5章：対内直接投資等（26条～46条）

外国人投資家による対内直接投資と技術導入契約については、原則として事後報告制とされています。

ただし、特定のものについては事前届出制とされ、資本取引等の有事規制で定める事態と同様の事態を招くおそれがある場合には、内容の変更、中止の勧告・命令が出されることがある旨が規定されています。

⑥ 第6章：外国貿易（47条～54条）

輸出および輸入については、原則自由である旨が規定されるとともに、法令違反に対する制裁や経済産業大臣の税関長に対する指揮・監督などが定められています。

⑦ 第6章の2：報告等（55条～55条の9）

各種の外国為替取引にかかわる事後報告制度の内容が規定されています。

報告の代表的なものに「支払又は支払の受領に関する報告書」がありますが、輸出入取引を除き、原則として30百万円を超える場合に提出が必要とされています。

⑧　第6章の3～第9章および附則

不服申立ての手続における聴聞および不服申立てと訴訟の関係、外為業務を行う者等への立入検査、日銀に対する事務の委任、外為法の違反行為についての罰則などの諸規定が盛り込まれています。

(3) 外為法の目的

外為法の目的は、第1条において、「この法律は、外国為替、外国貿易その他の対外取引が自由に行われることを基本とし、対外取引に対し必要最小限の管理又は調整を行うことにより、対外取引の正常な発展並びに我が国又は国際社会の平和及び安全の維持を期し、もつて国際収支の均衡及び通貨の安定を図るとともに我が国経済の健全な発展に寄与することを目的とする」と規定されています。

このなかにある「対外取引に対し必要最小限の管理又は調整」として、外為法は、適法性の確認義務、本人確認義務、報告義務などを銀行あるいはお客さまに課しています。

(4) 平時原則自由・有事規制

外為法では、一部の例外はあるものの、対外取引は「平時」において自由に行うことができますが、「有事」の場合には、いわゆる「有事規制」が発動されることが明記されています。

たとえば、外国への支払等については、次のような場合に、「有事規制」がとられます。

① 条約などの国際的約束を履行するため必要な場合、または国際平和のための国際的な要請に応じて経済制裁などを機動的かつ効果的に実施しうるメカニズムを確保することが必要な場合。
② 国際収支の均衡の維持が困難になったり、外国為替相場が急激に変動するなどの特別な事態が生じた場合。
③ 外為法の確実な実施を図るため必要とされる場合。

また、金銭の貸借・証券の取得・不動産の取得などの資本取引について

は、次のいずれかの事態が生じたときに、「有事規制」が発動されることになっています。
① 条約などの国際的約束を誠実に実行することを妨げ、または国際平和のための国際的な努力に寄与することを妨げることとなる事態を生じ、外為法の目的を達成することが困難になった場合。
② 国際収支の均衡を維持することが困難になった場合。
③ 外国為替相場に急激な変動をもたらすことになった場合。
④ 外国との大量の資金移動により、金融市場または資本市場に悪影響を及ぼすことになった場合。

上記のほか、わが国の平和、安全維持のために、特に必要がある場合には、政府は、閣議決定に基づき対応措置を講ずることができます。ただし、国会による事後承認が必要になります。

(5) 外為法の体系

外為法を構成する法令は、法律、政令、省令、告示、通達からなっており、その主要法令は図表3-1のようになっています。

外為法では、細部まで規定せず、その基本または基準だけを定め、法を実施するための具体的な細部の規定は、政令（内閣が定めたもの）、省令・告示・通達（所管する省が定めたもの）に委ねられています。このような方式を「委任立法形式」といいます。

(6) 居住性の判定基準（居住者と非居住者の定義）

外為関連法規を理解するためには、外為法上の居住者・非居住者の概念・区分の理解が前提になります（図表3-2参照）。

図表3-1　外為法を構成する主要法令

[法律]　[政令]　[省令]　　　　　　　　　　　　（　）内：法令等の略称

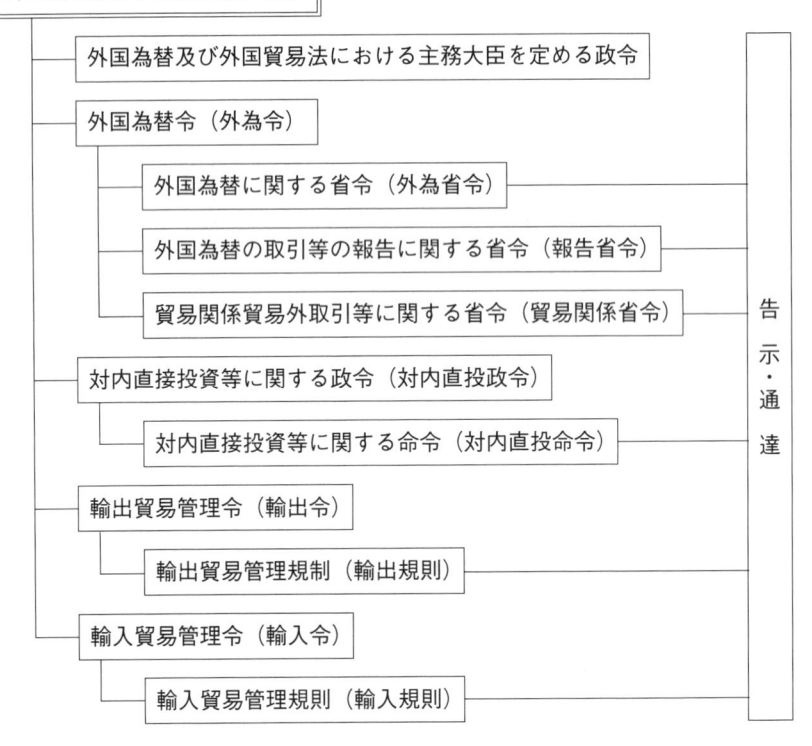

- 外国為替及び外国貿易法（法）
    - 外国為替及び外国貿易法における主務大臣を定める政令
    - 外国為替令（外為令）
        - 外国為替に関する省令（外為省令）
        - 外国為替の取引等の報告に関する省令（報告省令）
        - 貿易関係貿易外取引等に関する省令（貿易関係省令）
    - 対内直接投資等に関する政令（対内直投政令）
        - 対内直接投資等に関する命令（対内直投命令）
    - 輸出貿易管理令（輸出令）
        - 輸出貿易管理規制（輸出規則）
    - 輸入貿易管理令（輸入令）
        - 輸入貿易管理規則（輸入規則）

→ 告示・通達

図表3-2　居住性の判定基準

区　分		判定基準	居住性
個　人（注）	本邦人	① 本邦人は、原則として居住者 ② 本邦の在外公館に勤務する目的で出国した外国に滞在する者	居住者
		① 外国にある事務所（本邦法人の海外支店等、現地法人、国際機関を含む）に勤務する目的で出国し外国に滞在する者 ② 2年以上外国に滞在する目的で出国し外国に滞在する者	非居住者

		③ 本邦出国後、外国に2年以上滞在するに至った者 ④ 前記①〜③に掲げる者で一時帰国し本邦における滞在期間が6カ月未満の者	
	外国人	① 外国人は、原則として非居住者 ② 本邦に滞在する外国政府または国際機関の公務を帯びる者 ③ 本邦に滞在する外交官または領事館およびこれらの随員または使用人（ただし外国において任命または雇用された者に限る）	非居住者
		① 本邦にある事務所に勤務する者 ② 本邦に入国後6カ月以上経過するに至った者	居住者
法人等 （法人団体機関その他これに準ずるもの）	本邦法人等	① 本邦に主たる事務所を有する法人等 ② 外国にある日本政府の公館	居住者
		① 本邦法人等の外国にある支店、出張所その他の事務所	非居住者
	外国法人等	① 外国に主たる事務所を有する法人等 ② 本邦にある外国政府の公館（使節団を含む）および国際機関	非居住者
		① 外国法人等の本邦にある支店、出張所、その他事務所	居住者
合衆国軍隊等および国際連合の軍隊等		① アメリカ合衆国軍隊およびその構成員、軍属、それらの家族、施設等 ② 国際連合の軍隊およびその構成員、軍属、それらの家族、施設等	非居住者

（注）　家族の居住性……居住者または非居住者と同居し、かつ、その生計費がもっぱら当該居住者または非居住者に負担されている家族の居住性は当該居住者または非居住者の居住性に従う。

(7) 外為法上の用語の定義

外為法上の用語のうち、主要なものについて説明しますので、参考にしてください。

① 支払等

「支払等」とは、支払と支払の受領のこと（外為法8条）で、一般的にいえば、おカネの支払と受取のことです。

② 支払手段

「支払手段」とは、ⓐ銀行券、政府紙幣、小額紙幣および硬貨、ⓑ小切手（旅行小切手を含む）、為替手形、郵便為替および信用状、ⓒ証票、電子機器その他の物に電磁的方法により入力されている財産的価値であって、不特定または多数の者相互間での支払のために使用することができるもの（いわゆる、電子マネー）、ⓓ約束手形およびⓐまたはⓑに掲げるものに準ずるものです（外為法6条7号）。

③ 支払手段等

上記②の「支払手段」に、貴金属と証券を加えたものです（外為令8条1項）。

④ 対外支払手段

「対外支払手段」とは、外貨建てで表示された、または外国において支払のために使用可能な支払手段（本邦通貨を除く）をいいます（外為法6条8号）。

⑤ 資本取引

資金の移動のみで、物やサービスの移転を伴わない対外的な金融取引をいいます。

具体的には、預金、金銭の信託、金銭の貸借、債務の保証、対外支払手段の売買、金銭債権の売買、証券の取得・譲渡、証券の発行・募集、不動産の取得などです（外為法20条）。

⑥ 対外直接投資

居住者による出資比率が10％以上の外国法人が発行する証券の取得、当該

外国法人に対する1年を超える金銭の貸付などのことです（外為法23条）。
⑦　役務取引
　サービス取引（労務・便益の提供を目的とする取引）のことです（外為法25条）。
⑧　対内直接投資
　外国投資家が行う本邦の会社の非公開株式・持分の取得、本邦企業への1年を超える政令で定める金額以上の貸付のことです（外為法26条）。
⑨　技術導入契約の締結
　工業所有権その他の技術に関する権利の譲渡、これらに関する使用権の設定、事業の経営に関する技術の指導に係る契約の締結、更新、契約条項の変更などのことです（外為法30条）。

2　許可・承認・届出を要する取引

(1)　許可、承認、届出を要する取引

　外為法1条には、「この法律は、外国為替、外国貿易その他の対外取引が自由に行われることを基本とし、対外取引に対し必要最小限の管理又は調整を行うことにより、対外取引の正常な発展並びに我が国又は国際社会の平和及び安全の維持を期し、もって国際収支の均衡及び通貨の安定を図るとともに我が国経済の健全な発展に寄与することを目的とする」とあり、対外取引に対し、必要最小限の管理または調整を行うと規定されています。
　この基本方針に基づき、許可、承認、届出を要する取引があるわけですが、これは、わが国が締結した条約や国際的な約束を誠実に履行するうえから行われる、むしろ例外的な規制といえます。つまり、管理や調整は必要にして最小限のもののみ行われるという精神です。
　具体的な管理手法としては、許可の取得、承認の取得、事前届出がありますので、各々について解説します。

(2) 許可を要する取引

支払、資本取引、役務取引、輸出取引、仲介貿易取引などに、下記のとおり、主務大臣（財務大臣または経済産業大臣）の許可が必要なものがあります。

① 支　払
　ⓐ　下記 i～xi に対する支払、下記 i～xi による本邦から外国へ向けた支払
　　　i　タリバーン関係者
　　　ii　テロリスト
　　　iii　リベリア前政権関係者
　　　iv　コンゴ民主共和国に対する武器禁輸措置違反者
　　　v　コートジボワール和平等に対する脅威構成者
　　　vi　スーダンにおけるダルフール和平阻害関与者
　　　vii　ソマリア武器禁輸措置違反者
　　　viii　北朝鮮制裁対象者
　　　ix　イラン制裁対象者
　　　x　リビア制裁対象者
　　　xi　シリア制裁対象者　など
　ⓑ　居住者が他の居住者または非居住者と共同で設立する組合等による外国における事業活動に充てるための支払
　　　なお、ここでの事業活動とは、漁業、皮革・皮革製品の製造業、武器の製造業、武器関連設備の製造業、麻薬等の製造業です。
　ⓒ　北朝鮮の核関連計画等に貢献しうる活動に寄与する目的の支払等
　ⓓ　イランの核活動等に寄与する目的で行われる外国向けの支払等

② **資本取引にかかわる支払等**
　ⓐ　上記 i～xi との間の資本取引（預金契約、信託契約、金銭の貸付契約）
　ⓑ　イラク前政権関係者等との間の預金契約、信託契約、金銭の借入契約、債務の保証契約
　ⓒ　ミロシェヴィッチ関係者等との間の預金契約

ⓓ　イラク前政権関係者等、上記ⅰ～ⅺとの間で行う特定資本取引
ⓔ　北朝鮮の核関連計画等に貢献しうる活動に寄与する目的の資本取引
ⓕ　イラン関係者の証券売買に関する資本取引

なお、上記の外為法に基づく資産凍結等措置の対象者一覧表については、財務省のホームページ（http://www.mof.go.jp）に掲載されていますので、参照してください。

③　役務取引
　ⓐ　特定の技術を特定の地域において提供することを目的とする役務取引
　ⓑ　鉱産物の加工・貯蔵等に係る役務取引
　ⓒ　宇宙開発に関する日米協力に関する交換公文に基づき、わが国に移転された技術を提供する役務取引
　ⓓ　北朝鮮の核関連計画等に貢献しうる活動に寄与する目的の非居住者との間で行う金融に関する役務取引
　ⓔ　イランの核活動等に寄与する目的で行われる保険に係る役務取引

④　輸出取引
輸出令別表第一に定める特定の地域を仕向地とする特定の種類の貨物の輸出……具体的には、武器関連貨物、大量破壊兵器関連貨物、通常兵器関連貨物などの戦略物資です。

⑤　仲介貿易取引
　ⓐ　武器関係貨物の仲介貿易取引
　ⓑ　北朝鮮を貨物の原産地、船積地域または仕向地とする仲介貿易取引

(3)　承認を要する取引

下記の輸出入取引に限定されており、経済産業大臣の承認が必要になります。

① **輸出取引**
　ⓐ　輸出令別表第二に定める特定の種類の貨物の特定の地域を仕向地とする貨物の輸出……具体的には、原油等、核燃料物質等、麻薬・向精神薬、船舶、特定有害廃棄物等、ワシントン条約（注１）動植物ほか

ⓑ　北朝鮮を仕向地とする貨物の輸出
　　ⓒ　委託加工貿易契約による貨物の輸出……具体的には、革・毛皮・皮革製品およびこれらの半製品の製造にかかわる皮革・皮革製品の半製品の輸出
② **輸入取引**
　　ⓐ　輸入公表に定める輸入割当を受けるべき貨物の輸入……具体的には、非自由化品目、ワシントン条約動植物およびその派生物ならびにモントリオール議定書（注2）に定める規制物質
　　ⓑ　輸入公表に定める特定の貨物の特定の原産地・船積地域からの輸入……具体的には、特定の地域を原産地または船積地域とする特定の貨物（北朝鮮を原産地または船積地域とする全貨物が含まれます）、ワシントン条約動植物およびその派生物ならびにモントリオール議定書に定める規制物質および製品、廃棄物等、化学兵器等

（注1）　ワシントン条約……正式には、「絶滅のおそれのある野生動植物の種の国際取引に関する条約」であり、野生動植物の国際取引の規制を輸出国と輸入国とが協力して実施することにより、採取・捕獲を抑制して絶滅のおそれのある野生動植物の保護を図ることを目的とした国際条約のことです。
　　　　　絶滅のおそれのある動植物の野生種を、希少性に応じて3ランクに分類、これらを条約の付属書にリストアップし、約3万種の動植物を取引制限の対象としています。
（注2）　モントリオール議定書……正式には、「オゾン層を破壊する物質に関するモントリオール議定書」であり、成層圏オゾン層破壊の原因とされるフロンなどの規制に向け、オゾン層破壊物質の削減スケジュールなど具体的な規制措置を定めたものです。毎年、同議定書の締約国会議が開かれており、数年おきに改正を行って、規制強化を図っています。

(4)　届出を要する取引

下記の取引において、事前届出が必要になります。

① **支払手段の携帯輸出入**

1百万円相当額を超える支払手段等の携帯輸出入……届出書の提出先は、出入国する空港または港を管轄する税関の税関長です。

② **対外直接投資**

制限業種に属する事業に係る対外直接投資……制限業種とは、漁業、皮革・皮革製品の製造業、武器の製造業、武器関連設備の製造業、麻薬等の製造業です。届出書の提出先は、財務大臣です。

③ **対内直接投資等**
　ⓐ　指定国以外の国または地域の外国投資家が行う対内直接投資等
　ⓑ　財務大臣および事業所管大臣が定める業種以外の業種に係る対内直接投資等

ここでの制限業種は、農林水産業、鉱業、石油業、皮革・皮革製品製造業、航空機、武器、原子力、宇宙開発産業等の国の安全保障に係る業種です。届出書の提出先は、財務大臣および事業所管大臣です。

④ **技術導入契約の締結等**

指定技術の導入で、対価の額が1億円相当額を超えるもの等……指定技術とは、航空機、武器、火薬類の製造、原子力、宇宙開発に関する技術をいいます。届出書の提出先は、財務大臣および事業所管大臣です。

(5) 銀行の適法性の確認義務

銀行は、お客さまから外国為替取引の依頼を受けた場合、当該取引に係る支払等が、国連の経済制裁対象国向けの支払などの許可・承認・届出を要する取引に該当しないことを確認する義務を負っています。

該当すると認められる場合には、お客さまが許可・承認を受けていること、届出を行っていることを確認した後でなければ、外為取引を行うことができません（外為法17条）。

適法性の確認を要する取引は、次のとおりです。
・許可を要する支払
・許可を要する資本取引に係る支払等
・許可を要する役務取引に係る支払等
・承認を要する貨物の輸入に係る支払
・届出を要する対内直接投資等に係る支払等　ほか

3 本人確認制度

(1) 外為法の本人確認義務

　外為法18条には、「銀行等は、顧客と本邦から外国へ向けた支払又は非居住者との間でする支払等に係る為替取引を行うに際しては、当該顧客について、運転免許証等の提示を受ける方法により、本人確認を行わなければならない」と規定されています。

　外為取引において銀行が本人確認を行う場合は、下記①の特定為替取引、資本取引、外貨両替取引に限定されます。

① **本人確認が必要な取引**（対象取引と金額）
　a　**10万円相当額を超える特定為替取引**（注１）
・外国向け支払（送金人が居住者または非居住者の場合）
・外国からの支払の受領（受取人が居住者の場合）
・国内における非居住者に向けた支払（送金人が居住者の場合）
・国内における非居住者からの支払の受領（受取人が居住者の場合）

　　（注１）　特定為替取引……具体的には、上記のとおりですが、本邦から外国へ向けた支払または非居住者との間でする支払等（当該顧客が非居住者である場合を除く）と定義されています。

　b　**資本取引に係る契約締結等の取引**（金額にかかわらず必要）
・外貨預金口座、非居住者預金口座の開設
・外貨定期預金、非居住者円定期預金への入金
・輸出手形、外国払外貨小切手の買取
・為替予約、通貨オプション等の締結
・外貨貸付、非居住者への貸付
・外貨建信託契約、非居住者に対する信託契約　　など

c　2百万円相当額を超える外貨両替取引
・外国通貨、旅行小切手の売買
② **本人確認書類**
　本人確認資料は、公的書類のみになりますが、代表的なものは、以下のとおりです。
　a　個　　人
・運転免許証
・運転経歴証明書
・旅券（パスポート）
・住民基本台帳カード（写真付きのもの）
・各種年金手帳
・各種福祉手帳
・各種健康保険証
・外国人登録証明書
・住民票の写し
・印鑑登録証明書　など
　b　法　　人
・登録事項証明書
・印鑑登録証明書
・官公庁から発行、発給された書類　など

(2) 犯罪収益移転防止法の本人確認義務

① **犯罪収益移転防止法とは**
　「預金口座開設時などの本人確認」は、当初、大蔵省（現、財務省）の行政指導による金融機関の自主的ルールとして運営されてきましたが、2001年9月11日のアメリカ同時多発テロ事件を契機にテロ資金対策が国際的な課題となったこともあり、2003年1月に「本人確認法（正式には、金融機関による顧客等の本人確認等に関する法律）」が施行され、法律に基づく義務になりました。

この本人確認法の制定に伴い、外為法における銀行等の本人確認義務の規定も改正され、クロスボーダー取引に関する規定が整備されたほか、努力義務規定から法律上の義務規定に変更となりました。
　ただし、本人確認を義務づけられる対象の業者が、金融機関に限定されていたため、その効果も限定的なものでした。
　そのため、2008年3月、義務づけられる業者の範囲をクレジット事業者、宝石・貴金属取扱事業者、宅地建物取引業者、司法書士等にまで拡大した「犯罪収益移転防止法（正式には、犯罪による収益の移転防止に関する法律）」が施行されました。
　この法律の施行にあわせて、「本人確認法」は廃止になるとともに、これまで本人確認法を根拠としてきた「口座開設時等の本人確認義務」は、この「犯罪収益移転防止法」に引き継がれました。

② 犯罪収益移転防止法と外為法の関係

　外為法についても、犯罪収益移転防止法の規定に準じて改正されましたので、前記(1)の外為法上の本人確認義務を履行すれば、基本的には、犯罪収益移転防止法上の本人確認義務を履行したことになります。

(3) 国外送金等に係る調書提出制度の本人確認義務

① 国外送金等に係る調書提出制度とは

　本制度は、「内国税の適正な課税の確保を図るための国外送金等に係る調書の提出等に関する法律」に準拠しています。
　この法律は、1998年4月、外為法が改正されたことに伴い、国境を越える資金の流れが活発化することが予想されたため、納税義務者が国際取引等で租税回避行為を行うことを防止するとともに、納税義務者の対外取引および国外にある資産を国税当局が把握して適正な課税の確保を図る目的で立法化されたものです。
　そして、この法律のなかにおいても、銀行等の金融機関によるお客さまの本人確認が義務づけられています。
　ただし、本人確認済みの本人口座からの振替えによる取引については、本

人確認を要しないなど、外為法および犯罪収益移転防止法の規定と異なっている箇所があります。

② 本制度の対象取引
  ⓐ 国内から国外へ向けた支払（国外送金）
  ⓑ 国外からの送金の受領
  ⓒ 国外で振り出された小切手の取立・買取

③ 本制度の手続概要

　国外送金または国外からの送金等の受領を行う者は、取引金額にかかわらず、金融機関宛に必要事項を記載した「告知書」を提出する義務（告知書提出義務）があり、また本人確認書類として、一定の公的書類を提出しなくてはなりません。

　一方、金融機関には提出された告知書に記載されたお客さまの氏名・名称および住所を確認する義務（本人確認義務）があり、提出を受けた公的書類により本人確認を行わなくてはなりません。

　ただし、下記に該当する場合には、告知書の提出は不要です。
・公的書類によりすでに本人確認が行われている預金口座を通じての取引の場合
・国、公共法人、銀行など法律で定められた者による取引の場合

　なお、告知書は、お客さまの利便性を考慮して、国外送金であれば、金融機関所定の取引依頼書（たとえば、外国送金依頼書兼告知書）に組み込まれています。

　対象取引を取り扱った銀行は、その金額が1百万円相当額を超えるもの（詳細、下記④参照）については、取引日の翌月末日までに、所轄税務署に必要事項を記載した「国外送金等調書」を提出しなくてはなりません。

④ 報告対象取引

　上記②の対象取引から、荷為替手形決済による輸出入取引ならびに1百万円相当額以下の取引を除いたものです。すなわち、1百万円相当額を超えるクロスボーダーのクリーン取引（注2）が報告対象取引になります。

（注2）　クリーン取引……ドキュメンタリー取引に対する用語です。ドキュメン

タリー取引とは、付帯荷物を表示する書類が添付された荷為替手形取引を指します。したがって、クリーン取引とは、ドキュメンタリー取引のような付帯荷物を表示する書類（インボイス、船荷証券、保険証券など）の添付されていない取引を指します。すなわち、仕向外国送金、被仕向外国送金、クリーンビル取引などが該当します。

⑤ **本人確認が必要な取引**（対象取引と金額）

クロスボーダーのクリーン取引が、本人確認の必要な取引です。この本人確認は、取引金額にかかわらず必要です。

⑥ **本人確認書類**

本人確認書類は、公的書類のみになりますが、代表的なものは、外為法とほぼ同じですので、前記(1)の②を参考にしてください。

4 外為法上の報告義務

(1) 報告義務

外為法55条～55条の8には、各種の外国為替取引に係る事後報告制度の内容が規定されています。

外為法55条には、支払等の報告として「居住者若しくは非居住者が本邦から外国へ向けた支払若しくは外国から本邦へ向けた支払の受領をしたとき、又は本邦若しくは外国において居住者が非居住者との間で支払等をしたときは、政令で定める場合を除き、当該居住者若しくは非居住者又は当該居住者は、政令で定めるところにより、これらの支払等の内容、実行の時期その他の政令で定める事項を主務大臣に報告しなければならない」と規定されています。

なお、輸出入取引に直接伴って行う支払等（商品の輸出入代金のこと）は、政令により「報告不要」とされています。

事後報告制度の代表的な「支払又は支払の受領に関する報告書」は、原則として30百万円相当額を超える場合に提出が必要とされていますが、2009年

4月からは、北朝鮮に住所もしくは居所を有する個人または主たる事務所を有する法人その他の団体に対する3百万円を超える支払については、支払等の報告が必要とされています。また、2009年7月からは、北朝鮮の核関連などの計画または活動に寄与する目的での北朝鮮向け支払または支払の受領は、許可制とされています。

(2) 支払または支払の受領に関する報告書（支払等の報告）

① **報告を必要とする支払等**

外為法上、下記対象取引のうち、30百万円相当額を超えるものに該当するときは、支払等の内容などについて、主務大臣すなわち財務大臣に報告しなければなりません（なお、上記(1)のとおり、北朝鮮との支払等では、3百万円相当額を超える場合に提出要）。

・居住者の本邦から外国へ向けた支払
・居住者の外国から本邦へ向けた支払の受領
・本邦または外国において行う居住者が非居住者との間で行う支払
・本邦または外国において行う居住者が非居住者との間で行う支払の受領

ただし、輸出入取引に直接伴って行う支払等（商品の輸出入代金のこと）は対象外となります。

② **報告要領**

ⓐ 銀行を経由する支払等の場合……外国送金などの銀行が行う為替取引によって支払または支払の受領を行ったときには、次の報告書を作成し、10日以内に取引銀行に提出しなければなりません（一括報告する場合には、翌月10日までに提出）。

・個別報告の場合：別紙様式第三「支払又は支払の受領に関する報告書」
・一括報告の場合：別紙様式第四「支払又は支払の受領に関する報告書」

ⓑ 銀行を経由しない支払等の場合……債権債務の相殺や海外預金に係る支払などのように、取引銀行を経由せずに支払または支払の受領を行っ

たときには、次の報告書を作成し、翌月20日までに、日本銀行を経由して財務大臣に提出しなければなりません。

- ・個別報告の場合：別紙様式第一「支払又は支払の受領に関する報告書」
- ・一括報告の場合：別紙様式第二「支払又は支払の受領に関する報告書」

なお、債権債務の相殺については、相殺の対象となる原取引の支払等の金額によるか、または、相殺された金額により報告します。

③ インターネットによる報告

「支払又は支払の受領に関する報告書」については、事前に利用申込書を日本銀行本店に提出することにより、インターネットを利用して報告することができます。

(3) 資本取引の報告

① 報告を要する資本取引

外為法20条に定める資本取引の当事者となったときは、そのつど、当該資本取引の内容などについて、財務大臣に報告しなければなりません。資本取引の内容などについては、下記のとおりです。

- ⓐ 証券の取得および譲渡（１億円相当額以下のものを除く）
- ⓑ 対外直接投資（１億円相当額以下のものを除く）
- ⓒ 証券の発行および募集（10億円相当額未満のものを除く）
- ⓓ 非居住者による本邦にある不動産の取得

（なお、居住者による外国にある不動産の取得は、報告不要）

② 報告要領

a 資本取引の報告

上記①のⓐⓑⓒⓓに該当するときは、次の報告書を作成し、取引日から20日以内（一括報告の場合は、翌月20日まで）に、財務大臣に提出します。

- ・個別報告の場合……別紙様式第九「資本取引に関する債権の発行報告書」
- ・一括報告の場合……別紙様式第十二「資本取引に関する一括報告書」

b　証券の取得・譲渡に関する報告

　上記①のⓐに該当するときは、次の報告書を作成し、取引日から20日以内に、財務大臣に提出します。

・別紙様式第十三「証券の取得又は譲渡に関する報告書」

　c　対外直接投資に係る報告

　上記①のⓑに該当するときは、次のいずれかの報告書を作成し、取引日から20日以内に、財務大臣に提出します。

・別紙様式第十六「対外直接投資に係る証券の取得に関する報告書」
・別紙様式第十七「対外直接投資に係る金銭の貸付契約に関する報告書」
・別紙様式第十八「対外直接投資に係る外国に於ける支店等の設置又は拡張に係る資金の支払に関する報告書」

　d　証券の発行・募集に関する報告

　上記①のⓒに該当するときは、次の報告書を作成し、取引日から20日以内に、財務大臣に提出します。

・別紙様式第二十一「証券の発行又は募集に関する報告書」

　e　本邦にある不動産の取得に関する報告

　上記①のⓓに該当するときは、次の報告書を作成し、取引日から20日以内に、財務大臣に提出します。

・別紙様式第二十二「本邦にある不動産又はこれに関する権利の取得に関する報告書」

(4) 対内直接投資等の報告

　外国投資家（居住者を代理人とする）が、対内直接投資などを行ったときは、当該対内直接投資などの内容について、次のいずれかの報告書を作成し、取引日から15日以内に、財務大臣および事業所管大臣に提出しなければなりません。

・別紙様式第十一「株式・持分の取得に関する報告書」
・別紙様式第十二「株主・持分の譲渡に関する報告書」
・別紙様式第十三「会社の事業目的の変更の同意に関する報告書」

- 別紙様式第十四「支店等の設置に関する報告書」
- 別紙様式第十五「支店等の種類・事業目的の変更に関する報告書」
- 別紙様式第十六「金銭の貸付に関する報告書」
- 別紙様式第十七「社債の取得に関する報告書」

(5) 技術導入契約の締結等の報告

居住者が非居住者との間で技術導入契約の締結などをしたときは、次の報告書を作成し、取引日から15日以内に、財務大臣および事業所管大臣に提出しなければなりません。

- 別紙様式第十八「技術導入契約の締結・変更に関する報告書」

ただし、事業の経営に関する技術の指導に係るもの、指定技術に係るもの、対価の額が確定していないものを除きます。

(6) その他の主要報告

その他の主要な報告は、次のとおりです。詳細については、報告省令で確認してください。

① 対外直接投資に係る外国法人の内部留保等に関する報告

対外直接投資を行っている居住者は、対外直接投資の相手方となる外国法人の内部留保の状況等について次の報告書を作成し、法人の場合は翌営業年度開始後4カ月以内に、日本銀行を経由して財務大臣に提出しなければなりません。ただし、外国法人に対する出資の帳簿価額が10億円未満の場合は除きます。

- 個別報告の場合……別紙様式第五十「対外直接投資に係る外国法人の内部留保等に関する報告書」
- 一括報告の場合……別紙様式第五十一「対外直接投資に係る外国法人の内部留保等に関する報告書」

② 対内直接投資等に係る本邦にある会社の内部留保等に関する報告

対内直接投資等が行われている本邦の会社は、内部留保の状況等について、次の報告を作成し、翌営業年度開始後3カ月以内に、日本銀行を経由し

て財務大臣に提出しなければなりません。ただし、資本金の額が10億円未満の場合は除きます。
・別紙様式第五十二「対内直接投資に係る本邦の会社の内部留保等に関する報告書」

③ **海外預金残高に関する報告書**

居住者の月末現在の海外預金残高が1億円相当額を超えるとき、または非居住者との間の月末現在の貸記または借記の額が、1億円相当額を超えるときは、次の報告書を作成し、翌月20日までに、日本銀行を経由して財務大臣に提出しなければなりません。
・別紙様式第五十四「海外預金の残高に関する報告書」

5 マネー・ローンダリング

(1) マネー・ローンダリングとは

マネー・ローンダリング（MONEY LAUNDERING）とは、「資金洗浄」のことです。「ロンダリング」と伸ばさなくても間違いではありませんが、金融庁などの公的文書では「マネー・ローンダリング」で統一されています。略称は「マネロン」で、英語の「ロンダー（LAUNDER）」は、「コイン・ランドリー（COIN LAUNDERETTE）」などのように洗濯・洗浄することを意味します。

マネー・ローンダリングを定義づければ、犯罪などの不正取引から資金を得た者が、資金の出所や真の所有者を隠蔽するために、金融機関の口座に入金したり金融商品を購入したりして、口座から口座へと資金移動を行ったりすることです。

具体的にいえば、麻薬、賭博、詐欺、汚職、脱税、粉飾決算、裏金などで得たダーティー・マネーが、金融機関の口座を転々としていくうちに、きれいに洗浄されていくことを表しています。もっと端的にいえば、「ブラッ

ク・マネー」を、あらゆる手段を駆使し、「ホワイト・マネー」に変えてしまうことです。

2001年9月11日の米国同時多発テロ事件が発生した後、国際テロリズム組織「アルカイダ」がマネー・ローンダリングを行っていたという疑惑が浮上し、各国の金融機関がテロリストのメンバーの口座を凍結したことは、いまだに記憶に新しいところです。

もちろん、法律などにより禁止されている行為であり、金融機関などもこのマネー・ローンダリングの動きには万全の体制で臨んでいます。2003年には「本人確認法」が施行され、金融機関などには、本人確認、本人確認記録や取引経緯の作成・保存が義務づけられ、現在では下記(2)①と②の「犯罪収益移転防止法」に引き継がれています。

また、金融機関などには、当該の取引が「疑わしい取引」に該当する場合、もしくは思われる場合においても、金融庁に「疑わしい取引の届出」をする義務があります。

マネー・ローンダリングを監視・防止する国際機関として、1989年に金融活動作業部会（FATF）が設立されています。

(2) マネー・ローンダリング防止対策

経済の国際化に伴い、国境を越えた資金の移動が容易に行われる現在では、世界各国が協調してマネー・ローンダリングの防止対策をとっており、「口座開設時などの本人確認」と「疑わしい取引の届出」の2つを柱にしています。

① 口座開設時などの本人確認

「預金口座開設時などの本人確認」は、当初、大蔵省（現、財務省）の行政指導による金融機関の自主的ルールとして運営されてきましたが、上記の通り9.11の米国同時多発テロ事件を契機にテロ資金対策が国際的な課題となったこともあり、2003年1月に「本人確認法（正式には、金融機関による顧客等の本人確認等に関する法律）」が施行され、法律に基づく義務になりました。

この本人確認法の制定に伴い、外為法における金融機関の本人確認義務の

規定も改正され、クロスボーダー取引に関する規定が整備されたほか、努力義務規定から法律上の義務規定に変更となりました。

ただし、本人確認を義務づけられる対象の業者が、金融機関に限定されていたため、その効果も限定的なものでした。

そのため、2008年3月、義務づけられる業者の範囲をファイナンスリース業者、クレジット事業者、宝石・貴金属取扱事業者、宅地建物取引業者、弁護士、司法書士、税理士などにまで拡大した「犯罪収益移転防止法（正式には、犯罪による収益の移転防止に関する法律）」が施行されました。

この法律の施行にあわせて、「本人確認法」は廃止になるとともに、これまで本人確認法を根拠としてきた「口座開設時等の本人確認義務」は、この「犯罪収益移転防止法」に引き継がれました。

また、外為法についても、犯罪収益移転防止法の規定に準じて改正されましたので、外為法上の本人確認義務を履行すれば、基本的には、犯罪収益移転防止法上の本人確認義務を履行したことになります。

なお、本人確認制度の詳細については、前記本章3の「本人確認制度」を参考にしてください。

② 疑わしい取引の届出

「疑わしい取引の届出」は、1992年7月施行の「麻薬特例法」で義務づけられましたが、届出の前提となる犯罪が薬物に限定されていたため、他の先進国に比べ届出の件数が少ないと指摘されました。そこで、2000年2月施行された「組織的な犯罪の処罰及び犯罪収益の規制等に関する法律」（以下、「組織的犯罪処罰法」）では、前提となる犯罪行為を拡大し「疑わしい取引の届出」の拡充を行いました。

しかしながら、届出を義務づけられた業者が金融機関に限定されていたため、効果は限定的なものでした。

そこで、これまで「組織的犯罪処罰法」を根拠としてきた「疑わしい取引の届出」は、上記①の本人確認制度と同様、「犯罪収益移転防止法」に引き継がれ、この法律に基づく義務となっています。したがって、業者の範囲は、金融機関のほか、ファイナンスリース業者、クレジット事業者、宝石・

貴金属取扱事業者などにまで拡大されています。

　金融機関などは、下記の取引については「疑わしい取引」として金融庁に届出をしなくてはなりません（犯罪収益移転防止法9条）。「疑いがある」の程度は、金額に関係なく、なんらかの疑いがある程度で足り、犯罪の種類が特定できる必要はありません。

　届出が必要な取引は次のとおりです。

ⓐ　業務上受け入れた現金、有価証券等が犯罪収益である疑いがある取引
ⓑ　取引の相手方が犯罪収益を隠そうとしている疑いがある取引

　また、届出事項（犯罪収益移転防止法施行令12条）は次のとおりです。

ⓒ　疑わしい取引の届出を行う特定事業者の名称および所在地
ⓓ　疑わしい取引の届出対象となる取引が発生した年月日および場所
ⓔ　対象取引が発生した業務内容
ⓕ　対象取引に係る財産の内容
ⓖ　対象取引に係る顧客等または代表者等の氏名・名称および住所・居所
ⓗ　疑わしい取引の届出を行う理由

　本人確認ができる場合でも、「疑わしい取引」に該当するケースがあります。「疑わしい」場合は、単に本人確認のみならず、資金の原資・使途・取引の背景などもあわせて確認します。この場合、エビデンスによる確認を行うなど、慎重に取引の妥当性を判断します。

　なお、取引の申出があれば、取引が実現せず未遂に終わった場合も届出の対象となります。

(3) 金融活動作業部会（FATF：ファトフ）

　金融活動作業部会（FATF）とは、FINANCIAL ACTION TASK FORCE ON MONEY LAUNDERINGの略称で、マネー・ローンダリング対策における国際協調を推進するために、1989年にアルシュ・サミット経済宣言を受けて設立された政府間会合です。9.11米国同時多発テロ事件以降は、テロ資金供与に関する国際的な対策と協力の推進にも指導的な役割を果たしています。

FATFへの参加国・地域および国際機関は、2013年6月現在、OECD加盟国、日本を含む34カ国・地域および2つの国際機関です。わが国は、FATFの設立当初からのメンバーであり、1998年7月から1999年6月までの1年間、議長国を務めました。

　FATFの主な活動内容は、以下のとおりです。

① マネー・ローンダリング対策およびテロ資金対策に関する国際基準（以下、「FATF勧告」）の策定および見直し
② FATF参加国・地域相互間におけるFATF勧告の遵守状況の監視
③ FATF非参加国・地域におけるFATF勧告遵守の推奨
④ マネー・ローンダリングおよびテロ資金供与の手口および傾向に関する研究

　わが国においても、金融庁から金融機関など宛に、「資金洗浄対策担当責任者宛要請文書・疑わしい取引の届出に関して特別の注意を払うべき取引について」が出状され、マネー・ローンダリング対策の徹底が図られています。

　なお、マネー・ローンダリング、疑わしい取引の届出、FATFなどについての詳細については、金融庁のホームページ（http://www.fsa.go.jp）にアクセスしてみてください。

(4) FIUの設置

　上記(3)のFATFのほか、疑わしい取引の届出に係る情報を犯罪捜査などに効果的に結び付けるために、金融機関などからの届出情報を一元的に集約し、整理・分析して捜査機関などに提供するFIU（FINANCIAL INTELLIGENCE UNIT）の必要性が認識され、1998年3月のバーミンガム・サミットで、参加国間でFIU設置の合意がなされました。

　日本においては、当該業務を国家公安委員会が担当し、警察庁刑事局組織犯罪対策部が実務を行っています。

6 外為法のポイント

・前記1～5の内容について

下記(1)～(11)のとおり、図表などにまとめましたので、参照してください。

(1) 外為法の概要

① 原則自由……外国為替・外国貿易その他の対外取引が自由に行われることを基本としています。

⇒報告対象取引については、事後報告が必要です。

② 有事規制……必要な場合、許可・承認・届出の義務が課せられます。

⇒許可・承認・届出（事前）の手続が必要です。

なお、外為法を構成する主要法令については、前記の図表3－1を参照してください。

(2) 外為法における用語の定義（図表3－3参照）

図表3－3　主な用語の定義

支払等	支払と支払の受領のことです（法8条）。
対外支払手段	主に外貨建支払手段のことです（法6条）。
資本取引	主に資金の移動のみで、物やサービスの移転を伴わない対外的な金融取引のことです。具体的には、預金、金銭の信託、金銭の貸借、債務の保証、対外支払手段の売買、金銭債権の売買、証券の取得・譲渡、証券の発行・募集、不動産の取得などです（法20条）。
対外直接投資	居住者による出資比率が10％以上の外国法人が発行する証券の取得、当該外国法人に対する1年を超える金銭の貸付などのことです（法23条）。
役務取引	サービス取引（労務・便益の提供を目的とする取引）のことです（法25条）。

仲介貿易	外国相互間における貨物の移動を伴う貨物の売買取引のことです。
対内直接投資等	外国投資家が行う本邦の会社の非公開株式・持分の取得、本邦企業への1年を超える政令で定める金額以上の貸付などのことです（法26条）。
技術導入契約の締結等	工業所有権その他の技術に関する権利の譲渡、これらに関する使用権の設定、事業の経営に関する技術の指導に係る契約の締結、更新、契約条項の変更などのことです（法30条）。

(3) 報告制度等の概要（図表3－4参照）

図表3－4　日本銀行ホームページのコンテンツ（http://www.boj.or.jp）

―国際金融
　―外為法に基づく報告等
　　―■ 報告制度等の概要
　　　　―外為法の報告制度について
　　　　―各様式に係る取引等の内容説明
　　　　―報告等に関するFAQ（FREQUENTLY ASKED QUESTIONS
　　　　　：よくある質問）
　　　　―報告書等の提出先
　　　　―照会先一覧
　　―■ 報告書作成の際に使用するレート（換算レート）
　　―■ 様式および提出要領等
　　　　―許可申請書様式および提出要領等
　　　　―届出書様式および提出要領等
　　　　―報告書様式および提出要領等
　　　　―届出書様式のダウンロード
　　―■ 国際収支項目番号
　　―■ 届出・報告手続の電子化

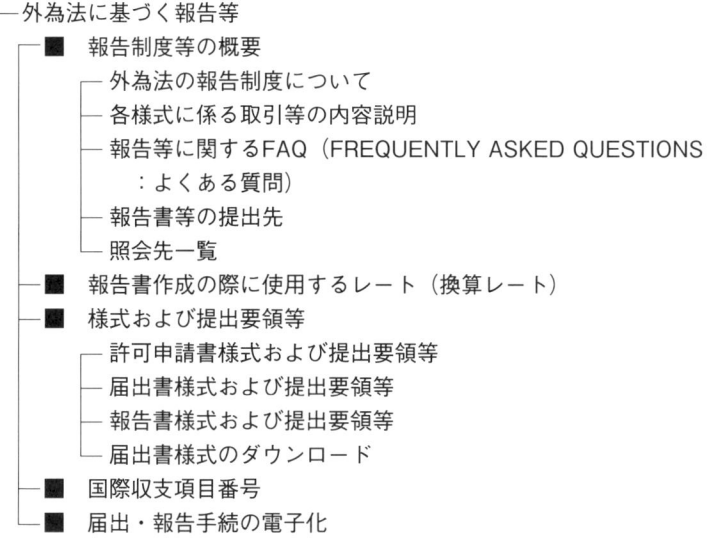

(4) 銀行等の適法性の確認義務 (図表3-5参照)

図表3-5　外為法における規定17条

> 銀行等は、その顧客の支払等が、次の各号に掲げる支払等のいずれにも該当しないこと、又は次の各号に掲げる支払等に該当すると認められる場合には当該各号に定める要件を備えていることを確認した後でなければ、当該顧客と当該支払等に係る為替取引を行つてはならない。
> 1　許可を受ける義務が課された支払等　　当該許可を受けていること。
> 2　許可を受ける義務が課された資本取引に係る支払等　当該許可を受けていること。
> 3　その他この法律又はこの法律に基づく命令の規定により許可若しくは承認を受け、又は届出をする義務が課された取引又は行為のうち政令で定めるものに係る支払等　当該許可若しくは承認を受け、又は当該届出後の所要の手続を完了していること。

　外為法は、原則対外取引を自由とし、規制は必要最低限にとどめるとしていますが、銀行には外為法上、お客さまから「支払等（支払ならびに支払の受領）」の申込みを受けた場合、その「支払等」が外為法上の許可・承認を必要とする取引に該当しないことを確認する義務が課せられています。

　該当する場合には、お客さまが許可・承認を取得していることを確認した後でなければ、当該「支払等」に係る為替取引を行うことはできません。

(5) 許可・届出の対象となる取引、支払等 (図表3-6、図表3-7参照)

図表3-6　許可の対象となる取引、支払等

① 許可を要する支払（資産凍結等の措置対象者、国連の経済制裁対象国向けの支払など）
・下記 i～xi に対する支払、下記 i～xi による本邦から外国へ向けた支払 　i　タリバーン関係者 　ii　テロリスト 　iii　リベリア前政権関係者 　iv　コンゴ民主共和国に対する武器禁輸措置違反者

	ⅴ　コートジボワールにおける和平等に対する脅威構成者 ⅵ　スーダンにおけるダルフール和平阻害関与者 ⅶ　ソマリア武器禁輸措置違反者 ⅷ　北朝鮮制裁対象者 ⅸ　イラン制裁対象者 ⅹ　リビア制裁対象者 ⅺ　シリア制裁対象者　など ・イランの核活動・核兵器運搬手段の開発に関連する活動に寄与する目的で行う支払
②	許可を要する資本取引に係る支払等
	・上記ⅰ～ⅺとの間の預金契約・信託契約・金銭の貸付契約に係る支払等 ・イラク前政権関係者等との間の預金契約・信託契約・金銭の借入契約・債務の保証契約に係る支払等 ・ミロシェビッチ関係者等との間の預金契約に係る支払等 ・イラク前政権関係者等、上記ⅰ～ⅺとの間で行う特定資本取引等に係る支払等
③	承認を要する貨物の輸入に係る支払
	・北朝鮮を原産地または船積地域とする貨物の輸入に係る支払
④	許可を要する仲介貿易取引に係る支払
	・北朝鮮を原産地または船積地域とする仲介貿易取引に係る支払 ・北朝鮮を仕向地とする第三国からの仲介貿易取引に係る支払※ （※実施期間：2013年4月14日～2015年4月13日）
⑤	許可を要する特定の業種の事業活動に充てるためのパートナーシップ関係送金 　漁業、皮革・皮革製品の製造業、武器・武器関連設備の製造業、麻薬等製造業

図表3-7　届出の対象となる取引

事前届出を要する取引
・特定の事業に該当する外国法人に対する出資・貸付 　　漁業、皮革・皮革製品の製造業、武器・武器関連設備の製造業、麻薬等製造業

・特定の事業に該当する対外直接投資 　漁業、皮革・皮革製品の製造業、武器・武器関連設備の製造業、麻薬等製造業	
・特定の事業目的の対内直接投資、特定国籍の外国法人による対内直接投資	
・特定の技術に該当する技術導入契約の締結等 　航空機・武器・火薬類製造・原子力・宇宙開発に関する技術	

(6) 銀行等の本人確認義務 (図表3－8参照)

① 犯罪収益移転防止法と外為法

2003年1月にマネー・ローンダリング対策およびテロ資金対策のため、本人確認法が施行され、金融機関等の本人確認義務等が法律により明文化されました。

2008年3月には犯罪収益移転防止法が全面施行され、本人確認法が廃止されるとともに、本人確認義務は犯罪収益移転防止法に引き継がれました。また、外為法についても犯罪収益移転防止法の規定に準じた規定に改正されました。

図表3－8　本人確認義務

①	継続的な外国為替取引の開始時	
	犯罪収益移転防止法	・預金または貯金の受入れを内容とする契約の締結等
	外為法	・資本取引に係る契約締結等行為
②	一定金額以上の取引時	
	犯罪収益移転防止法	・現金、持参人払式小切手、自己宛小切手、旅行小切手等の受払をする取引であって、取引の金額が2百万円（現金の受払をする取引で為替取引または自己宛小切手の振出しを伴うものにあっては、10万円）を超えるもの
	外為法	・10万円相当額を超える特定為替取引（注） ・2百万円相当額を超える現金の受払をする取引・行

		為
		・2百万円相当額を超える外貨両替取引
③	本人特定事項の真偽に疑いがある顧客等との取引時	
	犯罪収益移転防止法	・なりすまし等が疑われる取引
	外為法	・本人特定事項等の偽り、なりすまし等が疑われる行為

(注) 特定為替取引とは、本邦から外国へ向けた支払または非居住者との間でする支払等（当該顧客が非居住者である場合を除く）。

② 国外送金等調書提出制度

ⓐ 「内国税の適正な課税の確保を図るための国外送金等に係る調書の提出等に関する法律」においても、銀行等の金融機関による顧客の本人確認義務が義務づけられています。

ⓑ 本人確認済みの本人口座からの振替えによる取引については、本人確認を要しないなど、犯罪収益移転防止法および外為法の規定と異なっている箇所があります。

ⓒ クロスボーダーのクリーン取引においては、取引金額にかかわらず本人確認が必要です。

(7) 支払または支払の受領に関する報告

① 報告対象取引

・30百万円相当額を超える支払等
・北朝鮮向けの支払にあっては、3百万円相当額を超える支払
・ただし、輸出入に直接伴ってする支払等を除きます。
　（国際収支統計の目的のための報告で、輸出入については通関時に把握可能です）

② 銀行等を経由する支払等の報告

ⓐ 個別報告……お客さまは、銀行等を経由して支払等報告の対象となる支払等（輸出入に直接伴ってする支払等を除く）を行った場合、当該支払等を行った日から10日以内に次の報告書を銀行等へ提出しなければなりません（図表3－9参照）。

ⓑ　取りまとめ報告（一括報告）……お客さまは、月中に行った特定の銀行等を経由する支払等について、1カ月分を取りまとめて報告することができます。ただし、事前に財務大臣に対して書面での通知が必要です。この場合、当該支払等をした日の属する月の翌月10日までに銀行等へ報告書を提出しなければなりません。
③　**銀行等を経由しない支払等の報告**
　　ⓐ　海外預金口座を使用した支払等、ネッティングによる支払等を行った場合、次の報告書を日本銀行へ提出しなければなりません（図表3－10参照）。
　　ⓑ　取りまとめ報告も認められています。

図表3－9　「支払または支払の受領に関する報告書（銀行等を経由する支払または支払の受領）」

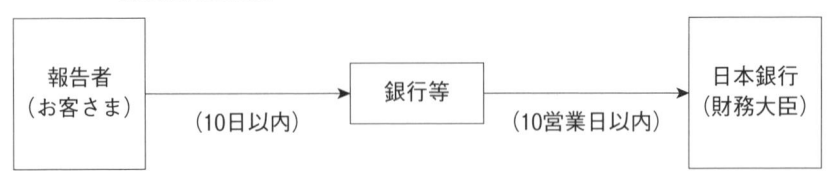

```
┌─────────┐              ┌─────┐              ┌─────────┐
│ 報告者　  │              │     │              │ 日本銀行 │
│（お客さま）│──(10日以内)→│銀行等│─(10営業日以内)→│（財務大臣）│
└─────────┘              └─────┘              └─────────┘
```

図表3－10　「支払または支払の受領に関する報告書（銀行等を経由しない支払または支払の受領）」

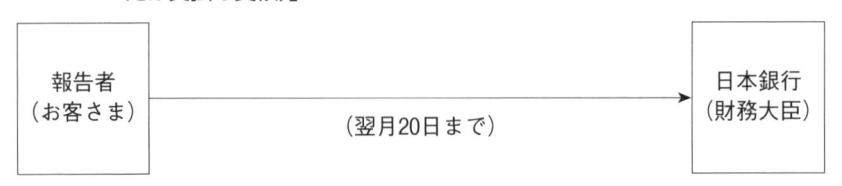

```
┌─────────┐                              ┌─────────┐
│ 報告者　  │                              │ 日本銀行 │
│（お客さま）│────────(翌月20日まで)────────→│（財務大臣）│
└─────────┘                              └─────────┘
```

(8)　資本取引に関する報告

　資本取引についての報告の要否については、図表3－11のとおりです。ただし、要許可のもの、要事前届出のものを除きます。

図表３－11　資本取引に関する報告

種　類	対象となる取引・行為	報告の要否
預　金	居住者・非居住者間の預金	報告不要
	居住者間の外貨建預金	報告不要
信　託	居住者・非居住者間の信託	報告不要
	居住者間の外貨建信託	報告不要
金銭の貸借	居住者による非居住者への貸付	報告不要
	居住者による非居住者からの借入れ	
	本邦通貨によるもの	報告不要
	居住者間の外貨貸借	報告不要
債務の保証	外国法人による外国での証券の発行・募集に伴う非居住者に対して行う債務の保証	報告不要
	居住者間の外貨保証	報告不要
対外支払手段・債権の売買	居住者・非居住者間の売買	報告不要
	居住者間の対外支払手段・外貨債権の売買、円貨債権の外貨対価による売買	
証券の取得・譲渡	居住者による非居住者からの証券の取得	事後報告 （1億円相当額以下は報告不要）
	居住者による非居住者に対する証券の譲渡	
証券の発行・募集	居住者による外国におけるもの	事後報告 （10億円相当額未満は報告不要）
	居住者による本邦における外貨証券の発行・募集	
	非居住者による本邦における証券の発行・募集	
	非居住者による円建証券・円払証券の外国における発行・募集	

金融指標等先物取引	居住者・非居住者間のもの	報告不要
	居住者間の外貨支払のもの	
	居住者間の外国通貨のもの	
不動産の取得	居住者による外国にある不動産等の取得	報告不要
	非居住者による本邦にある不動産等の取得	事後報告

報告者は、図表3－12のとおりです。

図表3－12　報　告　者

報告の内容	報告者
資本取引	証券の発行・募集：居住者または非居住者 （10億円相当額未満は、報告不要） 不動産等の取得：非居住者 上記以外の資本取引：居住者 （報告不要の資本取引については、図表3－11参照）
対外直接投資	居住者 （取引の金額が1億円相当額以下のものは、報告不要）
対内直接投資等	非居住者外国投資家（居住者による代理報告が必要）、居住者外国投資家 （10％未満の非上場株式の取得は、報告不要）
技術導入契約の締結等	居住者 （指定技術以外の技術導入契約の締結等は、報告不要）

(9) 個別の業務等に関する報告

主なものは、図表3－13のとおりです。

図表3-13　個別の業務等に関する報告

報告の種類	報告者
対外直接投資に係る外国法人の内部留保等に関する報告	対外直接投資先に10億円以上の出資を行っている居住者
対内直接投資等に係る本邦にある会社の内部留保等に関する報告	外国投資家から出資を受けている、資本金が10億円以上の日本の会社（ただし、上場会社の場合は、外国投資家の出資比率が10％以上の場合）
証券の償還等の状況に関する報告	証券の発行・募集の報告を行っている居住者・非居住者で、毎年12月末における当該証券の発行残高が10億円以上、かつ、前年の12月末以降に買入償却等の実施により発行残高が減少している場合
海外預金の残高等に関する報告	・非居住者に対し月末残高で1億円相当額を超える預金を保有している居住者 ・非居住者との間の貸記または借記の額の月末未決済残高が1億円相当額を超えている居住者
航空会社・船会社の事業収支に関する報告	本邦にある航空会社・船会社、本邦にある外国の航空会社・船会社の支店および代理店
貨物の輸出入に係る保険に関する報告	本邦にある損害保険会社

⑽ 輸出入取引に関する規制（図表3-14、図表3-15参照）

図表3-14　輸出取引

①	経済産業大臣の許可を要する輸出
	・武器関連貨物等の国際的な平和・安全の維持を妨げる特定貨物の輸出 （→輸出令別表第一）
②	経済産業大臣の承認を要する輸出
	・国内需給調整物資、取引秩序維持物資、国際協定等に係る物資、輸出禁止物資（→輸出令別表第二）

	・北朝鮮を仕向地とする貨物の輸出（→輸出令別表第二の二） （※実施期間：2013年4月14日～2015年4月13日）
③	指定加工に該当する指定加工原材料の輸出 （経済産業大臣の承認を要する輸出）
	・皮革・皮革製品の半製品（→輸出規則3条）

図表3－15　輸入取引

①	経済産業大臣の輸入割当を要する輸入
	・非自由化品目（輸入割当品目、IQ品目）（→輸入公表一．第1） ・モントリオール議定書に定める規制物質　（→輸入公表一．第2）
②	経済産業大臣の承認を要する輸入
	・特定の原産地・船積地域からの特定貨物の輸入　（→輸入公表二．第1） ・ワシントン条約動植物およびその派生物　（→輸入公表二．第2） ・モントリオール議定書に定める物質　等　（→輸入公表二．第2） ・全地域を原産地・船積地域とする特定貨物の輸入 （→輸入公表二の二．第1）
③	経済産業大臣等の事前確認を要する輸入
	（→輸入公表三．6、7）
④	通関時に税関の確認を要する輸入
	（→輸入公表三．8）

(11)　支払手段等の携帯輸出入

①　支払手段等の携帯輸出入

入出国時に税関長宛の届出（申告）が必要です（図表3－16参照）。

②　**財務省のホームページ**（http://www.mof.go.jp）

図表3−16　申告の対象となる支払手段等

支払手段等	・「支払手段」「証券」「貴金属」の総称（外為法6条）
支払手段	・銀行券、政府紙幣、小額紙幣、硬貨 ・小切手（旅行小切手を含む）、為替手形、郵便為替、信用状 ・電子マネー ・約束手形　等
証　券	・公債、社債、株式、債権　等
貴金属	・金の地金、金の合金の地金、流通していない金貨、その他金を主たる材料とする物

支払手段または証券であって、1百万円相当額（北朝鮮を仕向地とする支払手段等の携帯輸出については、30万円相当額）を超えるもの　→　「支払手段等の携帯輸出・輸入申告書」
2枚複写式
（1枚目：税関用）
（2枚目：申告者用）

貴金属であって、重量が1kgを超えるもの　→

第4章

外国為替相場

1 外国為替相場

(1) 外国為替相場とは

「為替」とは、隔地間の金銭債権・債務の決済、または資金の移動を現金の輸送によらず、銀行などの仲介により行うことで、日本国内の場合を「内国為替」といいます。

これに対して、「外国為替」は、この取引が異なる国同士で行われるもの、もしくは異なる通貨で交換される取引です。つまり、現金の輸送を行うことなく、国際間の貸借を決済するのに用いられる信用決済手段といえます。

このため、通常、輸入者は円貨を外貨に、輸出者は受け取った外貨を円にそれぞれ交換（＝売買）する必要がありますが、この交換は銀行などを介して行います。銀行などは、このようにお客さまとの間で外貨の売買を行いますが、その際に「外国為替相場」（以下、「外為相場」）が必須になります。

外為相場とは、異なる通貨間の交換比率のことです。

簡単にいえば、外為相場とは、米ドル、ユーロ、英ポンドという商品の値段といえます。通常は外国通貨１単位がいくら、というように表示します。

たとえば、　１米ドル＝100円

　　　　　　　１ユーロ＝130円

　　　　　　　１英ポンド＝160円

というように表示します。

これは、外国通貨（以下、「外貨」）を１つの商品とみなして、たとえば、りんご１個＝200円というように値段を決めるのと同じ方法です。青果店が、青果市場からりんごを仕入れて、一般消費者に売るという商売をするように、銀行は、外国為替市場から外貨（たとえば、米ドル）という商品を仕入れてお客さまに売るという商売をしています（図表４－１参照）。

ただし、外国為替取引の場合、銀行は、お客さまに外貨を売るだけでなく、お客さまから外貨を仕入れて、外国為替市場に売るという商売もしています（図表4－2参照）。

図表4－1　銀行の売取引

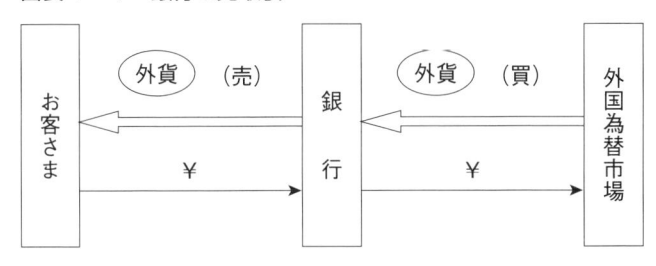

図表4－2　銀行の買取引

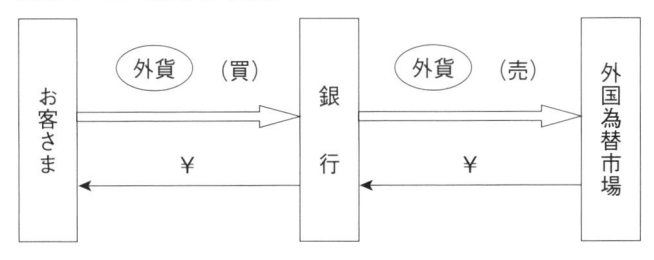

(2) 自国通貨建相場と外国通貨建相場

外為相場は、1米ドル＝100円のように表示されます。このように、外貨を基準にして、その外貨1単位を得るために、自国通貨がどれだけ必要かを示したものを自国通貨建相場（邦貨建相場）といいます。日本では、自国通貨建相場になっています。

これに対して、ユーロ参加国からみた1ユーロ＝1.3024米ドルのように自国通貨1単位がどれだけの外国通貨に相当するかを示したものを外国通貨建相場（外貨建相場）といいます。

2 円高と円安

(1) 円高・ドル安

1米ドル＝100円の相場が、1米ドル＝90円になったとすると、米ドルという商品が値下りしたことになりますので、米ドル安といいます。これを円の立場からみれば、これまで1米ドルを入手するのに、100円要したものが90円で済むことを意味するため、円の価値が米ドルに対して上昇したことになり、円高といいます。あわせて、「円高・米ドル安」と表現します。

(2) 円安・ドル高

1米ドル＝100円の相場が、1米ドル＝110円になったとすると、米ドルという商品が値上りしたことになるので、米ドル高といいます。これを円の立場からみれば、これまで1米ドルを入手するのに100円で済んでいたものが、110円必要になったことを意味するため、円の価値が米ドルに対して下落したことになり、円安といいます。あわせて、「円安・米ドル高」と表現します。

(3) お客さまへの影響

円高・円安によって、お客さまにどのような影響があるか整理すると、図表4－3のようになります。

図表4－3　お客さまへの影響

	円高・米ドル安	円安・米ドル高
米ドル建債権を保有する先 （たとえば、輸出企業）	為替差損が発生	為替差益が発生

| 米ドル建債務を保有する先（たとえば、輸入企業） | 為替差益が発生 | 為替差損が発生 |

3 外為相場の変動要因

　外為相場は、短期的には通貨間の需給、世界各国の経済情勢、市場心理などによって動き、長期的にはファンダメンタルズ（すなわち、経済の基礎的条件：貿易収支、経常収支、インフレ率、失業率など）などによって決まるといわれていますが、実際には、さまざまな要因が複合して変動しています。それでは、米ドルを中心にして、その数々の要因についてみていきましょう。

(1) 需　　給

　価格は需給で決まり、需給で相場は動きます。外為相場も例外ではなく、外国為替の需給が外為相場を決定します。
　たとえば、米ドル建ての輸入決済送金が急増すれば、米ドルの需要（円売りドル買い）がふえ、米ドル高要因になります。
　一方、輸出代金として、海外からの米ドルの送金が急増すれば、米ドルの供給（ドル売り円買い）が増え、米ドル安要因になります。

(2) ファンダメンタルズ（経済の基礎的条件）

　ファンダメンタルズ（FUNDAMENTALS）とは、国際経済を安定させるための基礎的条件で、経済成長、国際収支、物価などを一括していいます。これらの均衡が崩れると、各国間の通貨に強弱が生じ、世界経済が不安定になるとされています。

① 経済成長率（景気）
　国内総生産（GDP）成長率の高い国は、経済が好調であり、海外からの投資が集まりやすく、通貨高になりやすい傾向にあります。

また、今後経済成長が見込める国の通貨が買われることも予想されます。

② **インフレ率**

インフレ率（物価上昇率）の高い国では、物価上昇を抑制するため中央銀行が金融引締めを実施しますので、金利上昇が通貨高につながります。

③ **国際収支**（注1参照）

国際収支は、貿易と貿易外取引などを含む「経常収支」と外国への投資と負債を含む「資本収支」で構成されています。

国際収支項目の動きは、大きく為替相場に影響しています。国際収支で黒字が拡大している国の通貨は強いと判断され、その通貨は高くなります。

たとえば、米国の貿易収支の黒字は米ドル高の要因になり、日本の貿易収支の赤字は円安要因になります。

経常黒字国の中国は、米国を中心に世界各国から、さらなる人民元の切上げを迫られています。ということは、人民元は強い通貨であり、今後とも高くなっていくのではないかということが推測されます。

④ **外貨準備高**

外貨準備高とは、他国への支払や外国為替相場を安定させる目的で、各国の通貨当局（日本では、財務省と日本銀行）が外国為替市場へ介入（為替介入）するために保有している外国通貨や金などの資産の額をいいます。

なお、中国における外貨準備の膨張は止まらず、2013年現在、断トツの世界一であり、前述のとおり、人民元の切上げを迫られています。その影響を受け、アジア通貨も高くなるのではないかという意見も多くなっています。

⑤ **財政収支**

ギリシャを皮切りに浮上した欧州の脆弱な財務体質が問題視され、ユーロ安を引き起こした事実からもわかるように、財政収支も変動要因として重要なものです。

リーマンショック以来、財政赤字、財政悪化、財政危機、財政再建、財政健全化、緊縮財政、財政刺激などという言葉が氾濫していますが、このことがいかに「財政収支」がファンダメンタルズとして重要であるかを表しています。

⑥ 物　　価（注2参照）

「購買力平価」という考え方があります。これは、為替相場は二国間の物価の差を反映するものであるというものです。

よく、取り上げられる例として、ハンバーガーの値段があります。ハンバーガー1個の値段をみた場合、日本における値段と米国における値段は同じでなければならないという理屈です。

ハンバーガーが日本で100円、米国では1米ドルで売られているときには、1米ドル＝100円が妥当な為替相場となります。もし、実際の為替相場が1米ドル＝50円であれば、日本でハンバーガーを買わずに米国から輸入すれば、ハンバーガー2個を入手することができます。

逆に、実際の為替相場が1米ドル＝200円であれば、日本でハンバーガーを買って米国へ輸出すれば、儲けることができます。

こうした物価水準の差を埋めるような形で為替相場が変動するというのが、「購買力平価」という考え方です。

⑦ 株　　価

経済成長が見込める場合には、その国の株価の上昇も期待できるわけで、通貨も高くなります。

たとえば、外国の投資家が日本の株式を購入するためには、円が必要になるわけですから、米ドルやユーロを売って円を買う動きにつながります。したがって、株価の上昇は米ドル安・ユーロ安・円高の要因となります。

⑧ 失業率（雇用情勢）

失業率の高さは経済の低迷を表すため、その国の通貨安の要因となります。

現在の米国の雇用市場は最悪期を脱し、回復途上にあるとみられますが、多くの失業予備軍を背後に抱えているとみなされれば、米ドル安要因となります。

また、失業率の上昇が止まっても失業率が高止まりしたままであれば、同じく通貨安要因となります。

（注1）　国際収支説……為替相場は、需給で決まり、その需給は国際貸借状況に

第4章　外国為替相場　67

よって決まるという理論です。すなわち、経常収支に注目するのが国際収支説です。

国際収支は大別すると、「経常収支」と「資本収支」になります。資本収支とは金（カネ）の貸借です。一方、経常収支とはそれ以外、つまり商品やサービスの取引で、貿易収支、貿易外収支などを含んでいます。

日本の経常収支が赤字であると、円を売って外貨を買い、外国に外貨で支払う必要があります。すなわち円安要因になります。

一方、日本が黒字の場合には、外国は外貨を売って円を買って日本に支払うので、円高要因になります。

(注2) 購買力平価説……物価が上昇すれば通貨の価値つまり購買力が下落し、他国と比べて、その国の通貨の価値は低下し、安くなるという理論です。

たとえば、日本のインフレが激しく、物価が米国と比べて割高だったとすると、日本の競争力は低下します。これは経常収支のマイナス要因であり、すなわち円安要因となります。

(3) 金 利 差

二国間の金利が異なる場合には、低い金利の国の通貨を売って、高い金利の国の通貨を買う動きがふえることが予想されます。したがって、高い金利は通貨高の要因となります。特に、各国の中央銀行が決定する政策金利の動向には注目が集まります。

たとえば、米国の金利が日本の金利より高水準になれば、金利差による利益を求めて、日本から米国への資金流出が起こり、この結果、米ドル買いがふえ、米ドル高の要因になります。

ただし、日本も米国も、現状では「ゼロ金利政策」を継続中であり、金利差はほとんど生じてはいません。

(4) 政　　治

政治的なイベントは、各国の為替政策の修正や国際的な為替調整につながることも多く、話題になりやすい材料です。

たとえば、政治家同士の会談が行われたり、日銀総裁（米国では、FRB議長）がなんらかの発言をすることで、為替相場を大きく動かすこともあります。

注目されるイベントは、以下のとおりです。

主要7カ国（G7）首脳会議（サミット）、20カ国・地域（G20）首脳会議（サミット）、米連邦準備理事会（FRB）議長の発言、米連邦公開市場委員会（FOMC）声明、欧州中央銀行（ECB）の動向、欧州連合（EU）の大統領（首脳会議の常任議長）の発言、各種政府高官・要人の発言など

(5) 世界情勢

PIIGS（ポルトガル、イタリア、アイルランド、ギリシャ、スペイン）諸国を中心とした欧州ソブリン問題（政府債務の信認危機）の深刻化、欧州経済の傷の深さは、ユーロ安要因になりました。

また、中国の経済、貿易拡大に伴い、人民元相場の切上げおよび人民元建決済の拡大については、引き続き注視が必要でしょう。

(6) 国債の格付

国債の格付は、その国のファンダメンタルズの良し悪しを反映します。したがって、格付の高さは、通貨高の要因となります。

(7) 原油価格

世界的な原油の需給逼迫や産油国・地域の地政学的リスク（下記(10)を参照）の高まりを理由として、原油価格が高騰しており、世界経済にさまざまな影響を与えています。

たとえば、数年前には原油価格の高騰により、省エネ対策が十分ではない米国が不利になるということで、米ドル安の要因になりました。一方、最近ではシェールガスの生産拡大が、米ドル高の要因にもなっています。

(8) 資源価格

メタルおよびレアメタルなどの資源価格にも注意する必要があります。たとえば、資源価格が上昇すれば、オーストラリアやカナダなどの資源国は収入増となり、その国の通貨は高くなる可能性があります。

⑼　テクニカル要因

「テクニカル分析」は、チャート分析ともいわれ、過去の値動き（チャート）を利用して、相場の値動きや転換点を予測するものです。

歴史は繰り返す、相場の動きはトレンドを形成するというのが、テクニカル分析の前提にあります。

⑽　地政学的リスク

戦争やテロの懸念が高まると、通常、その国の通貨は売られやすくなります。

「有事の米ドル買い」とよくいわれますが、米国の優位な軍事力を背景として、戦争・テロ・国際紛争が起きたときには、「有事に強い米ドル」というセオリーがあります。有事の際には、世界一の大国である米国がいちばん安全だろうという思惑で、米ドルが買われるということです。

ただし、米国同時多発テロのときには、米国が当事者になり、米ドル売り・米ドル安要因になりました。

⑾　投機圧力

ヘッジ・ファンドや投資ファンドといった大量の投機資金が、外国為替に投入されていることもよく知られていますが、これらも短期的に為替相場を大きく動かす要因になっています。

⑿　心理的要因・市場情報

外為相場は、短期的には「市場心理」によって動くといわれています。また、相場は人間がつくるとか、相場の形成の背景には人間の思考と心の動きがあるとか、相場は市場にある期待と不安に反応するなどといわれています。

もっと端的にいえば、相場は噂やデマでも動くともいえます。はっきりと噂とわかるまでには、それなりの行動が求められます。情報が事実であるか

どうかの確認までには時間を要しますので、もしその情報が本当であったら大変なことだと判断すれば、ディーラーは、本当だったらという仮定のもとで行動をとることになります。結果として、その情報があたかも真実のように相場を変動させてしまうことにもなりかねないわけです。

⑬ 介　　入

日本銀行など世界各国の中央銀行による介入も為替相場の変動要因の1つで、中央銀行が直接的に市場に対して資金を投入して為替相場を調整することもあります。

これは政府の意思表示であり、少量の介入でも効果があることがあります。介入の噂だけでも、相場が動くことがあります。

⑭ 自然現象

大地震や大津波などの災害を受けた国は、経済面での打撃を受けることになりますので、その国の通貨は安くなると考えられます。

⑮ ま と め

以上のように、外為相場の変動要因を列挙しましたが、一つひとつの動きが為替相場をどちらに動かすかをはっきり決めているのでなく、外為相場の変動は、さまざまな要因が網の目のように絡み合って形成されています。

また、変動要因があまりにも多いこと、それぞれの変動要因が組み合わされることによって為替相場の方向性が読みにくくなっていること、注目される要因がその時々によって異なることが、外為相場の変動要因を簡潔および明確に断言できない理由となっています。

4 外国為替市場

(1) 外国為替市場とは

　テレビのニュース番組で「本日、午後3時現在の東京外為市場は、1米ドル＝100円23銭で、前日比55銭の円高・ドル安です」とか「ニューヨーク外為相場の現地時間午後5時現在のドル／円相場は100円17銭で、前日比48銭の円高です」というように報道されますが、外国為替市場（以下、「外為市場」）とは、「モノ（商品）」ではなく「カネ（マネー）」、それも外国通貨が売買されるマーケットです。

　また、別の表現でいえば、外為市場とは、外為相場の卸売価格を形成するマーケットであるともいえます。後述します本章⑤「直物相場」における対顧客相場の電信売相場（TTSレート）や電信買相場（TTBレート）は、外為相場の小売価格であると考えると、よく理解できます。

　市場（マーケット）といっても、その建物や場所が存在するということではなく、コンピュータを駆使したバーチャル（VIRTUAL）な「場」を指しています。

　外為市場を構成する当事者は、たとえば東京外為市場であれば、民間金融機関と為替ブローカー（外貨売買の仲介者）と日本銀行です。

　世界の主要な外為市場として、アジアには東京・香港・シンガポール・ヨーロッパにはフランクフルト・チューリッヒ・ロンドン、米国にはニューヨーク・サンフランシスコ、オセアニアにはシドニーの各市場があります。これらの市場はつながっており、世界的に24時間の外為市場が形成されています。当然ですが、日本の銀行は、主に東京外為市場で為替取引を行っています。

(2) 東京外為市場

　東京外為市場は、香港市場およびシンガポール市場と並び、アジアにおける重要なマーケットとなっています。また、東京外為市場は、ロンドン市場、ニューヨーク市場と並び、主要な外為市場として、大きな取引量を誇っています。

　戦後しばらく外貨不足の時代が続いたこともあり、東京外為市場は規制の多い、閉鎖的なマーケットといわれてきました。しかしながら、日本経済の飛躍的な発展に伴い、東京外為市場の自由化、活性化の必要が高まり、1980年の外為法改正、1986年のオフショア市場（注1）創設、1994年の外為取引時間自主ルールの撤廃、さらに1998年の金融ビッグバン（金融大改革）・外為法改正を経て、市場の改革は大きく進展し、東京外為市場は、規制のない「フリー」な市場、透明で信頼できる「フェアー」な市場、そして世界と共生する「グローバル」な市場になっています。

（注1）　オフショア市場……国内取引に適用される金融上の各種規制を免除し、税制面でも優遇措置を与えて、非居住者から資金を集め、それを海外で運用するという、いわゆる外―外取引を目的として設けられた国際金融市場のことです。

　外国為替取引のほとんどが米ドルと日本円との売買で成り立っています。東京外為市場での取引単位は、1百万米ドルです。銀行がこのマーケットで外貨の売買を行うときの為替相場を「インターバンク・レート」（市場相場、または銀行間直物相場）といい、時々刻々と変動しています。

　休日は、土曜日、日曜日、祝日で、取引時間には、特に制限はありませんが、中心となる時間帯は、午前9時から午後3時30分頃までです。

　東京外為市場の参加者は、図表4－4のように、銀行と為替ブローカー（為替仲介人）および市場へ介入する時の日本銀行です。日本最大の為替ブローカーは、トウキョウフォレックス上田ハーロー株式会社（略称：トウフォレ上田）で、東京外為市場で銀行間の外国為替取引を仲介する業務を行っています。

東京外為市場では、市場の参加者が特定の建物（場所）に集まって取引を行うのではなく、コンピュータを使った電子ブローキングシステムなどを通じて為替取引を行う市場（マーケット）です。
　電子ブローキングシステムの仕組みは図表4－4のとおりです。

(3)　東京外為市場と世界の市場との関係

　東京外為市場は、ロンドン外為市場やニューヨーク外為市場とともに、世界の主要な外為マーケットです。

　東京外為市場は、時差の関係から、ロンドン外為市場やニューヨーク外為市場よりも早く市場が開き、やがて市場はロンドンそしてニューヨークへと移って地球を一巡します。この主要市場のほかに、シドニー、香港、シンガポール、フランクフルト、チューリッヒ、サンフランシスコなどの世界各地に市場がありますので、外為市場は24時間眠る時がないとか、24時間マネーは地球を駆けめぐるなどといわれています。

　なお、当該日の外為市場は、シドニー市場から始まり、最終はサンフラン

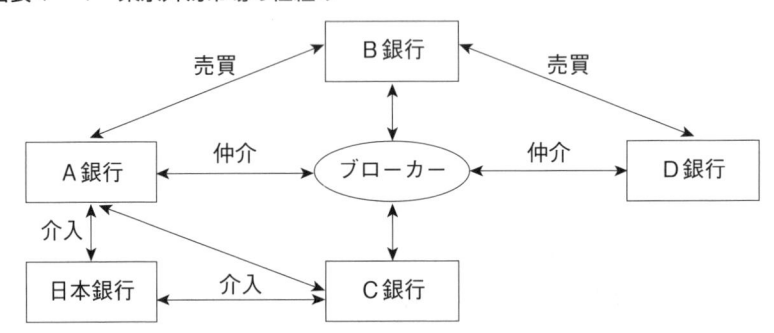

図表4－4　東京外為市場の仕組み

① 　A銀行がドルの売り注文の明細（金額、レート）を為替ブローカーに接続された専用端末に入力します。
② 　電子ブローキングシステムは、売り注文に合った買い注文がないかを検索します。
③ 　B銀行から売り注文に合致した買い注文が出ている場合には、システムがA銀行とB銀行との間で売買取引を成立させます。

シスコ市場になり、そして、またシドニー市場に引き継がれます。主要市場の取引時間帯は図表4－5のとおりです。

(4) ロンドン市場

　母国以外の通貨の金融取引で成り立っている市場を、「ユーロ市場」といいます。ユーロ市場は、各国の規制を回避する形で自然発生的に成立し、特に1970年代以降、重要な役割を果たすようになりました。

　ロンドン外為市場は、そうしたユーロ市場の代表的な存在です。米国や日本に比して、経済規模の小さい英国に所在するロンドンが、外為市場として重要な地位を占めているのは、ユーロ市場としての仲介機能の優位性のためといえます。また、規制緩和、長い伝統からくるノウハウの蓄積、外為取引に関する広い意味でのインフラ（貿易実務など）も強みの要因です。さらに、監督当局が市場育成に積極的であった事実も見逃せません。結果として、ロンドン市場では、外資系銀行が多数進出し、市場におけるシェアも高く、米ドル、ユーロ、スイスフラン、日本円など自国通貨以外の通貨の取引が高いウェイトを占めるに至っています。

　また、国際金融市場としても非常に重要な地位を占めています。米ドルの代表的な指標金利としてLIBOR（LONDON INTERBANK OFFERED RATE）

図表4－5　主要市場の取引時間帯

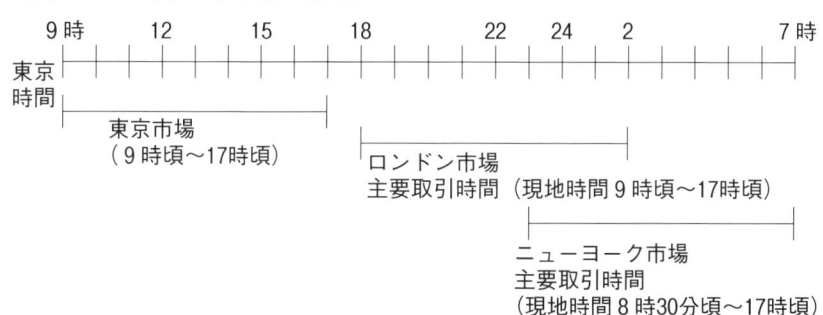

```
東京      9時    12    15    18    22    24    2         7時
時間      |--|--|--|--|--|--|--|--|--|--|--|--|--|--|--|
             東京市場
             （9時頃～17時頃）
                              ロンドン市場
                              主要取引時間（現地時間9時頃～17時頃）
                                    ニューヨーク市場
                                    主要取引時間
                                    （現地時間8時30分頃～17時頃）
```

(注)　ロンドン市場・ニューヨーク市場では、サマー・タイムの期間は、東京時間との関係が、上図より1時間繰り上がります（上図は、冬時間：10月下旬から3月末～4月初め頃まで）。

があり、これはロンドンの銀行間の預金市場における提示金利（OFFERED RATE）を指し、シンジケート・ローンをはじめとした国際的米ドル取引の基準金利として使われています。英国銀行協会（BBA：BRITISH BANKERS' ASSOCIATION）が毎営業日公表していますが、このように自国通貨でない米ドルについて指標を提供しているという事実にも、ユーロ市場の中心としてのロンドン市場の特徴が表れています。

(5) ニューヨーク市場

　世界最大の経済規模を誇る米国の中核都市であるニューヨークは、世界経済の中心です。

　ニューヨーク外為市場は、米国の巨大な経済をバックにしており、ロンドン市場とは対照的に、米ドルを中心とした取引がほとんどであり、巨大な国内市場に外資系の金融機関などが参加しています。

　規制の緩和も進み、ノウハウの蓄積、インフラの整備などにおいて、ロンドンに引けをとるものではありません。

　外為取引だけでなく、翌日物を中心とする米ドル短期資金（FEDERAL FUND）、米財務証券をベースにした米ドル長期資金、コマーシャルペーパー（CP、注2）、銀行引受手形（BA、注3）、などさまざまな金融取引があり、資産担保証券（ABS、注4）、金融派生商品（DERIVATIVES）など新しい金融商品においても優位にあります。また、世界最大の時価総額を有する株式市場などの資本市場としての厚みでも群を抜いています。

(注2)　コマーシャルペーパー（CP：COMMERCIAL PAPER）……信用力のある企業などが、公開市場で、運転資金調達を目的として振り出す短期の無担保約束手形をいいます。大企業の短期資金の有力な調達手段として定着しています。元来は、米国やカナダの北米市場でみられた独特な資金調達手段でしたが、ユーロ市場などでも多く利用されています。

(注3)　銀行引受手形（BA：BANKERS ACCEPTANCE BILL）……輸出入企業が貿易決済のために振り出し、銀行が引き受けた期限付為替手形をいいます。米国では、一流銀行に引き受けられたBA手形が確実な投資対象として、流通市場（BA市場）で売買されています。BA手形を市場に売り出した銀行は、低金利での資金調達が可能になります。この手形の売買は割引

の形で行われ、その際の割引率をBAレートといいます。
(注4) 資産担保証券（ABS：ASSET BACKED SECURITY）……企業が保有する売掛債権・リース債権・不動産などの資産を、企業から分離し、その資産から生じる利益を裏付けとして発行される証券の総称です。したがって、企業の信用力ではなく、資産から生ずるキャッシュフローに依存しているといえます。

ABSのメリットは、低コストで資金調達ができること、資金調達の多様化ができること、オフバランス化ができることなどがあげられます。

5 直物相場

(1) 対顧客直物相場と銀行間直物相場の関係

対顧客直物相場は、銀行とお客さまとの外国為替取引で、取引と同時に外貨と円貨の受渡を行う場合に適用される相場で、毎営業日（土・日・祝祭日を除く）、東京外為市場での外国為替取引をベースにして決定されます。この市場で取引されるマーケット・レートは、銀行間の為替取引の場合に適用される相場で、銀行間直物相場（インターバンク・レート、または単に市場相場）と呼ばれます。

銀行は、基本的にお客さまに売る外貨を銀行間直物相場で市場から買い、お客さまから買った外貨をこの相場で市場に売っているということです。こ

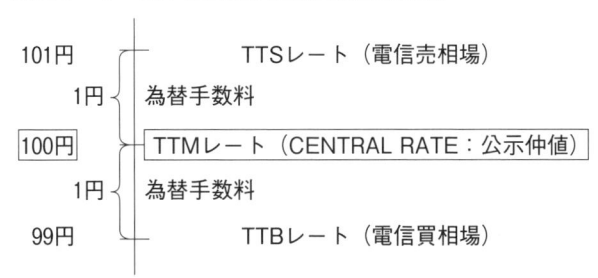

図表4－6　米ドル対顧客直物相場の仕組み

```
101円 ┐
      ├ TTSレート（電信売相場）
  1円 ┤ 為替手数料
100円 ┤ TTMレート（CENTRAL RATE：公示仲値）
  1円 ┤ 為替手数料
 99円 ┘ TTBレート（電信買相場）
```

のため、銀行間直物相場は、主に市場の構成者である銀行間の為替の需給関係によって形成されています。したがって、刻々と変動しますので、銀行間直物相場は、銀行にとってきわめて重要な相場になります。

(2) 米ドルの対顧客直物相場

銀行間直物相場に対して、銀行とお客さまとの間で取引される為替相場、すなわち対顧客直物相場は、この東京外為市場で取引される相場水準から、毎朝（米ドルは、午前10時頃）その日の相場の中心値を決定して発表されます（図表4－6参照）。なお、図表4－6では、為替手数料を1米ドル当り1円としていますが、取扱金融機関などにより異なる点について留意してください。

この中心値を公示仲値（CENTRAL RATE）と呼ぶこともありますが、一般的には、TTM（TELEGRAPHIC TRANSFER MIDDLE RATE）と呼ばれています。この相場を基準として、その日の相場が建てられます。

(3) 米ドル以外（その他通貨）の対顧客直物相場

東京外為市場では、米ドルとユーロ以外の通貨の対円の市場相場は、建値されていません。そのため、米ドル以外の通貨の公示相場は、米ドルの公示仲値（基準相場）と午前10時頃東京外為市場で取引されている当該通貨の対米ドル相場（クロス・レート）から間接的に算出されます。このように間接的に算出された相場のことを「裁定相場」といいます。

たとえば、英ポンドの場合でみてみましょう。

　　基準相場　　　1米ドル＝100円
　　クロス・レート　1英ポンド＝1.60米ドル
　　裁定相場　　　1英ポンド＝100円×1.60＝160円（英ポンドの公示仲値）

米ドル以外の通貨の公示相場は、まず上記のように間接的に当該通貨の公示仲値を算出し、その公示仲値に銀行の手数料要因などを加減して、電信売相場や電信買相場などの各種対顧客直物相場を決定し、午前11時頃に公示・公表します。

なお、ユーロは、対円の市場相場は建値されていますが、公示相場はその他の通貨と同様に決定されています。

(4) 対顧客直物公示相場の例

① 売相場

銀行がお客さまに外貨を売却する取引（銀行の売取引）に適用する相場で

図表4－7　対顧客直物公示相場の例

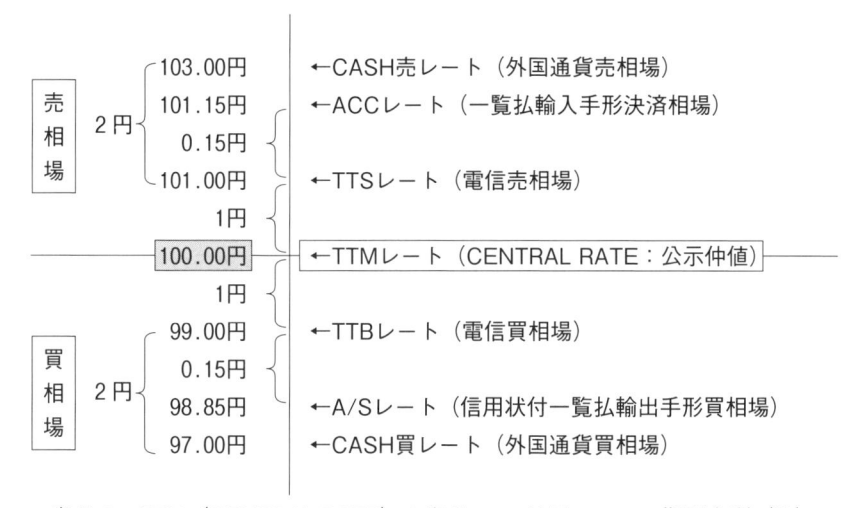

```
              ┌ 103.00円    ←CASH売レート（外国通貨売相場）
         ┌    │ 101.15円    ←ACCレート（一覧払輸入手形決済相場）
 売       │   │   0.15円
 相   2円 ┤   │
 場       │   └ 101.00円    ←TTSレート（電信売相場）
         └         1円
            ┌ 100.00円 ┐    ←TTMレート（CENTRAL RATE：公示仲値）
                  1円
         ┌    ┌  99.00円    ←TTBレート（電信買相場）
 買       │   │   0.15円
 相   2円 ┤   │ 98.85円    ←A/Sレート（信用状付一覧払輸出手形買相場）
 場       │   │
         └    └  97.00円    ←CASH買レート（外国通貨買相場）
```

米ドル：TTM（CENTRAL RATE）1米ドル＝100円、メール期間金利（注）＝0.15円と仮定。

なお、図表4－7では、1米ドル当り為替手数料を1円、外国通貨取扱手数料を2円としていますが、取扱金融機関などにより異なります。

（注）　メール期間金利……銀行がお客さまに資金の立替えをした場合、その期間の金利を「メール期間金利（MAIL INTEREST）」といいます。
　　　　たとえば、銀行がお客さまの米ドル建てのトラベラーズ・チェック（T/C）を買い取る場合、銀行は代り金（円貨）をお客さまへ支払った後、T/C発行銀行（たとえば、アメリカン・エキスプレス、略称アメックス）へ送り、代り金（米ドル）を回収します。
　　　　すなわち、その郵送期間だけ、銀行は立替払をしていることになります。その資金立替期間にかかる金利がメール期間金利であり、相場に織り込んでお客さまから受け取ります。なお、このメール期間金利は、金融情勢により変動しますので注意が必要です。

第4章　外国為替相場

す。

② 買相場

　銀行がお客さまから外貨を購入する取引（銀行の買取引）に適用する相場です。

(5) 対顧客直物相場の種類

① 売相場（米ドル建ての例）

CASH売レート 　（CASH SELLING RATE） **外国通貨売相場** 　　TTS＋2円 　　　適用取引⇒	銀行がお客さまに外国通貨を売るときの相場 外国通貨でも紙幣のみで、硬貨は取り扱わない。かつ、米ドルやユーロに限定している金融機関が多い。 ・外国通貨の売渡レート
ACCレート 　（ACCEPTANCE RATE） **一覧払輸入手形決済相場** 　TTS＋メール期間金利 　　　適用取引⇒	信用状付一覧払決済において、信用状条件に基づき外国の決済銀行を通じて立替えが行われている場合に適用される相場 すでに先方の輸出代金は支払われているので、立替金利に相当するメール期間金利（たとえば15銭）がTTSにオンされる。 ・信用状付一覧払輸入手形の決済
TTSレート 　（TELEGRAPHIC 　TRANSFER SELLING 　RATE） **電信売相場** 　　TTM＋1円 　　　適用取引⇒	売相場のなかの代表的なレートで、銀行がお客さまに外貨を売るときに適用する相場 米ドルの場合、公示仲値に為替手数料（1円）を加えたものがTTSとなる。つまり、銀行は市場から公示仲値で仕入れたドルを、TTSで売ることにより、1円の売買益を得ることができる。 ・外国送金、T/C（トラベラーズ・チェック）売渡、輸入ユーザンスの期日決済、外貨預金預入、クレジットカード代金の換算、インパクトローン返済

② 買相場（米ドル建ての例）

TTBレート （TELEGRAPHIC TRANSFER BUYING RATE） **電信買相場** TTM－1円 適用取引⇒	買相場のなかの代表的なレート。銀行がお客さまから外貨を買うときに適用する相場 米ドルの場合、公示仲値から為替手数料（1円）を引いたものがTTBとなる。つまり、銀行はお客さまからTTBで買ったドルを、公示仲値で売ることにより、1円の売買益を得ることができる。 ・被仕向送金の円転、外貨預金の支払・解約、インパクトローン実行（融資・貸付） ・取立済輸出手形の円転	
A/Sレート （AT SIGNT BUYING RATE） **信用状付一覧払輸出手形買相場** TTB－メール期間金利 適用取引⇒	信用状付一覧払輸出手形の買取や、T/C（トラベラーズ・チェック）の買取のときなどに適用する相場 立替金利に相当するメール期間金利（たとえば15銭）が差し引かれる。 ・信用状付一覧払輸出手形の買取・T/C（トラベラーズ・チェック）の買取・クリーンビルの買取	
CASH買レート （CASH BUYING RATE） **外国通貨買相場** TTB－2円 適用取引⇒	銀行がお客さまから外国通貨を買うときの相場 外国通貨でも紙幣のみで、硬貨は取り扱わない。かつ、米ドルやユーロに限定している金融機関が多い。 ・外国通貨買取レート	
USANCE BILLレート **期限付手形買相場** 適用取引⇒	信用状付期限付輸出手形の買取に適用する相場 手形期間によって適用相場は変わる。 ・期限付輸出手形買取	

(6) 公示相場の留意点

銀行は、毎朝米ドルについては午前10時頃、ユーロをはじめとしたその他

通貨については午前11時頃、公示・公表しています。

　銀行間直物相場（インターバンク・レート）の変動にあわせて、その取引のつど、対顧客相場を決めることは、銀行とお客さまの双方にとって不便ですので、小口の外為取引（通常、10万米ドル相当額未満の取引、各銀行によってこの金額はまちまちです）については、この公示相場を適用します。

　公示する方法は、店頭に掲示するほか、所定用紙に印刷して配布しています。印刷したものを「FOREIGN EXCHANGE QUOTATIONS」といい、略して「クォーテーション（外国為替相場表）」と呼んでいます。

　また、金融機関のホームページの為替相場情報等でも、毎営業日の公示相場を知ることができます。

　公示した対顧客直物相場は、東京外為市場の値動きがあまりないときは一日中変わらないのですが、なんらかの要因でインターバンク・レートが大きく変動したときは、日中でも対顧客公示相場を変更することがあります。東京外為市場の米ドルのインターバンク・レートが公示仲値（TTM、CENTRAL RATE）と2円以上乖離すると、米ドルの公示相場の公表を停止し、変更手続をとります。同時に、その他通貨の公示相場も停止、変更します。

　変更後の取引については、変更後の新公示相場が適用されます。ただし、輸入ユーザンスの期日決済などのように、期日が当初より確定している取引については、その日の最初の公示相場が適用されます。

　また、大口の取引（通常、10万米ドル相当額以上の取引、この金額は各銀行によって異なります）については、公示相場が適用されず、その時点のインターバンク・レートをベースとした市場連動直物相場が適用されます。

(7) 市場連動直物相場

　上記(6)のとおり、一定の金額未満の外為取引については、公示相場を適用しますが、各金融機関が定める一定額を超える大口の取引には、公示相場は適用せず、原則お客さまからの取引申込み時点のインターバンク・レートを基準につど決定した相場を適用します。このようにして決定された相場のこ

とを「市場連動直物相場」といいます。

インターバンク・レートは市場相場ですので、刻々と変動しています。これは、銀行が為替相場変動リスクを負担しながら、外為取引を行っていることを意味します。すなわち、金額の大きい取引においては、銀行はこの為替変動リスクを回避することが必須条件となります。

この市場連動直物相場を適用した取引では、お客さまから取引の申込みを受けた時点で、つどマーケットでカバー取引をしていますので、銀行は基本的には為替変動リスクを回避することができます。

6 先物相場と為替予約

(1) 先物相場（FORWARD RATE）

直物相場（SPOT RATE）とは、お客さまと銀行との外為取引において、取引と同時に外貨と円貨の受渡を行う場合に適用される相場で、一口でいえば、取引の時点での外為相場のことです。

これに対して、先物相場（FORWARD RATE）とは、事前に契約をしてから、一定期間後に外貨と円貨の受渡を行う場合の相場で、端的にいえば、将来の時点での外為相場のことです。この先物契約のことを、為替予約といい、単に「予約」とか「先物予約」と呼ぶこともあります。

(2) 先物相場と直物相場の関係

先物相場と直物相場の関係を簡単にみていきましょう。

たとえば、米国の金利が日本の金利より高い場合、投資家は日本円を米ドルに替えて、高い米国の金利で資金を運用しようとします。

しかし、投資資金を回収する時点で、もし米ドルの相場が安くなっていると元金が目減りし、金利の高さを帳消しにしてしまうので、投資家は資金回収時点での為替予約を締結して元本の安全を図ります。

投資家が円を米ドルに替えるということは、直物の米ドルを買うということです。また、資金回収時点の為替予約を締結するということは、先物の米ドルを売るということです。

　したがって、直物の米ドルは買われるから高くなり、先物は売られるから安くなります。そして、先物の相場が安くなった結果、金利の高さを帳消しにしてしまう時点で、この種の投資の動きは止まります。このような二国間の金利差をねらって「鞘取り」を行うことを金利裁定取引といいますが、先物相場は、このような金利裁定取引の結果として定まります。

　「金利裁定が働いた」ということを耳にすることがありますが、これは、すなわち、二国通貨間に金利差があると、高金利通貨の先物相場は、金利差の分直物相場より安くなり、逆に低金利通貨の先物相場は、金利差の分直物相場より高くなるということです。

(3) 先物相場の決定の仕組み

　上記(2)のとおり、先物相場は、将来の相場を予想した数字ではなく、二国通貨間の金利差から算出されるスワップ・スプレッド（直先スプレッド、またはスワップ・レート）を加減することにより決定されます。

　先物相場の算式は以下のとおりです。

先物相場
　＝銀行間直物相場（市場相場）＋スワップ・スプレッド（直先スプレッド）

　たとえば、米ドルの3カ月先の先物相場を算出してみましょう。

　　銀行間直物相場（市場相場）　：　　100円
　　日本円の3カ月物の市場金利：　0.10％
　　米ドルの3カ月物の市場金利：　0.30％
　　日本円と米ドルの金利差　　：▲0.20％
　　スワップ・スプレッド＝100円×（0.10－0.30）％×3/12＝▲0.05円
　（ディスカウント5銭）

米ドル3カ月先物相場＝100円－0.05円＝99.95円

これに、銀行の為替手数料（通常米ドルの場合、1円）が加減されます。

　輸入（売）先物相場＝99.95円＋1円＝100.95円

　輸出（買）先物相場＝99.95円－1円＝98.95円

　以上のとおり、米ドルが円に比べて高金利通貨であるので、米ドルの先物相場は直物相場よりも5銭米ドル安の相場になります。このように、米ドルの先物相場が直物相場に比べ、米ドル安になることを「米ドル先物ディスカウント」といいます。

　一般的に、先物相場が先になるほど安くなる場合を「ディスカウント（DISCOUNT）」、逆に先になるほど高くなる場合を「プレミアム（PREMIUM）」と呼んでいます。また、直先スプレッドがない場合は、「フラット（FLAT）」といいます。

　日本も米国も、現状では「ゼロ金利政策」を継続中であり、金利差はほとんど生じていません。その結果として、米ドルと日本円との関係では、直物相場と先物相場は「フラット」の状態にあるといえます。

(4) 為替予約

　「為替予約」とは、お客さまと銀行との間で、一定金額の外国為替を、一定の為替相場で、一定の期間に受け渡すことを、あらかじめ取り決めておくことです。為替リスク回避の方法としては、この為替予約が最も一般的です。

　為替予約は、お客さまが将来為替相場はいまよりよくならないと考えたり、いまよりよくなる可能性はあるが、現在の相場でも儲かっているのであえてリスクをとるより、取引採算を固めようと考えたり、あるいは将来の為替相場がいまより不利になって現在発生している含み損がこのままではさらに拡大すると判断したような場合に利用されます。

　先物相場は、上記のとおり、市場相場をベースにしており刻々と変動しているため、お客さまが希望する水準にあるとは限りません。しかしながら、待っていれば希望する水準に到達するとも限りません。したがって、為替予

約を利用するか否かは、将来の為替相場に対する見通しに基づいて、お客さま自身が判断すべきものになります。

　為替予約を利用するよりも、代金決済を行う当日の直物相場のほうが有利と判断すれば、為替リスク対策を講じないということもあります。その結果、予想が的中し大きな利益をあげることもあるでしょう。一方、為替予約を締結しても、代金決済を行う当日の直物相場のほうが予約相場より有利で、結果的に為替予約を締結しなかったほうがよかったということもあるでしょう。

　しかしながら、為替予約を締結すると、その後の相場変動にかかわらず、期日の取引に適用する相場は先物相場に確定します。リスクをとるより、予測が外れたときの損失負担を考え、早期に取引採算を確定するために、為替予約を締結するお客さまも少なくありません。

　このように、為替予約は、お客さまにとって、より大きな利益を生み出すものというより、期日の相場を事前に確定することで、取引の採算を固めるという安全策の要素が強いものです。

(5) 売予約と買予約

　直物相場に売相場と買相場とがあるように、為替予約にも「売予約」と「買予約」の2つがあります。この売・買というのは、銀行からみた用語ですから、輸出予約が買予約、輸入予約が売予約ということになります。為替予約を申し込むときには、売買区分を相違しないように、輸出予約または輸入予約の用語を使用するのが一般的です。

① 売予約（輸入予約）

　お客さまが外国為替を買い、銀行が外国為替を売る予約取引のことを、銀行の売予約（お客さまの買予約）といい、輸入取引に使用されることから、「輸入予約」とも呼ばれています。外国への仕向送金取引などにおいても使用されます。

② 買予約（輸出予約）

　逆に、お客さまが外国為替を売り、銀行が外国為替を買う予約取引のこと

を、銀行の買予約（お客さまの売予約）といい、輸出取引に使用されることから、「輸出予約」とも呼ばれています。外国からの被仕向送金取引などにおいても使用されます。

(6) 為替予約の受渡時期

① 確定日渡し

お客さまの指定した特定の日を受渡日とする予約取引のことです。たとえば、9月10日渡しとか、9月30日渡しなどのようにある特定の日を受渡時期とするものです。

② 期間渡し（オプション渡し）

特定の日ではなく、期間内であればいつでも受渡が可能な予約取引のことです。

期間渡しには、暦月渡し（カレンダーの月を受渡期間とする予約取引、たとえば9月渡し―9月1日～9月30日）、順月渡し（順月応当日を基準に受渡期間を定める予約取引、たとえば9月20日～10月20日）、特定期間渡し（暦月または順月とは関係なく受渡期間を定める予約取引、たとえば9月10日～9月20日、9月25日～10月15日など）があります。

(7) 為替予約の締結相場

為替予約の締結相場は、すべて電信相場（TTSまたはTTB）ベースで行っています。メール期間金利などの金利要因を織り込むことができません。

・輸入（売）先物相場　　TTSベース
・輸出（買）先物相場　　TTBベース

これは、為替予約時点では、受渡日（将来）の金利が決まらないため、先物相場に金利要因を含めることができないためです。

したがって、金利要因のある取引、たとえば、信用状付一覧払手形の実際の買取相場は、このTTBベースの先物相場から買取当日のメール期間金利を差し引いた相場になります。また、一覧払輸入手形決済の実際の売渡相場は、このTTSベースの先物相場に決済当日のメール期間金利を加えた相場

になります。

(8) 為替予約締結の判断

上記(4)のとおり、為替予約は、為替相場の変動によるリスク、すなわち為替リスクを避けるためのものですが、為替予約を締結したからといって、必ずしも有利になるとは限りません。結果的には、為替予約を締結しなかったほうが有利であったというような場合もあります。たとえば、米ドルの輸入予約を100円で締結し、期日に直物相場が95円になっていたら、為替予約を締結しなければよかったという結果になるでしょう。

したがって、先物相場を利用する場合には、関連する取引（輸出、輸入、インパクトローン、外貨預金など）の採算が十分合うかどうかということを、慎重に検討しなければなりません。

(9) 為替予約の申込み

① 電話による申込み

為替予約の申込みは、売買の区別（輸入予約または輸出予約）、通貨種類、金額、受渡時期などを電話により連絡し、その時点で銀行から呈示される予約相場に同意した時、銀行との間で為替予約が締結されることになります。

② インターネットによる申込み

インターネットを通じて為替予約取引を提供するサービスも行われていますので、詳しくは、自行のエレクトリック・バンキングやインターネット・バンキングの手続を参考にしてください。

(10) 為替予約の締結内容の確認

為替予約の締結後、為替予約の締結内容を確認してもらうために、銀行から外国為替予約取引確認書（為替予約スリップ）が2通送付されます。

直ちに、締結内容を確認し、確認書に署名し、1通を銀行へ返却します。

(11) 為替予約の実行（使用）

為替予約は、期日実行（使用）が原則ですので、決められた受渡日（期間渡しの場合は、受渡期間内）に実行しなければなりません。為替予約を締結した時点で、銀行は、銀行自身のリスクを回避するために、外国為替市場でカバー取引を行っているからです。

たとえば、輸出予約（買予約）のケースで、輸出契約が取り消され、他の取引に当該為替予約を利用できないときは、外貨預金から外貨を払い出して、予約締結相場で国内円預金に入金することにより、為替予約を実行するのが原則です。外貨預金に残高がないときは、当該日の電信売相場（TTS）で外貨預金に入金したうえで、為替予約を実行します。

輸入予約（売予約）が予定の取引において利用できないときは、原則として銀行から外貨を予約締結相場で購入し、外貨預金へ入金する方法により実行します。

(12) 為替予約の延長

為替予約を延長する取引は、HRR（HISTRICAL RATE ROLLOVER）と呼ばれ、予約取引を期限に決済せずに締結当初の相場により延長することは、含み損の先送りとなる懸念があることから、原則、取扱いできません。

為替予約の期日を延長せざるをえない場合には、その時点で新たに為替予約を締結し、当該予約は上記(11)の方法で実行するのが原則です。

ただし、実需に基づく為替予約については、延長に係るコストの支払などを条件に、為替予約の延長を行うこともあります。

(13) 為替予約の指値取引

為替予約の指値取引とは、お客さまが指定する相場での為替予約の申込みを銀行が預かり、先物相場がお客さまの指定する相場に達した時点で、銀行が為替予約を自動的に締結するサービスのことです。

7 為替リスクヘッジ

(1) 為替リスクヘッジの必要性

　為替相場の動向は、企業収益に大きな影響を与えるため、為替リスク対策は企業にとって重要な課題になっています。

　昨今では、多くの企業が海外に進出していますが、自ら進出していなくても海外と取引する企業は増加しています。そのような企業の場合、為替リスク対策の優劣が企業の業績に大きな影響を及ぼすため、その重要性がいっそう認識されるようになっています。

　為替リスク対策として、上記6の為替予約のほか、通貨オプション、円建取引、マリー、外貨預金、外貨借入れ（インパクトローン）、居住者間外貨建決済、リーズ・アンド・ラグズ、そして海外進出があげられます。それでは、各々についてみていきましょう。

(2) 為替予約

　「為替予約」とは、お客さまと銀行との間で、一定金額の外国為替を、一定の為替相場で、一定の期間に受け渡すことを、あらかじめ取り決めておくことです。為替リスク回避の方法としては、この為替予約が最も一般的です。詳しくは上記6を参照してください。

(3) 通貨オプション

　通貨オプションとは、お客さまと銀行の間で、期日（以下、「権利行使日」）に、一定の相場（以下、「行使価格」あるいは「ストライク・プライス」）で、ある特定の通貨を別の通貨を対価として「売る権利（プット・オプション）」あるいは「買う権利（コール・オプション）」を売買する取引をいいます。

　期日の相場いかんにかかわらず、予約相場を使用して取引を行わなければ

ならないという意味で、上記(2)の為替予約を「義務」と呼ぶとすれば、通貨オプションは、あらかじめ定めた相場を使用して取引をするかしないかはお客さま（オプションの買い手）の自由という意味で、「権利」と呼ぶことができます。

　為替予約では、予約相場が受渡期日の直物相場より有利であろうと不利であろうとその予約相場で取引を実行する必要があります。これに対し、通貨オプションでは、あらかじめ定められた相場（行使価格）が期日の直物相場より有利であれば権利を行使してその行使価格を使用し、不利であれば権利を放棄して期日の直物相場を使用することができます。通貨オプションが「選択権付為替予約」ともいわれるのはこのためです。

　通貨オプションには、このようなメリットがあるため、オプションを購入するにあたり、お客さまはオプション料（オプション行使の権利を確保するための対価）を銀行に支払わなければなりません。

　たとえば、輸出業者が、銀行からドルプット・オプション（期日：３カ月先、行使価格：１米ドル＝100円、オプション料：１米ドル当り１円）を、銀行から購入したとします。３カ月先の直物相場が95円であれば権利を行使して100円の相場を確保します。一方、105円であれば権利を放棄して105円の相場を使用します。すなわち、プット・オプションの買い手は、権利行使日における直物相場が行使価格よりも円高／ドル安の場合は、権利を行使して行使価格で外貨を売却し、円安／ドル高の場合は、権利を放棄して直物相場で外貨を売却します（図表４－８参照）。

　同じ条件で、輸入業者が、銀行からドルコール・オプションを購入したとします。３カ月先の直物相場が95円であれば権利を放棄して95円の相場を使用します。一方、105円であれば権利を行使して100円の相場を確保します。すなわち、コール・オプションの買い手は、権利行使日における直物相場が行使価格より円高／ドル安の場合は、権利を放棄して、直物相場で外貨を購入し、円安／ドル高の場合は、権利を行使して行使価格で外貨を購入します（図表４－９参照）。

　通貨オプション取引は、為替相場の変動が激しく、先行き円高に振れるの

図表4－8　プット・オプション

```
期日の直物 ─────── 105円　→権利放棄
相場              105円の直物相場で
                        外貨売却

行使価格 ─────── 100円


期日の直物 ─────── 95円　→権利行使
相場              100円の行使価格で
                        外貨売却
```

図表4－9　コール・オプション

```
期日の直物 ─────── 105円　→権利行使
相場              100円の行使価格で
                        外貨購入

行使価格 ─────── 100円


期日の直物 ─────── 95円　→権利放棄
相場              95円の直物相場で
                        外貨購入
```

か円安に振れるのか予測ができないときなどに、為替予約にかえて利用されています。

その他、レンジ予約やノックアウト予約などのゼロコスト・オプションといわれるオプションの購入と売却とを組み合わせた商品もありますが、商品名や内容が各金融機関によってまちまちですので、詳しくは、自行の手続を参考にしてください。

(4) 円建取引

為替リスクは、お客さまが外国の相手方と外貨建てで契約をするため発生します。国内取引と同様に、相手方と円建てで契約することができれば、為替リスクを回避することができます。

ただし、円建契約は、外国の相手方が為替リスクを負担することになりますので、相手方に円建てでの取引に同意してもらわなければなりません。

(5) マリー（MARRY）

マリーとは、外貨債権と外貨債務を同条件（同通貨、同金額、同時期）で組み合わせて、為替リスクを回避する方法です。

典型的なマリーの手法は、以下のとおりです。

・輸出代金の受取を輸入代金の支払に充当する

・外貨預金を輸入代金の支払に充てる
・輸入代金の支払をインパクトローンの借入れでまかなう
・輸出代金の回収をインパクトローンの返済に充てる　など

　海外との取引のウェイトが高まると、企業は、各種の外貨債権および外貨債務をもつようになります。外貨債権と債務のバランスを図り、決済のタイミングをあわせることができれば、「マリー」により、為替変動リスクの回避につなげることができます。

① **外貨預金**

　たとえば、輸出代金として受け取った外貨を円転せずに、外貨預金に外貨のまま預入しておき、輸入代金の支払が発生したときに充当すれば、為替リスク対策として利用できます。

　また、輸入代金の支払などの外貨債務を有している場合、債務に見合う同一通貨の外貨預金を作成することで、為替リスクを回避できます。たとえば、輸入取引で、3カ月後に1百万米ドルの決済送金がある場合、期間3カ月の外貨定期預金1百万米ドルを作成するのが、これに当たります。

　個人の場合には、次のように利用することができます。海外旅行の計画や留学中の子女へ仕送りの予定がある場合、相場の有利な時に外貨を購入して、期日を旅行日や送金予定日にあわせた外貨定期預金を作成、期日に外貨で引き出したり、そのまま送金資金に充当すれば、相場がドル高・円安になっても、高い外貨の購入を余儀なくされるということはありません。

② **外貨借入れ（インパクトローン）**

　外国通貨建ての借入れのことをインパクトローンといいますが、次のように利用すれば、為替リスクをヘッジすることができます。

　たとえば、米ドル建輸出代金の回収予定があり、代金回収を予定している時期の相場が現在よりも米ドル安・円高が予想される場合、米ドル建てインパクトローンの借入れを行い、米ドルを円転、インパクトローンの返済には輸出代金として受け取る米ドルをそのまま充当します。

　このようにすれば、円高になる前の相場で円転し、返済は外貨のまま行いますので、インパクトローンの返済額がその後の相場動向に左右されること

はありません。

(6) 居住者間の外貨建決済

1998年4月の外為法改正により、居住者間の外貨による資金決済が可能になりましたが、この居住者間の外貨建決済を利用して為替リスクを回避する方法です。

たとえば、米ドル建てで輸出代金を回収している輸出業者が、国内の仕入先に買掛金を円貨で支払っている場合、支払を米ドル建てにすることで、為替リスクを仕入先へ転嫁することができます。また、その仕入先が原材料を米ドル建てで輸入している場合には、仕入先にとっても、為替リスクを回避することができます。

(7) リーズ・アンド・ラグズ（LEADS & LAGS）

リード・アンド・ラグズのリーズ（LEADS）は時計の針を進めること、ラグズ（LAGS）は針を遅らせることで、為替相場の動向予測に基づき外貨の受取・支払を、契約で許容される範囲内で意識的に早めたり遅らせたりする方法です。

たとえば、G7（先進国7カ国財務相・中央銀行総裁会議）の開催が予定されている場合、米ドル防衛策が合意されてドル高／円安へ向かうと予測されるとき、米ドル建債務をもつ輸入業者は、ドル安／円高のうちに早めに送金を行って送金に必要な円貨をできるだけ少なくしようとするでしょう。これが「リーズ」です。

一方、米ドル建債権をもつ輸出業者は、米ドル高／円安になってから、米ドルを円に交換するほうが有利なため、信用状ベースの輸出買取であれば、ディスクレパンシーにならない範囲で、貨物の船積みならびに輸出荷為替手形の買取を遅らせようとするでしょう。これが、「ラグズ」です。

(8) ネッティング（NETTING）

ネッティングとは、債権と債務の相殺による決済のことをいいますが、決

済金額が圧縮されることになりますので、その分、為替リスクは減少することになります。ここでは、相殺、貸借記、そして交互計算について説明します。

「相殺」とは、取引の相手方と債権と債務の清算を個別に差額で行うことです。たとえば、お客さまが、取引の相手方に対し、輸出商品代金として30万米ドルの輸出債権をもつ一方、輸入商品代金として、20万米ドルの輸入債務をもつ場合に、差額10万米ドルで決済することをいいます。

一方、「貸借記」とは、この差額清算を個別ではなく、一定期間内に発生する複数の債権・債務にまで広げて行うものです。また、この貸借記を継続して行うのが「交互計算」です。貸借記が単発の取引であるのに対し、交互計算は、本支店間、関連会社間、あるいは、長年の取引先との間など継続的取引関係がある場合に利用されます。

(9) 海外進出

為替相場の動向は、企業業績に大きな影響を与えますが、1985年のプラザ合意（注）以降の円高を受けて、多くの輸出型企業は、人件費が安く、為替相場が米ドルに対し円ほど不利にならない主に東南アジア諸国に進出して工場を設置、そこから海外に出荷するようになりました。

また、製造コストに占める人件費のウェイトが高い衣料品製造業など労働集約型の企業の多くも競争力強化のため、海外生産を行っています。

企業が安定的に発展していくためには、長期的な視点で為替相場、人件費、貿易摩擦などの課題を解決する必要がありますが、その場合、海外子会社・合弁会社の設立とか、M&Aによる海外進出は有力な選択肢の1つになります。

(注)　プラザ合意……1985年9月22日にニューヨークのプラザホテルで開かれた5カ国蔵相会議（G5）におけるドル高是正のための合意。それまでのドル独歩高を修正し、対外不均衡を為替相場面の調整で是正するのが目的でした。この合意に基づき、各国はドル売りの協調介入に乗り出し、1米ドル＝240円台が85年末には1米ドル＝200円まで一気に修正され、その後の円高・ドル安の基調をつくりあげました。

第 5 章

外貨預金と外貨貸付

1 外貨預金の種類と特徴

(1) 外貨預金とは

「外貨預金」とは、文字どおり、外国通貨建ての預金のことで、米ドル、ユーロ、英ポンド、スイスフラン、オーストラリアドル、ニュージーランドドルなどの外貨で預け入れる預金のことです。

外貨預金の種類としては、外貨当座預金、外貨普通預金、外貨定期預金の3種類がありますが、外貨当座預金の利用はきわめて限定的ですので、下記においては、外貨普通預金と外貨定期預金の2種類について詳しく説明します。いつでも引き出せる「外貨普通預金」と、外貨普通預金より通常金利が高い「外貨定期預金」があり、目的に応じて使い分けることが選択のポイントとなります。

外貨預金の金利は、各国の金利水準が反映されます。すなわち、外貨預金で運用することにより、その通貨国の金利が適用されます。

預入時よりも円安の為替相場で外貨を円に替えると、為替差益を得ることができますが、円高の為替相場で外貨を円に替えると、為替差損を被ることになりますので、「元本割れ」に注意する必要があります。

円を外貨に交換する際、および外貨を円に交換する際は、必ず為替手数料が掛かります。したがって、為替相場が変動しない場合でも、「元本割れ」になります。

上記のとおり、外貨預金には為替相場の変動リスクおよび元本割れリスクがありますので、預金保険の対象外となります。

(2) 外貨預金の種類

① **外貨当座預金**（注1）

国内円当座預金と異なり、小切手・手形の利用は原則認められませんの

で、外貨当座預金は、ほとんど利用されていません。つまり外貨の手形交換所などの決済機関がないからです。したがって、取扱いは、やむをえない場合に限定しています。出入れ自由ですが、無利息です。

(注1) 当座預金（CURRENT DEPOSIT）……利殖が目的ではなく、日々の商取引などに伴う現金受払の手数を省き、現金の保管や持運びに伴う危険を避けるため、手形や小切手を利用した受払を行う際に資金決済をするための口座です。お客さまは、商取引に伴い取引銀行を支払場所とする手形や小切手を振り出すことができます。

② **外貨普通預金**（注2）

出入れ自由で、利息もつきます。

外貨での運用または外貨での決済のため、多くの企業および個人に利用されています。取扱通貨としては、米ドル（USD）、ユーロ（EUR）、英ポンド（GBP）、スイスフラン（CHF：CONFOEDEVOTIO HELVETICA FRANC）、オーストラリアドル（AUD）、ニュージーランドドル（NZD）等があります。お客さまのご要望や必要性に応じて、上記以外の通貨を取り扱うことも可能ですが、すべてにお応えできるものではありません。

適用金利は、各通貨の市場金利を参考にして決定されます。

(注2) 普通預金（ORDINARY DEPOSIT）……いつでも自由に預入・払出しができる典型的な流動性の預金口座です。

③ **外貨定期預金**（注3）

預入期間を定めて、その期間中の払出しを認めない預金です。

企業および個人の運用手段として、多く利用されています。

預入期間は、たとえば3カ月、6カ月、1年、○○月○○日〜××月××日などのように自由に設定できます。

外貨普通預金と同様、取扱通貨としては、米ドル、ユーロ、英ポンド、スイスフラン、オーストラリアドル、ニュージーランドドルなどがあります。上記以外の通貨を取り扱うことも可能ですが、すべてにお応えできるものではありません。

金利は、東京ドルコール市場やユーロ市場などの市場金利を参考にして決定され、各銀行とも、独自の金利を適用しています。

(注3) 定期預金（TIME DEPOSIT）……預入期間に定めがある預金で、期間は1カ月、3カ月、6カ月、1年などが代表的です。あらかじめ満期日まで預入することを約束した預金ですので、満期日以前には、原則として解約できません。万一、お客さまに真にやむをえない事情があって、期日前解約をすると、預入期間中の利息は、当初約束された定期預金の利率よりも低い利率で計算されます。

(3) 外貨預金の特徴

① 為替相場の変動リスク

　外貨預金が国内円預金と本質的に異なる点は、為替相場の変動リスクを伴う点です。

　輸出代金を外貨のまま預け入れる場合や、旅行者が使い残した外貨を円貨に戻さないで外貨のまま預け入れる場合などを除き、一般に外貨預金を作成する場合、お客さまは手持ちの円貨を外貨に替えることになります。言い換えれば、外貨預金を作成しようとするお客さまは、自分がもっている円金額相当分の外貨を銀行から買い、さらに、その外貨を銀行に預け入れることになります。

　逆に、外貨預金を払い出す場合は、外貨預金を輸入決済資金として外貨のまま使用する、あるいは、旅行者が前回の旅行で使い残した外貨を外貨預金に預け入れていたものを、そのまま払い出して、再び旅行費用として使用するなどの場合を除き、外貨を払い出して、それを円貨に替えて使うのが一般的です。言い換えれば、お客さまが外貨を口座から引き出し、その外貨を銀行に売り、対価として日本円を受け取ることになります。

　一定期間、外貨預金に預け入れて、再び円に戻すということは、お客さまにとって銀行から外貨を買って、一定期間後に、その外貨を再び銀行に売ることを意味します。この外貨購入時の相場より、売却時の相場が外貨高（円安）ならば為替差益が発生しますが、逆に外貨安（円高）であれば為替差損が発生します。

　また、外貨預金預入（作成）時の適用相場は電信売相場（TTS）であり、一方、引出（支払）時の相場は電信買相場（TTB）であるため、為替相場の

変動がまったくない場合でも、1通貨単位当り「TTB－TTS」の為替差損が発生します。

　円を外貨にする際（預入時）および外貨を円にする際（引出時）は、為替手数料（通常1米ドル当り1円、1ユーロ当り1円50銭、1英ポンド当り4円、1スイスフラン当り90銭、1オーストラリアドル当り2円50銭、1ニュージーランドドル当り2円55銭）を含んだ為替相場であるTTS（預入時）、TTB（引出時）をそれぞれ適用します。

　したがって、為替相場の変動がない場合でも、往復（預入時・引出時）の為替手数料（1米ドル当り2円、1ユーロ当り3円、1英ポンド当り8円、1スイスフラン当り1円80銭、1オーストラリアドル当り5円、1ニュージーランドドル当り5円10銭）が掛かるため、受取外貨の円換算額が当初外貨預金作成時の払込み円貨額を下回る（円ベースで元本割れとなる）リスクがあります。

② 預金金利

　外貨預金の金利は、各銀行が自由に決定していますが、銀行が市場動向を無視して勝手に金利を決めているという意味ではありません。

　外貨預金の金利は、当該預入通貨の金融市場、たとえば東京ドルコール市場やユーロ市場などにおける取引金利、すなわち市場金利を基準として決められています。

　適用金利については、各銀行とも、原則、毎営業日公示しています。

　なお、2008年9月のリーマンショックを契機にして、世界各国の金利が大幅に低下しており、外貨預金を運用資産として活用する場合、金利面からみると以前よりメリットは少なくなっています。

③ 預入期間

　外貨普通預金については、期間の定めはありません。

　外貨定期預金については、原則、毎営業日金利を公示している1カ月、2カ月、3カ月、6カ月、1年となりますが、満期日を、ある特定日に設定する定期預金も作成可能です。ただし、満期日として、当該通貨国の市場休業日やニューヨークの休日に当たる日を設定することはできない点について注意が必要です。

原則として、期日前解約はできません。万が一、金融機関がやむをえないと認めて期日前解約に応じる場合には、預入日から期日前解約日までの適用利率は期日前解約日における当該通貨建ての外貨普通預金利率となります。

預入時の申出により、自動継続、自動解約の取扱いができます。

自動継続方式の場合、自動継続後の適用料率は、書替日における預入期間に応じた所定の店頭表示利率となります。自動継続を停止した場合における満期日以後の適用利率は、解約日または書替日における同一通貨建ての外貨普通預金利率となります。自動解約方式の場合、満期日以降の適用料率は、自動解約後に受け取る預金口座の所定の店頭表示利率となります。

④ **預金保険の対象外**

外貨預金には、上記①のとおり、「為替相場の変動リスク」および「元本割れリスク」がありますので、預金保険（注4）の適用対象から除外されています。また、少額貯蓄非課税制度（いわゆる、マル優：注5）の対象にもなりません。

（注4） 預金保険制度……預金保険制度は、預金者を保護するための制度で、預金保険機構によって運営されています。この制度に加入している銀行は、保険料を支払い、万一、銀行が破綻したときに、預金者に対して直接保険金が支払われる保険金支払方式（ペイオフ）、あるいは、預金を譲り受ける救済金融機関に対し資金援助が行われる資金援助方式によって、預金者の保護が図られるようになっています。

（注5） 少額貯蓄非課税制度（マル優）……国内に住所を有する個人のうち、遺族基礎年金の受給者である妻、寡婦年金の受給者、身体障害者手帳の交付を受けている方などは、預入金融機関で一定の手続をとれば、元本350万円までの預貯金の利息が非課税扱いになります。

⑤ **外貨預金に係る手数料**

お客さまが外貨預金を払い出して、その外貨をそのまま外国送金に充当する場合、あるいは外国通貨・旅行小切手の購入に充てる場合などでは、外貨取扱手数料が掛かり、預入・引出し方法や通貨により手数料が異なります。

また、上記①のとおり、外貨預金の預入時の適用相場（電信売相場：TTS）

と払出時の適用相場（電信買相場：TTB）とが異なることも注意しなければなりません。

⑥ 預金利息と税金

外貨預金の利息は、税法上は利子所得となり、預金利息の20.315％（国税15.315％、地方税5％）が源泉徴収（注6）されます。

法人の預金利息は総合課税方式（注7）、そして、個人の預金利息は源泉分離課税方式（注8）がとられています。

(注6) 源泉徴収制度……預金の利息には、原則として税金が課せられます。課税の方法は、利息額から天引きして銀行が納付する源泉徴収制度が適用されています。預金利息を支払う銀行が源泉徴収機関であり、銀行が天引き徴収し、後日、税務署へ一括納付します。

(注7) 総合課税……前年度の所得を申告し、その所得額に対し定められた税率で課税する方法です。法人の預金利息は、この総合課税による課税方式がとられています。

(注8) 源泉分離課税……特定の所得に限り、所得を受ける時点で、あらかじめ税金を差し引いた金額で受け取ることで、その所得については、年間の所得を申告するときには、すでに税金が課せられているとして、他の所得と合算しない課税方法です。

　源泉分離課税の扱いを受けた所得については、所得を受ける段階で、一定の税率の税金が源泉徴収されることで、税金に関する手続は完了します。

　個人の預金利息は、原則、この源泉分離課税による課税方法がとられています。

⑦ 為替差益・差損

個人の場合、為替差益は「雑所得」として確定申告による総合課税の対象になります。

ただし、年収20百万円以下の給与所得者の方で、為替差益を含めた給与所得以外の所得が年間20万円以下の場合は、申告は不要です。一方、為替差損は、他の黒字の「雑所得」から控除できますが、他の所得区分との損益通算はできません。

法人の場合、為替差益、為替差損は営業外損益として会計処理を行います。

2 外貨預金の利用方法

(1) 外貨決済口座としての利用

　外貨建ての取引を行っている企業は、代金として受け取った外貨を円貨に転換（円転）せずに外貨預金に預入しておき、外貨のまま代金の支払に充当するなど、決済口座（勘定）として利用しています。この活用方法により、企業は、銀行に支払う為替手数料などを軽減・節約することができます。

　1998年4月より、居住者間の外貨による資金決済が可能になりましたが、これにより、国内取引の代金決済が外貨でも行えるようになりました。たとえば、大手電機メーカーなど輸出の多い企業が、輸出代金として回収した外貨を、そのまま国内の仕入業者への支払に充てるようなケースです。このような企業の決済口座としての外貨預金の活用は、徐々に増加しつつありますが、決済の相手方と取引条件の総合的な見直しが必要となってきます。

　通常、いつでも出入れができる「外貨普通預金」が、決済勘定として利用されます。すなわち、決済業務の効率化を図るためには、受け取った外貨をいったん、流動性預金である外貨普通預金にプールして、外貨での支払に充当することになります。

(2) 為替リスクヘッジ手段としての利用

　輸入代金や貿易外取引の支払などの外貨建債務を有している場合、この債務返済時の為替相場いかんによっては、為替差損を被ることがあります。そこで、その債務に見合う同一通貨の外貨預金を作成することで、為替相場の変動リスクをヘッジ（回避）する手法が広く活用されています（第4章⑦(5)参照）。

　これは、先行き為替相場の円安が見込まれる場合は、特に有効ですし、さらに円高のときに外貨預金を作成すれば、より有利な相場で採算を確定する

ことができます。ただし、金額をマッチさせることはもちろん、外貨定期預金を作成する場合には、期日を外貨債務の支払日にあわせるなど、十分な工夫が必要になります。

また、上記(1)の外貨決済口座としての利用で説明した方法は、そのままこの為替リスク対策としても利用できます。

外貨での受払が多い企業であれば、外貨で輸入代金を支払う予定がある場合、受け取った外貨の輸出代金を外貨普通預金に入金し、そのまま輸入代金の支払に充当すれば、金額でマッチする部分は為替変動リスクを回避できます。図表5－1では、80万米ドルがそれに当たります。

また、国内取引の代金決済を外貨で行う図表5－2のケースでは、仕入代金の部分（図表5－2の事例では、50万米ドル）について、為替変動リスクを回避できます。

個人の場合には、次のような場合に利用することもできます。海外旅行の計画や留学中の子女への送金がある場合、円高相場の有利な時に、外貨を購入して、期日を旅行日や送金予定日にあわせた外貨定期預金を作成、期日に外国通貨（キャッシュ）で払い出したり、そのまま送金資金に充当すれば、相場が円安になったとしても、高い外貨の購入を余儀なくされることはありません。ただし、円安の予想が外れれば、資金コストが高くついてしまいますので、十分に留意する必要があります。

(3) 運用手段としての利用

外貨預金には好金利が期待できる通貨もあること、個人の資金運用に対す

図表5－1　マリーによるリスクヘッジ方法・その1

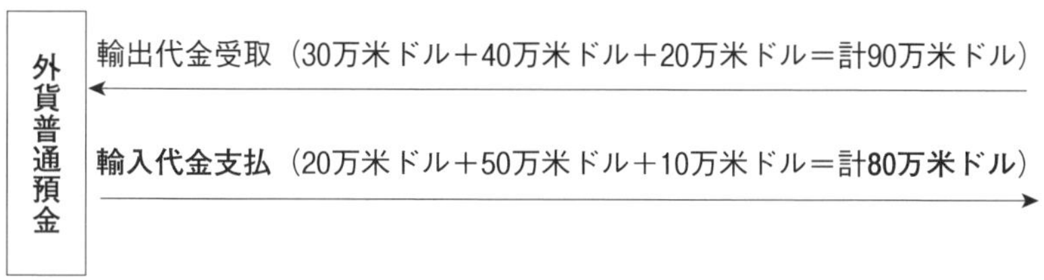

外貨普通預金
- 輸出代金受取（30万米ドル＋40万米ドル＋20万米ドル＝計90万米ドル）
- 輸入代金支払（20万米ドル＋50万米ドル＋10万米ドル＝計80万米ドル）

図表5－2　マリーによるリスクヘッジ方法・その2

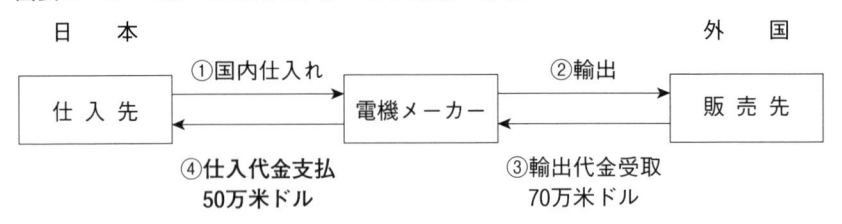

```
  日    本                                          外    国
            ①国内仕入れ          ②輸出
 ┌─────┐ ←──────── ┌──────┐ ←──────── ┌─────┐
 │仕入先│              │電機メーカー│              │販売先│
 └─────┘ ────────→ └──────┘ ────────→ └─────┘
            ④仕入代金支払          ③輸出代金受取
              50万米ドル              70万米ドル
```

る考え方の変化などを背景に、運用商品としての「外貨預金」は注目を浴びています。

　たとえば、個人投資家が、国内円預金、株式投資、投資信託などと組み合わせて、分散投資の一手段として外貨預金での長期運用を目指すケースもみられます。ただし、前記①の(1)および(3)で説明したとおり、金利は高くても、為替相場の動き次第では、為替差損が生じて「元本割れ」となることがありますので、慎重に検討する必要があります。

　前記のとおり、外貨預金は為替変動リスクを内包するため預金保険の対象外であること、また為替手数料などのコストが掛かることなど、これらのリスク内容や商品性を十分に認識する必要があります。

　このため、お客さまに外貨預金を販売する場合には、お客さまの知識、経験、年齢、資産状況、作成の目的などを十分把握する必要があります。

　外貨預金を含む金融商品の利用者（いわゆる、投資家）の保護および公正・透明な市場の構築のため、2007年9月に、金融商品取引法制が整備され、金融商品取引法（注1：以下、「金商法」）が施行されました。投資性の強い外貨預金については、銀行法上、特定預金等契約取引に該当し、「金商法」が準用されることになりました。

（注1）　金融商品取引法……従来、業法ごとの縦割りであった金融商品の規制を、投資性の強いものについて、横断的に規制するものです。この規制は、各業法に準用され、銀行法では、預金契約のなかでも投資性の強いものを「特定預金等契約」とし、これらの取引を行うにあたっては、「金商法」の各種行為規制（下記参照）が課せられることになっています。

　したがって、金融商品取引業者である銀行が遵守すべきルールとして、下記の点などがあげられます。

① **適合性の原則**……お客さまの知識、経験、財産状況および投資目的などに適合した形で販売を行い、お客さまの保護に欠けることのないようにしなければなりません。
② **説明義務**……契約の締結前にお客さまに対して、外貨預金の商品内容や為替変動リスクなどの重要事項について、「契約締結前交付書面」をあらかじめ交付し、同書面に基づき説明を行わなければなりません。
③ **契約後の手続**……外貨預金の契約を締結した後は、遅滞なく、「契約締結時交付書面」を交付しなければなりません。

(4) 外貨預金のメリット・デメリット

最後に、もう一度、外貨預金のメリット・デメリットについてまとめておきます。

① メリット

　a　外貨決済口座としての利用

外貨建ての輸出入取引を行っている企業にとっては、輸出取引で受け取った代金を外貨預金に預入し、輸入取引の決済に充当するなどにより、銀行に支払う為替手数料などを節約することができます。

　b　為替リスクヘッジとしての利用

外貨建ての輸入取引を行っている場合など、外貨債務を保有している場合には、為替相場リスクを避ける対策として、外貨預金が利用されます。

　c　金利選好

外貨預金は、好金利が期待できる通貨もあることから、運用商品として外貨預金での長期運用を目指すケースも見受けられます。ただし、外貨預金の入出金を円預金を介在して行う場合には、金利裁定（注2）が働きますので、実質金利は大きく変わらないことになります。

（注2）　金利裁定（INTEREST ARBITRAGE）……二国通貨間に金利差がある場合には、低金利通貨を調達して、高金利通貨で運用するという裁定取引が行われ、この結果、為替相場との間に裁定が働きます。すなわち、高金利通貨の先物相場は、二国間の金利差の分、直物相場より安くなり、逆に低金利通貨の先物相場は、金利差の分、直物相場より高くなります。

d　為替差益のねらい

　為替相場が円高のときに外貨預金に預入し、円安の時点で円に交換すれば、為替差益が得られます。ただし、円安の予想が外れれば、為替差損を被ることになりますので、十分に検討しなければなりません。

　e　分散投資目的

　個人投資家などが、円預金、株式投資、投資信託などと組み合わせて、分散投資の一手段として、外貨預金の長期運用を目指すケースもみられます。

② デメリット

　a　為替相場の変動リスクがあること

　為替相場の動き次第では、為替差損が生じたり、元本割れになったりします。

　b　預金保険の対象外であること

　上記のとおり、為替変動リスクと元本割れリスクがありますので、預金保険の対象外となります（本章①(3)(4)参照）。

　c　少額貯蓄非課税制度（マル優）の適用がないこと（本章①(3)(4)参照）

　d　中途解約ができないこと

　外貨定期預金の場合には、満期前の中途解約は原則としてできません。

　e　手数料が生じること

　お客さまが外貨預金を払い出して、その外貨をそのまま外国送金に充当する場合、あるいは外国通貨や旅行小切手の購入に充てる場合などには、外貨取扱手数料が掛かります。

3　外貨定期預金の採算と実質利回り

(1)　外貨定期預金の採算と実質利回り

　外貨預金においては、外貨を外貨でそのまま運用する場合を除いて、投下（預入）した円元本に対する払出日に受け取る円貨額、すなわち円元本で外

貨を購入し、その外貨を一定期間運用後、払出日に再び円に戻すことになるため、どのくらいふえたかという円ベースでの実質利回りが、非常に重要になってきます。

たとえば、外貨定期預金は、国内円預金と比べて適用利率に高いものがあっても、為替相場の変動により実質利回りは異なり、場合によっては元本割れとなることもあるからです。また、円を外貨に交換する際、および外貨を円に交換する際は、必ず為替手数料が掛かりますので、為替相場が変動しない場合でも元本割れになります。

円貨を外貨預金に運用した場合の投下した円元本に対する実質利回りは、単に預金の利息部分だけでなく、預入時と満期時の為替相場との違いによって生じる為替差益あるいは為替差損を加味することにより算出されます。

すなわち、外貨で運用したものを、円貨に引き直す必要があり、円ベースでの実質利回りは、投下した円貨額と最終受取金額により算出されます。

それでは、外貨定期預金における実質利回りを、事例に基づいて実際に計算してみましょう。

(2) 円ベース実質利回り

下記は、米ドルによる外貨定期預金での運用例です。この例に基づいて、外貨定期預金の円ベース実質利回り（税引後）を計算してみましょう。なお、外貨預金での運用については、あらためて下記①について十分留意してください。

【運用例】	
外貨定期預金元本金額	100,000米ドル
預入時の為替相場（TTS）	1米ドル＝100円
預入時の円貨元本金額	10,000,000円
預入期間（片端入れ）	6カ月：182日間（20XX年4月1日～9月30日）
外貨定期預金利率	年率0.03％（年365日ベース）

① 運用時の留意点

　外貨預金預入時の適用相場は電信売相場（TTS）であり、一方、引出時の相場は電信買相場（TTB）であるため、為替相場の変動がまったくない場合でも、1通貨単位当り「TTB-TTS」の為替差損が発生し、元本割れとなります。

　外貨預金には、上記(1)の通り、「為替相場変動リスク」および「元本割れリスク」がありますので、預金保険の適用対象から除外されています。

② 税引後元利外貨額
　a　税引前外貨預金利息額の算出
　　USD100,000.00×0.03%×182日÷365日＝USD14.95
　　　　　　　　　　　　　　　　　　　　　　（小数点第3位以下切捨て）
　b　税額の算出（法人：総合課税、個人：源泉分離課税）
　　国税（15.315%）：USD14.95×15.315%＝USD2.28
　　　　　　　　　　　　　　　　　　　　　　（小数点第3位以下切捨て）
　　地方税（5%）：USD14.95×5%＝USD0.74　（小数点第3位以下切捨て）
　　なお、国税には、復興特別所得税0.315%が含まれます。
　c　税引後外貨受取利息額
　　USD14.95－（USD2.28＋USD0.74）＝USD11.93
　d　税引後元利外貨額
　　USD100,000.00＋USD11.93＝USD100,011.93

③ 税引後元利円貨額
　a　満期日の電信買相場（TTB）が、90円（円高）のケース
　　USD100,000.00×90円＝9,000,000円
　　USD11.93×90円＝1,073円　　　　　　　　　　　合計9,001,073円
　b　満期日の電信買相場（TTB）が、95円（円高）のケース
　　USD100,000.00×95円＝9,500,000円
　　USD11.93×95円＝1,133円　　　　　　　　　　　合計9,501,133円
　c　満期日の電信買相場（TTB）が、105円（円安）のケース
　　USD100,000.00×105円＝10,500,000円

USD11.93×105円＝1,252円　　　　　　　　　合計10,501,252円
　d　満期日の電信買相場（TTB）が、110円（円安）のケース
　　USD100,000.00×110円＝11,000,000円
　　USD11.93×110円＝1,312円　　　　　　　　　合計11,001,312円
なお、税引後元利円貨額は、元本と利息を別計算のうえ、加算して算出します。
計算過程での円未満の金額は、切り捨てます。

④　実質利回りの計算
　a　90円（円高）のケース
円貨元本10,000,000円を6カ月間米ドルで運用した結果、税引後元利円貨額は、9,001,073円となるため、実質利回りをX％とすると、
　　10,000,000円×X％×182日÷365日＝9,001,073円−10,000,000円
　　X＝(9,001,073円−10,000,000円)÷10,000,000円×365日÷182日×100
　　　＝▲20.0335％
（通常、マイナス利回りの場合、小数点以下第5位を切り上げ、第4位まで表示します）
これを式で表すと、以下のとおりです。

税引後円ベース実質利回り

$$= \frac{(税引後元利円貨額 - 円貨元本額)}{円貨元本額} \times \frac{365日}{預入日数} \times 100$$

---

　b　95円（円高）のケース
同じように、上記算式に当てはめると、税引後円ベース実質利回りは、以下のようになります。
　　X＝(9,501,133円−10,000,000円)÷10,000,000円×365日÷182日×100
　　　＝▲10.0048％
　c　105円（円安）のケース
　　X＝(10,501,252円−10,000,000円)÷10,000,000円×365日÷182日×100

$\quad$ = 10.0525\%

　（通常、プラス利回りの場合は、小数点第5位を切り捨てます）

　d　110円（円安）のケース

　　X ＝ （11,001,312円 － 10,000,000円）÷ 10,000,000円 × 365日 ÷ 182日 × 100

$\quad\quad$ = 20.0812\%

⑤　**損益分岐点相場の算出**

　上記のように、円高の場合には、受取円貨額が元本を割り込むリスクがあることを示しています。

　元本割れとなる直前の円転相場を損益分岐点相場といい、外貨預金で運用されるお客さまにとっては、重要な相場となります。

　算出方法は、以下のとおりです。

元本円貨額 ÷ 税引後元利外貨額 ＝ 損益分岐点相場（銭未満切上げ）

　上記(2)の「運用例」では、

　　損益分岐点相場 ＝ 10,000,000円 ÷ USD100,011.93

$\quad\quad\quad\quad\quad\quad$ = 99.98807…

$\quad\quad\quad\quad\quad\quad$ = 99.99円　となります。

　つまり、満期時の円転相場（TTB）が、1米ドル当り99円99銭より円高になれば、元本割れとなります。

　すなわち、

元本割れではない場合……

　USD100,011.93 × 99.99円 ＝ 10,000,192円 ＞ 元本円貨額10,000,000円

円貨元本割れの場合……

　USD100,011.93 × 99.98円 ＝ 9,999,192円 ＜ 元本円貨額10,000,000円

4 非居住者円預金

(1) 非居住者円預金とは

　非居住者円預金（NON-RESIDENT YEN ACCOUNT）とは非居住者（法人・個人）が日本の銀行に開設する円貨表示の預金のことです。非居住者円預金の利用は自由ですが、有事の規制の必要で、一般の居住者の円預金と区別して管理することが義務づけられています。

　非居住者とは、原則として、その住所または居所を日本国内にもたない法人・個人をいいますが、例外もありますので、図表5－3を参照してください。

　なお、図表5－3の判定基準は、「外国為替及び外国貿易法」（いわゆる、「外為法」）の規定であり、税法（法人税法、所得税法、地方税法など）でいう非居住者と異なる場合がありますので、注意してください（外為法における居住性の判定基準については第3章①(6)参照）。

　非居住者円預金において最も重要なことは、一般の居住者円預金と明確に区別して取り扱われることです。たとえば、円が強くなるとみて投機的な円買いが殺到し、非居住者円預金残高が急増するような場合、国内金融ならびに為替相場安定化のため、財務大臣は外為法21条2項に定めるところにより、取引を制限する措置をとることが可能です。

(2) 非居住者円預金の利用目的

　貿易取引の発展および取引の国際化とともに、円建取引も増加し、非居住者による円預金も増大して今日に至っていますが、非居住者が円預金勘定を設定する目的としては、次のようなことが考えられます。
① 円建ての輸出入代金の決済勘定として資金を保有する。
② 円高による為替差益を追求するために利用する。

図表5－3　非居住者と居住者

非居住者 （NON RESIDENT）	法人等	① 外国に主たる事務所を有する法人 ② 本邦法人の外国にある支店、出張所、その他の事務所 ③ 本邦にある外国政府の公館（たとえば、日本にある米国大使館） ④ アメリカ合衆国軍隊、その家族、施設など（いわゆる、米軍基地）　など
	個人	① 外国人は、原則として非居住者 ② 外国にある会社に勤務する目的で出国し、外国に滞在する本邦人 ③ 2年以上外国に滞在する目的で出国し、外国に滞在する本邦人 ④ 本邦に滞在する外国政府または国際機関の公務を帯びる者　など
居住者 （RESIDENT）	法人等	① 本邦に主たる事務所を有する法人 ② 外国法人の本邦にある支店、出張所、その他の事務所 ③ 外国にある日本政府の公館（たとえば、アメリカ合衆国にある日本大使館）
	個人	① 本邦人は、原則として居住者 ② 本邦にある会社に勤務する外国人 ③ 本邦に入国後6カ月以上経過するに至った外国人 ④ 本邦の在外公館に勤務する目的で出国し、外国に滞在する本邦人

③　円建債務を有する非居住者が為替リスクヘッジを目的として保有する。
④　ポートフォリオの一環として、円に投資する。
⑤　外国政府、外国中央銀行が準備資産の多様化を図るため保有する。
⑥　定期的に来日する非居住者が滞在費として預入する。

(3) 非居住者円預金の種類

居住者の一般の国内預金と同様に、下記のものがあります。
① 当座預金（CURRENT DEPOSIT）
② 普通預金（ORDINARY DEPOSIT）
③ 通知預金（DEPOSIT AT NOTICE）
④ 定期預金（TIME DEPOSIT）

いずれの預金も、金利ならびに取扱いの条件は、一般国内円預金とほぼ同様と考えてさしつかえありません。

なお、非居住者円預金は、預金保険制度の保護対象預金ですので、預金保険の対象として、同保険の範囲内で保護されます。

(4) 免税などの手続

非居住者円預金の支払利子に対する源泉徴収税率は、原則として国税15.315％の分離課税のみが適用されますが（地方税5％は免除）、預金名義人が外交官、領事などの場合は国税についても免除扱いとします。

また、わが国と租税条約を結んでいる国に住所を有する預金者の場合は軽減税率とする特例が設けられています。その場合は、「租税条約に関する届出書」を銀行経由で、税務署に提出する必要があります。

(5) 外為法との関係

非居住者円預金勘定が、一般の居住者円預金と異なる最大の点は、前述したとおり、投機的資金が大量に流入し国内金融をかく乱したり、為替相場の乱高下の原因となる場合に、これを抑制するため、当局の緊急措置の対象となることにあります。

具体的には、外為法21条2項において、
① わが国の国際収支の均衡を維持することが困難になること
② 本邦通貨の外国為替相場に急激な変動をもたらすことになること
③ わが国と外国との間の大量の資金の移動により、わが国の金融市場また

は資本市場に悪影響を及ぼすことになること

のいずれかの事態が生じ、外為法の目的を達成することが困難になると認められるときに限り、資本取引の全部または一部を制限することができる旨を規定しています。

5 外貨インパクトローン

(1) インパクトローン（IMPACT LOAN）とは

「紐付きではない（UNTIED）」、すなわち、貸出の目的とか資金使途について制限のない外貨建貸付のことですが、通常、居住者が日本の銀行から受ける外貨建ての融資のことをいいます。

(2) インパクトローンの語源と変遷

インパクトローンという言葉は、米ドルなどの外貨を運転資金や設備資金に充てることにより、雇用と所得がふえ、消費財に対する需要が増大して、インフレへの衝撃（インパクト）作用をもたらすといった意味合いから生まれたといわれています。本来、大規模開発などのためのプロジェクトがあって、そこから派生する付随的資金需要をまかなうための金融の名称だったのですが、その後、使途自由な借入れという意味で、タイドローン（TIED LOAN：使途制限のある紐付き借入れ）に対する用語として使用されるようになり、さらに転じて、日本の企業が外国の銀行から直接借入れする方式の呼び名になり、現在では外貨貸付＝インパクトローンというようになりました。

(3) 利用目的

① **輸出入金融（ファイナンス）としての活用**

資金調達の多様化などの観点から、輸出前貸や輸入ユーザンスの代替とし

て活用されます。

② 為替相場変動リスクヘッジ

たとえば、米ドル建ての輸出取引をしようとする業者が、インパクトローンを借りて、すぐに円に替えてしまい、生産・製造資金や集荷資金に充当します。返済期日に、米ドル建ての輸出代金回収資金により、当該インパクトローンを返済することになりますので、為替リスクを回避することができます。

③ 低金利通貨での借入れによる低金利メリットの享受（金利選好）

現状ではむずかしいですが、円金利と比較して、低金利で調達できる場合には、利用されます。

④ 円高による為替差益ねらい

(8)で後述するオープンインパクトローンを利用し、為替相場が円高になった場合には、為替差益を得ようとするものですが、為替リスクの問題が残りますので、十二分に留意する必要があります。

(4) 通貨の種類

貸出通貨は、米ドルとユーロの2大通貨のほか、銀行が調達可能な通貨であれば利用可能です。英ポンドやスイスフランなどのユーロ以外の欧州通貨に加え、香港ドルやシンガポールドルなどのアジア通貨のインパクトローンも増えています。

(5) 貸付の形態と期間

インパクトローンの実行日から期日までが1年以内のものを「短期インパクトローン」といい、原則、手形貸付で実行します。

1年を超えるものを「中長期インパクトローン」といい、原則、証書貸付で実行します。

(6) 資金調達

インパクトローンは、外貨の融資ですので、銀行はその外貨を市場から調

達しなければなりません。銀行は、ロンドンを中心としたユーロ市場から調達することができますが、最近では、わが国のドルコール市場も規模が拡大し、米ドルについては東京ドルコール市場での調達が一般化しています。

(7) 金　利

インパクトローンの金利は、東京ドルコール市場の金利に銀行の利鞘がプラスされて決まりますので、市場金利に連動して毎日変動します。ユーロなどの金利も、それぞれの通貨の市場金利に連動しています。もちろん、通貨により円金利に比べて高い場合も低い場合もありますが、これは後述しますように、返済時の為替相場を考慮した実質金利に引き直さないと、低金利であるから有利であるとは一概にいえません。

(8) その他留意事項

インパクトローンが、国内融資と違う点の1つは、前述したとおり金利体系ですが、インパクトローンが為替相場の影響を受けるということも見逃すわけにはいきません。インパクトローンを借りて外貨のまま使用し、外貨で返済するというケースを除いて、借入通貨の為替相場が借入時より返済時のほうが円安（たとえば、米ドル高）になれば、借り手は為替差損を被ることになります。

為替リスクを防止するためには、為替予約を締結するという方法があります。為替予約に用いられる先物相場は、予約締結日の直物相場より高くなっていることも安くなっていることもあります（通常、日本より高金利の国の通貨は先安になります）。また、結果的にみて為替予約を締結しなかったほうが得であったというケースもあります。

しかし、為替予約を締結した場合の効果は、高金利国の通貨であれば、実質的に金利を下げることになるという事実です。たとえば、円の金利よりも米ドルの金利のほうが高い場合、米ドルの円に対する先物相場は、「金利裁定」の結果として直物相場より安く（ディスカウント：円高に）なっています。返済時の元金円貨額が借入れ時より少なくなるわけですから、高い米ド

ル金利を帳消しにして実質金利を引き下げることになります。逆に、円金利よりも、もし金利の低い通貨があれば、その先物相場は先高（プレミアム）になります。

　ただし、現時点では、米国も日本もゼロ金利政策をとっていますので、ほとんど金利差のないフラットな状態（直物相場と先物相場の差がない）にあります。

　インパクトローンは、値決め（金利を決定すること）を行った日から2営業日後に融資が実行されますので、値決め日に実行日と期日の両方の為替予約を締結し、実質金利を確定して利用すれば、為替リスクはなく、安全安心です。この方法は、両方の為替予約を同時に行うことから、「スワップ付インパクトローン」と呼ばれています。

　先行きの円高を予測し、もし円安になっても為替差損を負担するというのであれば、為替予約を締結しないで、インパクトローンを利用する方法もあります。この方法は、「オープンインパクトローン」と呼ばれています。オープンにしておいて、有利な先物相場が出た時に、為替予約を締結することも可能です。

　リーマンショック以前に比べれば、世界各国の金利が大幅に低下しています。その結果として、内外金利差が縮小していますので、従来以上に「インパクトローン」が利用される機会が増えることでしょう。

6　ユーロ円インパクトローン

　インパクトローンは、米ドルやユーロなどの外貨で利用されることがほとんどですが、ユーロ円で融資する取引もあります。

　この取引は、「ユーロ円インパクトローン」と呼ばれ、貸出実行店は、本邦の銀行の海外支店（たとえば、香港支店やシンガポール支店）となっています。

　ユーロ円インパクトローンは、銀行の海外支店がユーロ市場から調達した

円資金を本邦の居住者（借入人）の円預金口座へ、融資実行日に振り込んできます。

　一方、期日には、借入人が当該海外支店宛に円建送金を行うことによって、返済することになります。

　ユーロ円インパクトローンは円建てであるため、為替リスクがなく、経理処理が容易となる利点があります。

　しかしながら、この制度が導入解禁されてしばらくは、国内円貸付の補完手段としておおいに利用され残高も急増しましたが、銀行の事務負担が大きいことから、現状では、ほとんど利用されていません。

第6章

貿易外取引

1 貿易外取引とその種類

(1) 貿易外取引とは

「貿易外取引」とは、簡単にいうと、貨物の輸出入以外の取引の総称です。具体的には、輸出入取引にかかわるサービスの提供（たとえば、輸送、用船、保険、保管、検査、査証など）、技術の提供・援助、金銭の貸借、債務の保証、証券の取得、不動産の売買、寄付、贈与、海外旅行など貿易以外の取引がすべて含まれ、多岐にわたります。

したがって、銀行の立場からみれば、輸出入取引以外にかかわる資金の授受を「貿易外取引」ということができます。

貿易外取引としては、外貨両替（外国通貨、旅行小切手）、仕向外国送金（外国への送金）、被仕向送金（外国からの送金）、クリーン・ビル（小切手）、外貨預金、非居住者円預金、インパクトローンがあげられます。

なお、外為法の分類によれば、「貿易外取引」は、以下の取引になります。
① 役務、特許権、著作権など目にみえないものの対価の支払
② 目にはみえるけれど貨物とはいえないもの、たとえば、不動産や金地金の対価の支払など
③ 何かの対価の支払ではなく、資金の移動自体が取引の目的である場合、たとえば、金銭の貸借、投資、寄付、贈与など
④ 資金の移動のない保証契約など

(2) 外為法上による規制

① 外為法との関係

1998年4月の外為法の改正に伴い、ほとんどの貿易外取引が事前の許可や届出なしに自由に行うことができるようになりました。

ただし、例外的に、外為法で許可や届出を要する取引もありますので、注

意が必要です。

② 許可を要するもの

下記の者への支払、下記の者との預金契約・信託契約・貸付契約等においては許可を要します。

ⓐ タリバーン関係者
ⓑ テロリスト
ⓒ リベリア前政権の関係者
ⓓ コンゴ民主共和国に対する武器禁輸措置違反者
ⓔ コートジボワール和平等に対する脅威構成者
ⓕ スーダンにおけるダルフール和平阻害関与者
ⓖ ソマリア武器禁輸措置違反者
ⓗ 北朝鮮制裁対象者
ⓘ イラン制裁対象者
ⓙ リビア制裁対象者
ⓚ シリア制裁対象者　など

ただし、実態的には、上記の者は、諸条約の履行ならびに国際平和のための国際的な努力に寄与するために規制の対象となっており、許可されることは、ほぼありません。

③ 事前届出を要するもの

事前届出を要するものは、以下のとおりです。

ⓐ 金銭の貸付などであって、漁業、皮革・皮革製品製造業、武器製造業、麻薬製造業に対するもの
ⓑ 航空機、武器、火薬類の製造、原子力、宇宙開発に関する指定技術の導入であって、その対価の額が1億円相当額を超えるものまたは対価の額が確定しないもの
ⓒ 1百万円相当額を超える支払手段（現金、小切手など）、または1kgを超える金の地金の携帯輸出および携帯輸入

④ 事後報告を要するもの

外国へ送金したり、外国から送金を受け取ったりしたときには、取引金額

が30百万円相当額超の場合（ただし、輸出入取引を除く）、「支払又は支払の受領に関する報告書」を銀行に提出しなければなりません。また、銀行を経由しない取引の場合は、取引の当事者が直接当局へ報告書を提出することになります。

2 外貨両替（外国通貨、旅行小切手）

(1) 外貨両替とは

　海外へ旅行しようとする人は、日本から出国する前に、旅行しようとする国で使用できる通貨を用意します。その際、その人がもっている「日本円」を、旅行する国で使える通貨の現金（キャッシュ）または旅行小切手（T/C）にしてもっていくのが一般的です。

　「外貨両替」とは、外国通貨（現金、キャッシュ）や旅行小切手（トラベラーズ・チェック：TRAVELLER'S CHEQUE、略してT/C）を売買することです。

　一般に両替といいますと、紙幣あるいは硬貨相互間の金種交換や、流通券から新券（新札）への交換のことになりますが、ここではまったく意味合いの違う、売買が発生する、れっきとした外国為替取引になります。

　この外貨両替は、世界各国にはそれぞれの国内で通用する通貨があり、ある国を訪れる外国人はその国の通貨をもっていなければ、滞在中の生活が円滑にできないため、自国通貨とその国の通貨を交換する必要性から生まれてきたものです。

　1998年4月に施行された外為法による外国為替業務の自由化により、現在ではホテル、デパート、量販店、金券ショップなどでも自由に両替業務ができるようになりました。

　なお、3メガバンクでは、外為業務取扱店舗のほかに、外貨両替専門の「外貨両替ショップ」および「空港両替所」を設置しています。

　外国通貨・旅行小切手ともに、日本で入手できるものは、米ドル、ユーロ

などの主要通貨に限定されています。日本の手数料、外国での手数料を考慮して、渡航先にどの通貨を携行していくと有利であるかは、旅行代理店などから情報を入手するとよいでしょう。

円現金も携行できます。国によって流通しなかったり、現地通貨への交換手数料が高かったりしますが、持ち帰ったときには交換の必要がなく、また為替相場の変動リスクもないことから有利な点もあります。

外貨の場合には、当然、為替リスクが生じます。すなわち、使い残した外貨を円に交換する場合には、為替相場の変動により得をしたり損をしたりします。

最近では、海外での「インターナショナル・クレジットカード」の利用も顕著になっています。また、日本の預金口座の「インターナショナル・キャッシュカード」を用いて、現地のATMネットワークで現地通貨を引き出すことが可能になっており、海外渡航の費用をすべて外国通貨や旅行小切手で用意するという必要もなくなってきています。

(2) 外貨両替と外為法

両替業者には、2百万円相当額を超える外国通貨または旅行小切手の両替（売買）を行う場合には、マネー・ローンダリング防止の観点から、法令で定められた公的書類により本人確認を行うことが義務づけられています（外為法22条の3、外為令11条の6）。日本人であれば運転免許証などで、外国人旅行者であればパスポートで本人確認を行います。

外為法上、外国通貨や旅行小切手の両替金額について制限はありませんが、日本円を含めて1百万円相当額を超える金額を海外に持ち出す場合には、事前に税関長への届出が必要になります（外為法19条3項、外為省令10条）。

(3) 外国通貨の売買

① 外国通貨の種類

両替の対象となる通貨の種類については、売買ともに外為法上なんらの制

第6章 貿易外取引 125

限はありません。したがって、どこの国の通貨でも売買の対象になりうるわけですが、銀行としては、コストの問題、国外持出禁止などの通貨発行国の制約などの理由から、売買に応じているのは、一般に米ドル、ユーロなどの世界的に流通性の高い通貨や、香港ドル、シンガポールドル、オーストラリアドルなど日本人観光客がよく行く国、地域の通貨が中心になっています。

なお、このような主要通貨であっても、硬貨いわゆるコインは交換性もなく、手数や費用が掛かるため、銀行では売買に応じていません。

② **外国通貨の売渡**

銀行がお客さまに売渡することのできる外国通貨は、支店が保有している外国通貨に限られます。通常、支店では、米ドルやユーロしか保有していないため、その他の通貨の場合には、本部から取り寄せて対応します。

外貨両替ショップや空港両替所では、下記のような「その他の通貨」も保有しています。たとえば、

> 英ポンド、カナダドル、スイスフラン、スウェーデンクローナ、デンマーククローネ、ノルウェークローネ、オーストラリアドル、ニュージーランドドル、香港ドル、シンガポールドル、タイバーツなど

米ドルの場合、あらかじめ特定の金種を組み合わせた紙幣のパックで販売しています。通常100米ドル、200米ドル、300米ドル、500米ドル、1,000米ドルの5種類のパックを販売しています。たとえば、500米ドルパック：1ドル×10枚、10ドル×4枚、50ドル×3枚、100ドル×3枚の組合せになっています。

硬貨（コイン）は交換性もなく、手数や費用が掛かるため、銀行では販売していません。

売渡時には、お客さまから買い取った外国通貨は使用せず、別途外国の銀行などから取り寄せた外国通貨を使用しています。偽造紙幣を買い取って、お客さまに売り渡すリスクを回避するためです。

外国通貨の売渡時に適用される相場は、外国通貨売相場（CASH SELLING RATE）です。外国の銀行などからの取寄せの費用（輸送費、保険料）、保有期間中の為替リスク、資金コスト（キャリングコスト）などを考慮して、相

場はやや割高になっています。たとえば、米ドルの場合、通常、電信売相場（TTS）に2円の手数料が加算されていますので、TTSが101円であれば、外国通貨売相場は103円になります。

③ 外国通貨の買取

銀行がお客さまから買取することのできる外国通貨は、上記②の売渡しで説明しました米ドル、ユーロ、そして英ポンドなどの「その他の通貨」になります。硬貨（コイン）の買取は取り扱っていません。

ただし、米ドル紙幣については、非常に精巧な偽造・変造紙幣が出回っていますので、見本と照合して慎重に鑑別するほか、米ドル紙幣鑑定機による鑑別も実施しています。

外国通貨の買取時に適用される相場は、外国通貨買相場（CASH BUYING RATE）です。たとえば、米ドルの場合、通常、電信買相場（TTB）から2円の手数料が差し引かれますので、TTBが99円であれば、外国通貨買相場は97円になります。

(4) 旅行小切手の売買

① 旅行小切手とは

旅行小切手（トラベラーズ・チェック）は、通常T/Cと呼ばれているもので、小切手という名称が使われていますが、いわゆる小切手法上の小切手であるとは言い切れません。その取扱いは発行者と購入者との間の私的契約による商慣習に基づいて行われています。

旅行小切手は、海外旅行者の現金を携帯することによる紛失・盗難のリスクを回避するために考案されたもので、旅行する国の銀行やホテルのカウンターで現地の通貨に交換することができるとともに、一流デパートなどでは、T/Cそのもので買物することができます。

万一、紛失したり盗難にあったような場合でも、一定の条件を満たせば、再発行あるいは払戻をしてもらえますので、現金（外国通貨）に比べ安全で便利であるため、広く利用されています。

海外旅行者は、銀行で購入した時に、T/C券面にオリジナル・サイン

(SIGNATURE：原署名)をしておき、T/C使用時にカウンター・サイン（COUNTERSIGNATURE：副署）をします。オリジナル・サインとカウンター・サインが一致してはじめて現金化されます。

② 旅行小切手の種類

　旅行小切手の種類には、米ドル、ユーロなどの外貨建てのものと円建てのものがあります。

　外貨建てのものは、当然、為替リスクが生じますので、使い残した外貨T/Cを円に交換する際には、為替相場の変動により得をしたり損をしたりします。

　一方、円建てのものは、為替リスクはありませんが、流通する地域が限られていますので、注意が必要です。

③ 旅行小切手の売渡

　通常、販売可能な旅行小切手の通貨は、以下のとおりです。

　旅行小切手を発行している機関としては、現在、アメックス（AMEX）とビザ（VISA）が有名です。

　たとえば、アメックス（AMEX：AMERICAN EXPRESS、NEW YORK）の場合、下記の6種類を発行しています。

　　　米ドル、英ポンド、ユーロ、カナダドル、オーストラリアドル、日本円

　旅行小切手の売渡時に適用される相場は、電信売相場（TTS）です。そのほかに、T/C発行手数料が掛かります。この発行手数料は、通常、売渡金額の2％（ミニマムチャージ1,000円）となっています。

④ 旅行小切手の買取

　銀行がお客さまからT/Cを買取する場合、T/C現物が見本（SPECIMEN）と照合でき真正なものであること、カウンター・サインがオリジナル・サインに合致することなどを条件とします。

　旅行小切手の買取時に適用される相場は、銀行がT/Cを買取発行会社から対価を受け取るまでの間、資金の立替えが生じますので、信用状付一覧払輸出手形買相場（AT SIGHT BUYING RATE WITH L/C）になります。通常、

A/Sレートといわれている相場で、TTBレートよりメール期間金利（郵送に伴って生ずる銀行の立替金利）を差し引いたものになります（第4章⑤(5)参照）。

3 外国送金

(1) 仕向送金（外国への送金）とは

仕向送金とは、国内取引の「振込み」に当たるもので、単にお金を外国に送る取引です。

輸入決済代金の貿易取引はもちろんのこと、貿易外取引である輸送費、用船料、保険料、代理店手数料、学費、会費、寄付、贈与などの外国への支払については、現在、だれでも簡単に銀行から外国の相手先へ送金することができます。

ただし、外国との間の取引になりますので、外為法の適用を受けますし、外為相場の問題も生じてきます。また、受取人が外国に居ますから、相手に間違いなく到着するように、さまざまな工夫が必要になってきます。

資金決済は、国内の為替取引における「全国銀行データ通信システム」（注1）のような集中決済機関はなく、外国為替のコルレス銀行間の為替契約が中心となった個々の取引ごとの個別決済という形態をとっています。

(注1) 全国銀行データ通信システム（略して、全銀システム）……全国銀行内国為替制度に基づき、東京にある全国銀行データ通信センター（全銀センター）の運営・管理するコンピュータと各銀行が運営・管理するコンピュータを通信回線で結ぶ為替オンラインシステムのこと。

仕向送金の仕組みのなかで、絶対に覚えておかなければならないことは、送金の依頼人と受取人、そして送金の依頼人が行く仕向銀行（送金銀行）と受取人が取りに行く（受け取る）被仕向銀行（支払銀行）、この四者が関係しているということです（図表6－1参照）。

図表6−1 外国送金の仕組図

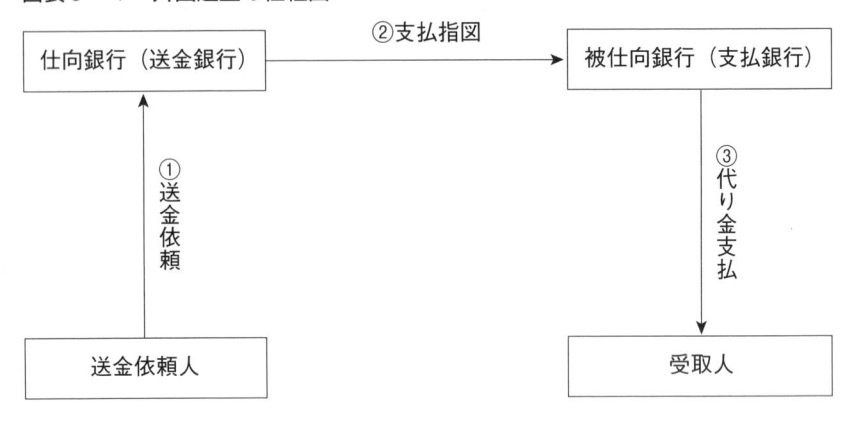

```
┌──────────────────┐  ②支払指図  ┌──────────────────┐
│ 仕向銀行（送金銀行）├──────────→│被仕向銀行（支払銀行）│
└──────────────────┘              └──────────────────┘
        ↑                                   │
        │①送金依頼                         │③代り金支払
        │                                   ↓
┌──────────────────┐              ┌──────────────────┐
│   送金依頼人     │              │     受取人       │
└──────────────────┘              └──────────────────┘
```

(2) 仕向送金の手続

　銀行は、お客さまから銀行所定の「外国送金依頼書」への必要事項の記入とともに、送金金額および送金手数料の払込みを受けて送金します。

　エレクトロニック・バンキング（EB：ELECTRONIC BANKING）やインターネット・バンキング（WEBサービス）による送金手続も急増しています。

　外国送金依頼書には、送金種類、支払方法、送金金額、依頼人名、受取人名、受取人の住所、支払銀行、口座番号などをアルファベットや数字で正確に記入します。

　送金依頼時には、本人確認を要しない場合（本人確認済みの本人口座からの払出しなど）を除き、本人確認書類の提出を受けて本人確認を行います。また、国外送金等調書提出制度により、送金目的などについてもお客さまから告知を受けなければなりません。

　また、外為法による規制もありますので、銀行は、仕向送金の受付時には外為法上の適法性を確認しなければなりません。許可や届出が必要とされるものについては、お客さまから許可証や届出受理証などの提出を受けなければなりません。許可や届出については、本章①の(2)を参照してください。

(3) 仕向送金の種類

① 仕向送金の種類

仕向送金の種類としては、電信送金と送金小切手があります。

普通送金（M/T：MAIL TRANSFER）という種類もありますが、現在ではほとんど利用されていませんので、省略します。なお、普通送金とは、郵便送金ともいわれ、送金銀行が外国の銀行に対して「受取人に送金金額を支払ってほしい」という支払指図書を航空便で送付する方法です。急がない送金の場合や少額の送金の場合に適していますが、郵送日数がかかるうえ、紛失のおそれもありますので、ほとんど取り扱われていません。

② 電信送金

電信送金とは、送金銀行が外国の銀行に対して「受取人に送金金額を支払ってほしい」という支払指図をスイフト（注2）などを利用して送信する方法です。

(注2)　スイフト（SWIFT）……英文のSOCIETY FOR WORLDWIDE INTER-BANK FINANCIAL TELECOMMUNICATIONの略で、国際銀行間データ通信システムと呼ばれ、大量の情報伝達が可能で、加盟している銀行間で広く利用されています。外為業務を取り扱っている世界のほとんどの銀行が加盟しているため、通信の大部分はスイフトにより発信されています。なお、スイフト非加盟銀行に対しては、テレックスまたは公衆回線で発信しています。

③ 送金小切手

送金小切手とは、お客さまの依頼によって、銀行が海外のコルレス銀行を支払人とする小切手を作成し、お客さま自身がその小切手を受取人へ郵送する方法をいいます。

(4) 電信送金（T/T：TELEGRAPHIC TRANSFER）

① 電信送金とは

電信送金とは、上記(3)②のとおりですが、通常T/Tと呼ばれ、TELE-GRAPHIC TRANSFERの略語です。

外国へ送金する場合、最も正確で迅速な方法としてこの電信送金が多く利用されており、銀行における外国為替業務の大半を占めるものです。
② **送金時の適用相場と手数料**
　ⓐ　適用相場……外貨建仕向送金の受付時に適用する相場は、電信売相場（TTS）です。
　ⓑ　手数料……受付時には、送金手数料などが掛かります。料率は金融機関により、まちまちですので、自行の料金を参考にしてください。
③ **支払方法**
支払方法には以下の3種類があります。
　a　口座振込（ADVICE AND CREDIT）
受取人が銀行口座を保有している場合に利用されます。依頼を受けた支払銀行は自行にある受取人の預金口座に送金代り金を入金します。受取が正確で迅速に行われるため、最も多く利用されている支払方法です。
　b　通知後現金払（ADVICE AND PAY）
依頼を受けた支払銀行は、送金代り金を小切手などで送付するか、または、送金到着を連絡したうえで受取人の来店を待って、受取人が来店した時に送金代り金を支払う方式です。支払われるまでの日数を考慮する必要があります。
　c　請求払（PAY ON APPLICATION）
送金依頼人が受取人宛に送金手続をしたことを直接連絡し、受取人が支払銀行に出向いて支払を受ける方式です。この方式は、海外旅行者など現地に預金口座を保有しない受取人へ送金する場合に利用されています。たとえば、海外出張中の社員や海外旅行中の家族に急きょ送金することになった場合などに利用されます。請求払を選択した場合には、送金銀行は、本人確認のために、支払銀行に対して受取人のパスポート番号を連絡します。
④ **カット・オフ・タイム（CUT OFF TIME）**
　国内振込みでは、午後2時を過ぎると、他行向け振込みが原則として翌営業日扱いになりますが、同様のことが電信送金においてもあります。世界各国の銀行は、電信送金の受信締切時刻、すなわち、カット・オフ・タイムを

定めており、その時刻を過ぎて受信したものは翌営業日扱いとしています。

現在、大多数の電信送金はスイフトにより発信されており、スイフトのカット・オフ・タイムのルールが適用されています。

カット・オフ・タイムとは、スイフト加盟国ごとに当日の一定時刻までに到着した電信送金は当日中に処理をし、その時刻以降に到着したものは翌営業日に処理をすると定めた時刻のことです。

したがって、支払銀行の所在国がオセアニアや東南アジアの場合には、時差が少なく、送金の当日に受け取ることは困難ですので、注意が必要です。

⑤ 銀行コード

受取人口座へ正確かつ迅速に入金するため、国によっては、下記のような銀行コードを定めていますので、送金依頼人は、外国送金依頼書に記入します。

　　たとえば、米国……ABA NO./ROUTING NO.
　　　　　　　英国……SORT CODE
　　　　　　　ドイツ、オーストリア……BLZ NO.
　　　　　　　イタリア……ABI CODE、CAB CODE
　　　　　　　カナダ……TRANSIT NO.
　　　　　　　オーストラリア……BSB NO.

欧州域内向けのユーロ建送金については、支払銀行のBICコード（注3）および受取人のIBANコード（注4）の記載が義務づけられていますので、必ず記入します。

(注3)　BICコード……BANK IDENTIFIER CODEの略で、支払銀行などを特定するために、スイフトによる電信送金に使用される国際的に認知されているコードのこと。
(注4)　IBAN（アイバン）コード……INTERNATIONAL BANK ACCOUNT NUMBERの略。国際規格の銀行口座番号体系で、外国送金のプロセスを早める方法として、欧州金融標準化委員会と国際標準化機構（ISO）の合意を得て開発されたもの。

⑥ 外国送金の電子化

最近では、お客さま（送金人）から外国送金依頼書の提出を受ける方法に

かわって、外国送金依頼の電子化が進展しています。

エレクトロニック・バンキングとは、お客さまのコンピュータ等から電話回線などを通じて銀行宛に伝送された外国送金依頼データに基づいて、銀行が仕向送金事務を行うサービスのことです。

また、インターネット・バンキングとは、お客さまのインターネットを通じて、外国送金を行うことができるサービスです。

(5) 送金小切手

① 送金小切手とは

送金小切手とは、お客さまの依頼によって、銀行が外国のコルレス銀行を支払人とする小切手を作成し、お客さま自身がその小切手を受取人へ郵送する方法による仕向外国送金です。一般的に、D/D（DEMAND DRAFT）、またはR/C（REMITTANCE CHECK）といわれています。

たとえば、書籍の注文や会費の支払などにおいて、注文者や申込書などに同封して送る場合に利用されます。送金小切手は、有価証券ですので、万一紛失すると払戻や再発行のためには除権判決などの手続が必要であり、その間に紛失小切手が善意の第三者の手に渡ってしまった場合には、救済する方法はありません。したがって、紛失のリスクを回避するためにも、送金方法としては前記(4)で解説した「電信送金」のほうが安全といえます。

もう少し、実務的に詳しく説明します。

送金小切手は、発行銀行（仕向銀行）が支払銀行（被仕向銀行）を支払人とし、送金依頼人が指定する者を受取人とする小切手を振り出して送金依頼人に交付することにより行う仕向外国送金です。送金依頼人は、送金小切手を受取人へ書留郵便などにより送付し、受取人が支払銀行に送金小切手を呈示して支払を受けます（図表6－2参照）。

送金小切手では、図表6－2④のとおり、送金依頼人が小切手を受取人宛に直接送付しなければなりませんので、送付途中での紛失などのリスクがあります。したがって、多額の送金や急ぎの送金の場合には、「電信送金」を選択してもらいます。

図表6-2　送金小切手の仕組図

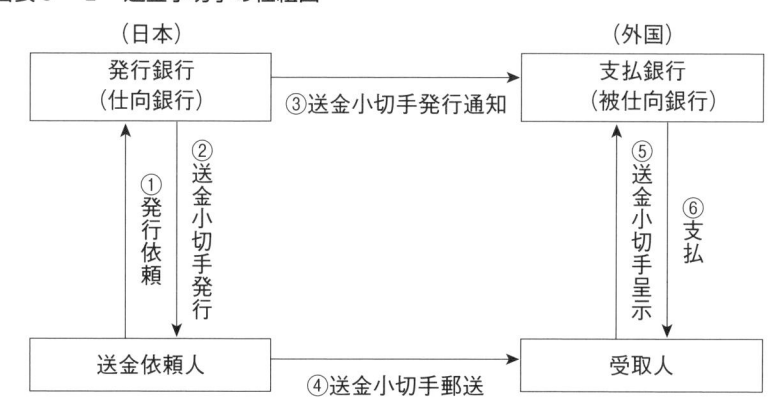

```
        （日本）                              （外国）
    ┌──────────┐   ③送金小切手発行通知   ┌──────────┐
    │  発行銀行  │ ──────────────────→ │  支払銀行  │
    │ （仕向銀行）│                      │（被仕向銀行）│
    └──────────┘                      └──────────┘
      ↑    │                            ↑    │
    ①発   ②送                         ⑤送   ⑥支
    行依   金小                         金小   払
    頼     切手                         切手
           発行                         呈示
      │    ↓                            │    ↓
    ┌──────────┐    ④送金小切手郵送   ┌──────────┐
    │ 送金依頼人 │ ──────────────────→ │  受取人   │
    └──────────┘                      └──────────┘
```

① 送金依頼人は、発行銀行に送金小切手の発行を依頼します。
② 発行銀行は、代り金を受け入れ、送金小切手を発行し、送金依頼人へ交付します。
③ 発行銀行は、送金小切手の発行後、直ちに支払銀行に対して送金小切手発行通知を発信します。
④ 送金小切手を受け取った送金依頼人は、航空書留郵便などにより、受取人宛に送金小切手を送付します。
⑤ 送金小切手を受け取った受取人は、送金小切手を支払銀行へ呈示します。
⑥ 受取人は、支払銀行から代り金を受領します。

送金小切手の発行手続において、送金依頼人は、電信送金と同様、銀行所定の「外国送金依頼書」に金額と受取人名をアルファベットと数字で正確に記入します。

② **発行時の適用相場と手数料**
　　ⓐ　適用相場……外貨建送金小切手の受付時の適用相場は、電信売相場（TTS）です。
　　ⓑ　手数料……受付時には、送金手数料などが掛かります。

(6) 被仕向外国送金

① **被仕向送金とは**
　　被仕向外国送金（以下、「被仕向送金」）とは、外国から送られてくる送金

図表6-3　被仕向送金の仕組図

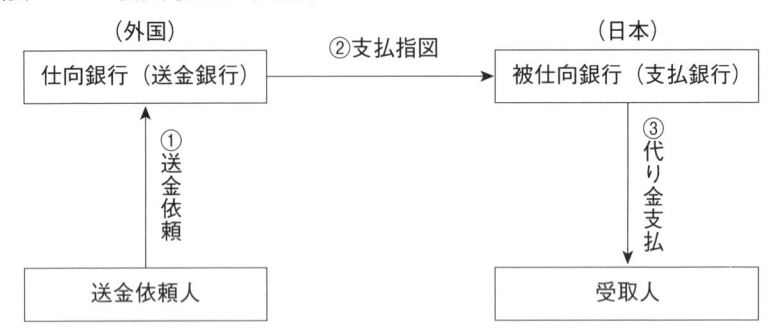

```
          （外国）          ②支払指図          （日本）
    ┌──────────────┐ ──────────────→ ┌──────────────┐
    │仕向銀行（送金銀行）│                  │被仕向銀行（支払銀行）│
    └──────────────┘                  └──────────────┘
           ↑                                  │
          ①送金依頼                          ③代り金支払
           │                                  ↓
    ┌──────────────┐                  ┌──────────────┐
    │  送金依頼人  │                  │    受取人    │
    └──────────────┘                  └──────────────┘
```

のことです。

　被仕向送金は、仕向外国送金と表裏の関係にあります。すなわち、外国送金における仕向・被仕向は、同一の送金を送金人側からみるか、受取人側からみるかの問題であり、被仕向送金の実務の流れは、仕向送金の逆になります（図表6-3参照）。

　迅速に送金を受け取るためには、外国の相手方に対して電信送金による方法を依頼し、銀行名（支店名も含む）、口座番号などを正確に伝達することが不可欠です。

　被仕向銀行は、仕向銀行の指図を遵守するとともに、善良なる管理者として、指定された受取人に対して、迅速かつ正確に支払わなければなりません。

　送金受取時には、本人確認を要しない場合（本人確認済みの本人口座への入金など）を除き、本人確認書類の提出を受けて本人確認を行います。また、国外送金等調書提出制度により送金目的についてもお客さまから告知を受けなければなりません。

　また、外為法による規制もありますので、銀行は、被仕向送金の受取時には外為法上の適法性を確認しなければなりません。許可や届出が必要とされるものについては、お客さまから許可証や届出受理証などの提出を受けなければなりません。

② 被仕向送金の種類

被仕向送金の種類としては、被仕向電信送金と被仕向送金小切手があります。

被仕向電信送金とは、外国の送金銀行からスイフトなどにより送られてきたお金を、被仕向銀行が受取人へ支払うことをいいます。

被仕向送金小切手とは、外国の銀行が発行した送金小切手を受け取った受取人が、支払銀行に小切手を呈示することにより、代り金を受け取ることをいいます。通常、受取人の取引銀行を経由し、支払銀行へ取り立てます。なお、被仕向送金小切手については、(7)の「クリーンビル」において、詳しく説明します。

③ 受取方法

被仕向銀行（支払銀行）と取引がある場合には、原則として、受取人の預金口座に入金することにより受け取ることができます。

被仕向銀行と取引のない場合には、受取人本人であることを証明する書類、たとえば運転免許証、パスポートなどがあれば、現金でも受け取ることができますが、一般的には、取引のある銀行に依頼し取り立ててもらうのが便利です。

④ 受取時の適用相場と手数料

ⓐ 適用相場……外貨建ての被仕向送金を受け取る時に適用する相場は、電信買相場（TTB）です。

ⓑ 手数料……受取時に、送金手数料などが掛かる場合があります。

(7) クリーンビル

① クリーンビルとは

クリーンビル（CLEAN BILL）とは、もともとドキュメンタリービル（DOCUMENTARY BILL）に対する言葉として使用され、船荷証券などの付属書類が添付されていない外国払いの約束手形や為替手形のことをいいますが、ここでは、これらの手形に外国払いの小切手を加えたものを総称して「クリーンビル」といいます。英米法において、小切手は手形の一種とみな

されているからです。貿易代金の決済のために利用されることもありますが、主に小口の貿易外取引に多く利用されています。

クリーンビルの受取人と取引銀行との取扱方法としては、貿易取引の荷為替手形と同様、「取立」扱いと「買取」扱いがあります。「取立」とは、クリーンビル受取人がクリーンビルを取引銀行へ依頼して、取立銀行へ送付し、取引銀行が資金を回収した後で、クリーンビルの代り金を受取人へ支払うことをいいますので、与信行為ではありません。一方、「買取」とは、受取人がクリーンビルを取引銀行へ持ち込んだ時点で、クリーンビルと引き換えに銀行から代り金を受け取ることをいいます。取引銀行は、クリーンビル買取から支払人より資金を回収するまでの間、資金を立て替えますので、いわゆる「与信行為」になります。下記の③および④において、詳しく説明します。

銀行は、クリーンビルの取立もしくは買取の受付時には、次のような点について点検・確認します。

ⓐ 小切手の記載要件（形式要件）に不備がないこと
ⓑ 小切手上の受取人（名宛人）と取立・買取依頼人とが一致していること
ⓒ 振出日から6カ月以上経過していないこと
ⓓ 盗難・偽造・変造の事故通知を受けていないこと　など

② **クリーンビルの種類**

代表的なものは、以下のとおりです。

ⓐ バンクチェック（BANK CHECK、BANKER'S CHECK）……銀行が振り出した小切手
ⓑ パーソナルチェック（PERSONAL CHECK）……銀行以外の一般企業または個人が振り出した小切手（図表6-4参照）
ⓒ トレジャリーチェック（TREASURY CHECK）……恩給、年金、税金還付などの支払のために外国政府が振り出した小切手
ⓓ マネーオーダー（MONEY ORDER）……送金人が銀行あるいは郵便局から一定金額の支払指図書（PAYMENT ORDER）の発行を受け、受

図表6-4　パーソナルチェックの見本

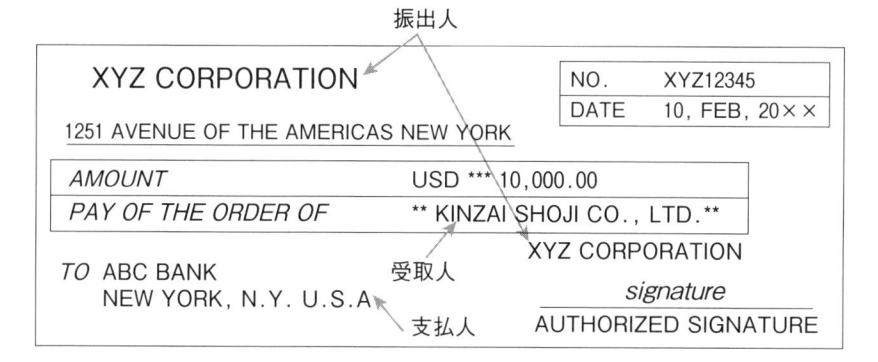

```
                        振出人
   XYZ CORPORATION              NO.    XYZ12345
                                DATE   10, FEB, 20××
   1251 AVENUE OF THE AMERICAS NEW YORK
  ┌─────────────────────────────────────────┐
  │ AMOUNT              USD *** 10,000.00   │
  │ PAY OF THE ORDER OF ** KINZAI SHOJI CO., LTD.** │
  └─────────────────────────────────────────┘
                                XYZ CORPORATION
   TO  ABC BANK        受取人
       NEW YORK, N.Y. U.S.A          signature
                        支払人    AUTHORIZED SIGNATURE
```

取人に送付すると、受取人はこれを銀行あるいは郵便局に呈示することにより記載金額の支払を受けるもの。

これらの小切手は、「クリーンチェック（CLEAN CHECK）」と呼ばれることもあります。

③　**クリーンビルの取立**（図表6-5参照）

「取立」とは、クリーンビルを外国の取立銀行へ送付し、外国の銀行から代り金が入金されたことを確認した後に、取立依頼人に代り金を支払うことをいいます。したがって、取引銀行は、資金を立て替えませんので、与信行為ではありません。

取立入金時の適用相場について、銀行は、資金の立替えが発生しませんので、電信買相場（TTB）となります。

なお、取立受付時と入金時に、郵便料や取立料などの手数料が掛かります。

図表6-5　クリーンビル取立の仕組図

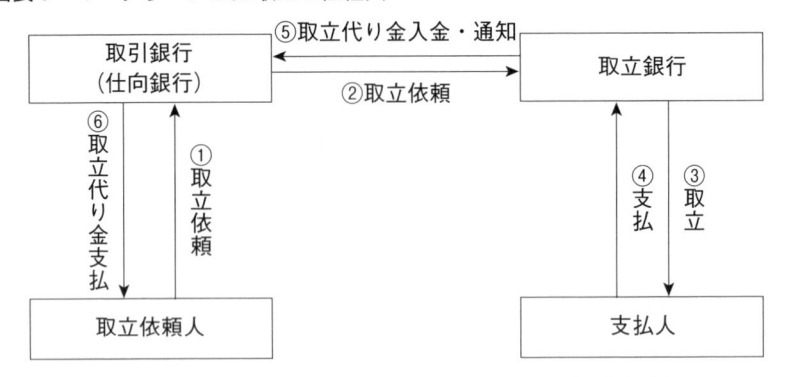

```
        ⑤取立代り金入金・通知
取引銀行 ←――――――――――→ 取立銀行
（仕向銀行）   ②取立依頼
  ⑥│⑥取立代り金支払  ①取立依頼    ④│③
  │            支│取
  │            払│立
  ↓            ↓│
取立依頼人              支払人
```

① 取立依頼人（クリーンビルの受取人）は、取引銀行（仕向銀行）へクリーンビルの取立を依頼します。
② 仕向銀行は、支払地の取立銀行へクリーンビルを送付し、取立を依頼します。
③ 取立銀行は、支払人へクリーンビルを呈示し、支払を求めます。
④ 取立銀行は、支払人から代り金を回収します。
⑤ 取立銀行は、仕向銀行の指示した口座へ取立代り金を入金するとともに、入金通知を仕向銀行へ発信します。
⑥ 取引銀行は、取立依頼人にクリーンビルの代り金を支払います。

④　クリーンビルの買取（図表6-6参照）

「買取」とは、クリーンビルと引き換えに代り金を支払い、銀行が代り金の回収時まで立替えを行うことをいいますので、「与信行為」になります。

もし、後日買取済みのクリーンビルが不渡になった場合、買取依頼人が買戻を行うことができなければ、銀行が損失を被ることになりますので、依頼人の信用などを十分検討のうえ、買取を行います。

買取時の適用相場については、買取時点から外国の取立銀行へクリーンビルを送付して資金を回収する時点までの間、銀行が資金を立て替えることになりますので、電信買相場からメール期間金利を差し引いた相場である信用状付一覧払輸出手形買相場（AT SIGHT BUYING RATE WITH L/C）となります。

なお、買取時に、郵便料などの手数料が掛かります。

図表6-6　クリーンビル買取の仕組図

```
                    ⑥取立代り金入金・通知
 ┌──────────┐  ←──────────────→  ┌──────────┐
 │  買取銀行   │                      │  取立銀行   │
 │ (仕向銀行)  │     ③取立依頼        │           │
 └──────────┘  ──────────────→    └──────────┘
   ↑   ↓                              ↑    ↓
   ②   ①                              ④    ⑤
  買取 買取                            取    支
  代り 依頼                            立    払
  金支                                      
  払                                        
   ↓   ↑                              ↓    ↑
 ┌──────────┐                      ┌──────────┐
 │  買取依頼人  │                      │   支払人   │
 └──────────┘                      └──────────┘
```

① 買取銀行（仕向銀行）は、買取依頼人からクリーンビルの買取依頼を受け付けます。
② 買取銀行は、与信行為になりますので、依頼人の信用などを検討し、問題がないと判断した場合には、買取を行い、買取代り金を買取依頼人へ支払います。
③ 買取銀行は、支払地の取立銀行へクリーンビルを送付し、取立を依頼します。
④ 取立銀行は、支払人へクリーンビルを呈示し、支払を求めます。
⑤ 取立銀行は、支払人から代り金を回収します。
⑥ 取立銀行は、買取銀行の指示した口座へ取立代り金を入金するとともに、入金通知を買取銀行へ発信します。

第 7 章

貿易取引の基本

1 信用状（L/C）

(1) 信用状（L/C：LETTER OF CREDIT）とは

　信用状（L/C）とは、輸入者の取引銀行（信用状発行銀行）が、一定の条件（船積書類が信用状条件に合致していること）のもとに、輸出者に対して支払を確約する書状です。

　もう少し具体的にいえば、輸出者が商品を船積みした後、輸入者がたとえ倒産しても、信用状の条件を満たした船積書類を提出すれば、輸入地の信用状発行銀行によって、商品代金が支払われるというものです。

　上記のように、信用状は支払を確約する書状ですが、無条件に支払義務を負担するのでは、信用状発行依頼人（輸入者）と発行銀行が著しく不利になります。このため、商品を確実に輸入できるように、信用状に「一定の条件」をつけています。

　「一定の条件」とは「信用状発行銀行に到着した船積書類が信用状条件に合致していること」です。輸入者は、注文した商品を確実に入手するために、各々の船積書類に各種条件を要求します。つまり、輸入者は、信用状で輸出者に行為を要求しても、支払確約の条件にはならないため、「要求したい行為」を輸出者に提出させる船積書類の内容に盛り込むことで確実に商品入手を実現しようとします。このため、輸出者は、確実な支払を受けるため、信用状条件に合致した船積書類を作成しなければならないのです。

　各種船積書類で要求する諸条件（例）
・インボイス……商品内容、単価、数量、金額総額など
・船荷証券（B/L）……船積地、荷揚地、船積日、船舶に商品を積み込んだことなど
・保険証券……付保すべき保険の内容、金額など
・原産地証明書……原産地など

・輸出者による証明書……そのほかに要求したい行為など（〜したことを証明する）

(2) 信用状の当事者

信用状取引は、以下の当事者により行われます（図表7－1参照）。

① 輸入者……信用状発行銀行との間で、「銀行取引約定書」「信用状取引約定書」などを取り交わしたうえで、信用状の発行を依頼します。発行依頼人（APPLICANT）ともいいます。
② 信用状発行銀行……信用状通知銀行に信用状を発信して、輸出者に支払の確約をします。
③ 信用状通知銀行……信用状通知銀行は、信用状発行銀行とコルレス契約を締結しているため、信用状の真偽を確認のうえ、輸出者に信用状の到着通知を行います。
④ 輸出者……通知された信用状に基づき、商品を船積みします。輸出者は、信用状メリットの享受者であることから、受益者（BENEFICIARY）ともいいます。

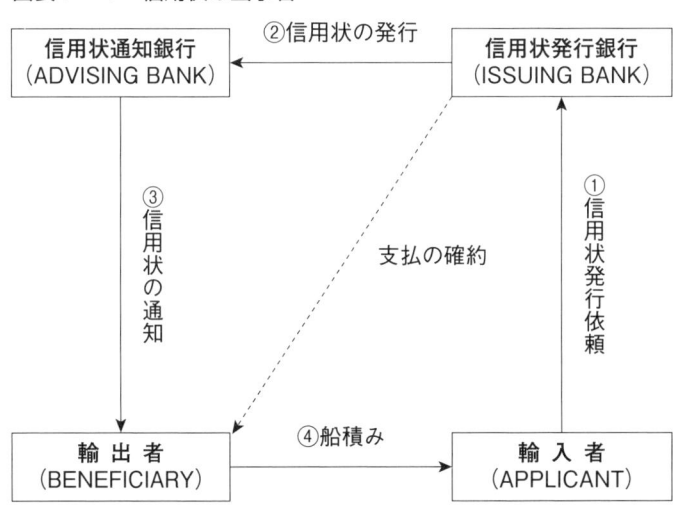

図表7－1　信用状の当事者

```
信用状通知銀行  ←②信用状の発行──  信用状発行銀行
（ADVISING BANK）                （ISSUING BANK）
    │                                    ↑
    │③信用状の通知        支払の確約       │①信用状発行依頼
    ↓                                    │
  輸出者        ──④船積み──→      輸入者
（BENEFICIARY）                   （APPLICANT）
```

(3) 信用状の機能

① 輸入者の信用リスクの解消

信用状取引では、信用確実な銀行が、信用状態のよくわからない輸入者にかわって、手形の支払を確約します。輸出者は、信用状条件に合致した荷為替手形を呈示する限り、確実に支払を受けることができます。このように、信用状は、信用状態や資金繰り状態がよくわからない輸入者の信用に関するリスクを取り除く機能を果たしています。

② 輸出者の金融上の問題の解消

輸出者の取引銀行は、信用状発行銀行の支払確約があるため、比較的容易に信用状付荷為替手形の買取に応じてくれます。これにより、輸出者は、商品の出荷と同時に輸出代金の資金化が可能になります。

(4) 信用状統一規則（UCP600）

① 信用状統一規則とは

信用状は、貿易取引における決済手段として重要な役割を果たしています。しかし、信用状の解釈が、国や銀行によってまちまちですと、実務上不便であるのみならず、トラブルの原因にもなりかねません。このため、国際商業会議所が、信用状の統一解釈基準である「信用状統一規則」を作成しています。これまで何度か改訂が重ねられましたが、現在使用されている統一規則の正式名称は「荷為替信用状に関する統一規則および慣例－2007年改訂版、UCP600－THE UNIFORM CUSTOMS AND PRAC-TICE FOR DOCUMENTARY CREDITS,2007 REVISION,ICC PUBLICATION NO.600」で、本文39条にて構成されています。

以下に、主要部分を抜粋して、説明します。

② 信用状の定義

第2条（定義）
　信用状とは、いかなる名称が付されまたは表示がなされているかを

> 問わず、取消不能（撤回不能：IRREVOCABLE）であって、充足した呈示をオナー（HONOUR）することの発行銀行の確約となる取決めをいう。

条文中の「充足した呈示」とは、信用状の条件、この規則の適用条文および国際標準銀行実務に合致した呈示をいいます。また、「オナー（HONOUR）する」とは、「引き受け・支払いする」ことをいいます。

③ 信用状の独立抽象性

> **第4条a（信用状と契約）**
> 　信用状は、その性質上、信用状の基礎となることのできる売買契約その他の契約とは別個の取引である。たとえ契約へのなんらかの言及が信用状に含まれている場合であっても、銀行は、このような契約とは無関係であり、またこのような契約によりなんら拘束されない。したがって、……（以下、条文省略）

信用状は、輸出者と輸入者との間で売買契約が締結され、通常、その契約のなかで支払方法は信用状によると取り決められた場合に発行されます。このように、信用状は売買契約に基づいて発行されますが、売買契約が契約どおりに履行されることを支払の条件にすると、銀行が支払を行った後で当事者間の契約不履行を理由に資金の返戻を要求される事態も考えられ、そうなれば円滑な信用状取引が妨げられることになります。このため、このような事態を避けるためには、当事者間の契約上の問題が信用状取引に持ち込まれることを排除する必要があります。本条は、そのために設けられています。

④ 信用状の書類取引性

> **第5条（書類と物品、サービスまたは履行）**
> 　銀行は、書類を取り扱うのであり、その書類が関係することのできる物品（GOODS）、サービス（SERVICES）または履行（PERFORMANCE）

> を扱うものではない。

　上記の信用状統一規則4条a項、5条の「独立抽象性」「書類取引性」は信用状取引の特徴です。この2つの特徴により、輸出者は信用状条件である最終船積期限までに船積みを行い、信用状条件どおりの船積書類を、信用状の有効期限までに銀行に呈示すれば、支払を受けることができます。

⑤　**信用状の条件変更**

> **第10条 a　（条件変更）**
> 　第38条に特段の定めのある場合を除き、信用状は、発行銀行、もしあれば確認銀行、および受益者の合意なしには条件変更することができず、取り消すこともできない。

　この規則により、輸出者は輸入者および信用状発行銀行から一方的に信用状を取消・変更されることはありません。
　以上のような信用状の特徴により、輸出者は安心して輸出を行うことができます。また、この特徴が貿易取引の安定的拡大を支えています。

⑥　**書類点検（ドキュメンツ・チェック）**

> **第14条 a　（書類点検の基準）**
> 　指定に基づき行為する指定銀行、もしあれば確認銀行、および発行銀行は、書類が外見上充足した呈示となっていると見られるか否かを、書類のみに基づき決定するために、呈示を点検しなければならない。

　銀行の信用状付荷為替手形の買取は、信用状発行銀行の支払確約を荷為替手形決済の拠り所にしていますが、この支払確約が確実に履行されるためには、信用状条件どおりの書類を買い取ることが前提になります。このため、銀行は、買取時に、信用状と各種書類間はもちろんのこと、書類相互間の整

合性も含め、厳格な書類点検(ドキュメンツ・チェック)を行います。

(5) 信用状の種類

① 取消不能信用状と取消可能信用状

　a　取消不能信用状(IRREVOCABLE CREDIT)

　取消不能信用状とは、関係当事者全員(発行銀行、受益者、確認信用状の場合は確認銀行)の同意がなければ、取り消すことも、条件を変更することもできない信用状のことをいいます。

　信用状統一規則(UCP600)では、信用状とは、この「取消不能信用状」のことを指しています。

　b　取消可能信用状(REVOCABLE CREDIT)

　関係当事者の同意なく自由に取り消し、条件変更ができる信用状のことをいいますが、上記の信用状統一規則では、取消可能信用状についての規定が削除されていること、ならびに統一規則全体の構成から判断して、信用状統一規則を採択した銀行が、取消可能信用状を発行することはありません。

　信用状面に「IRREVOCABLE」とも「REVOCABLE」とも表示していない場合でも、信用状統一規則により「取消不能(撤回不能)」とみなされます。

② 確認信用状と無確認信用状

　a　確認信用状(CONFIRMED CREDIT)

　信用状発行銀行の信用に不安があったり、信用状発行銀行所在国の政治経済が混乱しているような場合、言い換えれば、発行銀行に信用リスクがあったり、所在国にカントリーリスクがある場合には、輸出者は、信用状を受け取っても安心して輸出することができません。

　このような場合、信用状発行銀行が、主に輸出者の要請に基づいた輸入者の依頼を受け、信用状の信用度を高める目的で、発行銀行以外の国際的に信用の高い銀行(以下、「確認銀行」)に、信用状の確認(CONFIRM)をしてもらうことがあります。信用状発行銀行の支払確約に、新たに確認銀行のこの確認を加えた信用状のことを「確認信用状(CONFIRMED CREDIT)」とい

います。

　b　無確認信用状（UNCONFIRMED CREDIT）

　一方、確認銀行の確認がついていない信用状を「無確認信用状（UNCONFIRMED CREDIT）」といいます。実際に発行されている信用状では、この無確認信用状が圧倒的に多くなっています。

　c　確　　認

　信用状発行銀行以外の銀行（＝確認銀行）が、発行銀行の支払確約とは別個に支払確約を加えることで、信用状発行銀行が支払不能に陥った場合や、信用状発行銀行所在国の為替や貿易の制限等で資金の回収ができない場合などに対応するため利用されています。輸出地の信用状通知銀行が、確認銀行になるケースが多く見受けられます。

　確認銀行にとって、「確認（CONFIRM）」は信用状発行銀行に対する信用供与になりますので、信用リスクやカントリーリスクなどを十分に検討し、「確認」するかどうか判断します。

　d　「オープン・コンファーム」と「サイレント・コンファーム」

　信用状の確認には2種類あり、上記のように信用状発行銀行の依頼に基づいて確認を行う「オープン・コンファーム」（通常の確認）と、信用状発行銀行からではなく、輸出者からの依頼により信用状発行銀行にサイレント（通知しない）で確認する「サイレント・コンファーム」があります。

　「サイレント・コンファーム」は、信用状発行銀行から確認の依頼を受けていないにもかかわらず、受益者の依頼により、取引銀行が自行のリスクにおいて、信用状条件を充足する書類と引き換えに支払うことを受益者に確約するものです。

　当然のことながら、輸出書類に信用状条件との不一致があれば、確認銀行は支払を行いませんので、十分留意する必要があります。

③　一覧払信用状と期限付信用状

　a　一覧払信用状（SIGHT CREDIT）

　一覧払信用状とは、手形期間が、AT SIGHT（一覧払）で、為替手形が支払人（信用状発行銀行など）に支払のために呈示された日を支払期日とする

信用状をいいます。

　b　期限付信用状（USANCE CREDIT）

　期限付信用状とは、文字どおり、期限付きの信用状をいい、具体的には、2種類あります。

・一覧後定期払（AT ○○○ DAYS AFTER SIGHT）

　「AT 90 DAYS AFTER SIGHT」などと記載され、為替手形が支払人に呈示された日を起算日として一定期間を経過した日を支払期日とするものです。

　すなわち、輸入者に対して、一定期間（本例では、手形を呈示した日の翌日から90日間）支払を猶予するものです。

・確定日払（AT ○○○ DAYS AFTER B/L DATE）

　船積日の翌日から○○○日目を支払期日とするものです。

④　リストリクト信用状とオープン信用状

　a　リストリクト信用状（RESTRICTED CREDIT）

　リストリクト信用状とは、信用状に基づく荷為替手形の買取を特定の銀行に限定している信用状のことをいいます。他の銀行が買い取った場合には、指定された「特定銀行（RESTRICTED BANK）」を経由して、信用状発行銀行に支払を請求しなければなりません。言い換えれば、輸出者の取引銀行が、その特定銀行でない場合は、通常、取引銀行で買取後、指定された特定銀行に再買取に持ち込み、その銀行経由で信用状発行銀行に書類を送付し、支払の請求を行います。

　このとき、荷為替手形は、信用状の有効期限内かつ呈示期間内に当該特定銀行に持ち込まなければなりません。リストリクト信用状であるかどうかを判断することは、輸出実務をこなすうえで重要なポイントになります。

　また、再買取に持ち込むと、特定銀行から通常「リフティング・チャージ（LIFTING CHARGE）」などの手数料を請求されるため、コスト面で輸出者にとって不利な信用状となります。

〈リストリクト信用状の文例〉
- NEGOTIATION UNDER THIS CREDIT IS RESTRICTED TO KINZAI BANK
- THIS CREDIT IS AVAILABLE WITH KINZAI BANK
- DRAFT AND DOCUMENTS MUST BE PRESENTED TO KINZAI BANK
- WE（KINZAI BANK）HOLD SPECIAL INSTRUCTIONS FOR REIMBURSEMENT

b　オープン信用状（OPEN CREDIT）

　上記のリストリクト信用状と異なり、買取を特定の銀行に限定しないものです。輸出者の選ぶ任意の銀行（通常、輸出者の取引銀行）が買取銀行となり、その銀行は、当然の権利者として信用状発行銀行に支払を求めることができます。

〈オープン信用状の文例〉
- THIS CREDIT IS AVAILABLE WITH ANY BANK

⑤　回転信用状（REVOLVING CREDIT）

　輸出者と輸入者との間で、同一商品を一定期間継続的に取引する場合、取引1件ごとに信用状を発行していたのでは手数もかかり、また、一度に複数の取引をカバーする多額の信用状を発行すれば、発行手数料などによる費用負担が大きくなります。

　そこで、このような不都合を解消するために、一定期間ごとに信用状金額が自動的に復元されて使用できるようにした信用状を、回転信用状といいます。

　たとえば、信用状金額10万米ドル、有効期間1年、回転期間1カ月としますと、毎月10万米ドルを上限として使用でき、翌月に入ると、また、信用状

残高が10万米ドルに自動的に復元され、1年間、回転して使用できる信用状のことをいいます。

⑥ 譲渡可能信用状（TRANSFERABLE CREDIT）

譲渡可能信用状とは、受益者が、信用状の全額または一部の使用を受益者以外の者に譲渡することをあらかじめ許容している信用状をいいます。

信用状は、TRANSFERABLEと明示してある場合に限り譲渡可能で、他はすべて譲渡不能ですので、特に譲渡不能という用語は使われません。信用状の譲渡は、信用状発行銀行から指定された銀行（通常、通知銀行）が行います。

(6) 信用状の文例と訳文

① 信用状の文例（スイフトによる発行例：日本からの輸出）

スイフト（SWIFT：国際銀行間データ通信システム）の普及に伴い、スイフトを使用した信用状の発行がほとんどです。以下、スイフトで発行された信用状（日本の会社から米国の会社への輸出）を文例にして、信用状の記載内容についてみていきましょう。下記②に日本語訳がありますので、参考にしてください。

【スイフトによる発行例】

```
MESSAGE TYPE 700 (MT700) ISSUE OF A DOCUMENTARY
CREDIT MESSAGE FROM：ABC BANK, NEW YORK, NY, USA

(TAG)          (FIELD NAME)              (CONTENT)
27    SEQUENCE OF TOTAL              ：1/1
40A   FORM OF DOCUMENTARY CREDIT     ：IRREVOCABLE
20    DOCUMENTARY CREDIT NUMBER      ：ABC001/800100
31C   DATE OF ISSUE                  ：20××-08-31
40E   APPLICABLE RULES               ：UCP LATEST VERSION
31D   DATE AND PLACE OF EXPIRY       ：20××-11-30
```

NEGOTIATING BANK

50 APPLICANT　: XYZ CORPORATION
　　　　　　　　1251 AVENUE OF THE AMERICAS,
　　　　　　　　NEW YORK, NY10020, USA
59 BENEFICIARY : KINZAI SHOJI CO., LTD.
　　　　　　　　19, MINAMI-MOTOMACHI, SHINJUKU-KU
　　　　　　　　TOKYO, 160-8519, JAPAN
32B CURRENCY CODE, AMOUNT : USD100,000.00
41D AVAILABLE WITH…BY… : ANY BANK BY NEGOTIATION
42C DRAFT AT…　　　　　　: AT SIGHT
42A DRAWEE　　　　　　　 : ABC BANK, NEW YORK, NY, USA
43P PARTIAL SHIPMENTS　　: ALLOWED
43T TRANSHIPMENT　　　　 : PROHIBITED
44E PORT OF LOADING　　　: TOKYO PORT
44F PORT OF DISCHARGE　　: NEW YORK PORT
44C LATEST DATE OF SHIPMENT : 20××-11-20
45A DESCRIPTION OF GOODS AND/OR SERVICES :
　　AUDIO EQUIPMENT 50 SETS AT USD2,000/SET
　　TOTAL : USD100,00.00　CIF NEW YORK
46A DOCUMENTS REQUIRED :
　　1. SIGNED COMMERCIAL INVOICE IN 5 COPIES
　　2. MARINE INSURANCE POLICY OR CERTIFICATE IN DUPLICATE ENDORSED IN BLANK FOR 110% OF INVOICE VALUE COVERING INSTITUTE CARGO CLAUSES ALL RISKS
　　3. FULL SET OF CLEAN ON BOARD OCEAN BILLS OF LADING MADE OUT TO ORDER AND BLANK ENDORSED MARKED FREIGHT PREPAID NOTIFY APPLICANT
71B CHARGES :
　　ALL BANKING CHARGES OUTSIDE ISSUING BANK ARE

```
       FOR ACCOUNT OF BENEFICIARY
48     PERIOD FOR PRESENTATION：
       DOCUMENTS MUST BE PRESENTED WITHIN 10 DAYS
       AFTER THE DATE OF SHIPMENT BUT WITHIN THE
       VALIDITY OF THIS CREDIT
49     CONFIRMATION INSTRUCTIONS：WITHOUT
78     INSTRUCTIONS TO NEGOTIATING BANK：
       1.NEGOTIATING BANK MUST SEND DRAFTS AND
         DOCUMENTS TO US BY COURIER SERVICE IN ONE LOT
       2.UPON RECEIPT OF DOCUMENTS COMPLYING WITH
         THIS CREDIT，WE SHALL REMIT THE PROCEEDS
         ACCORDING TO NEGOTIATING BANK'S INSTRUCTIONS
```

② 信用状の訳文（日本語訳）

```
メッセージタイプ700（MT700：スイフト電文の種類）　荷為替信用状の発行
送信者（信用状発行銀行）：ABC銀行ニューヨーク、米国
```

（タ　グ）	（フィールド名）	（内　容）
27	合計の中の連番	：1枚中1枚目
40A	信用状の形式	：取消不能
20	信用状番号	：ABC001／800100
31C	信用状発行日	：20××年8月31日
40E	適用規則	：信用状統一規則・最新版（UCP600）
31D	有効期限と呈示場所	：20××年11月30日、買取銀行
50	発行依頼人（輸入者）	：XYZコーポレーション（住所）
59	受益者（輸出者）	：きんざい商事株式会社（住所）
32B	信用状金額	：10万米ドル
41D	資金化の方法	：どの銀行でも買取可能
42C	手形条件	：一覧払

42A	手形支払人	：ABC銀行ニューヨーク
43P	分割船積み	：許容
43T	積替	：禁止
44E	積込港	：東京港
44F	陸揚港	：ニューヨーク港
44C	船積期限	：20××年11月20日
45A	商品／サービス	：オーディオ・セット　50セット

　　　　　　　　　　　　　　　1セット当り2千米ドル、合計10万米ドル

　　　　　　　　　　　　　　　建値　CIF　ニューヨーク

46A　必要書類：

　1．署名済インボイス（商業送り状）5通

　2．白地裏書のある海上保険証券または保険承認状2通、保険金額は送り状金額の110％で、協会積荷約款の全危険担保を含んでいること

　3．無故障で船積済みの船荷証券全通、指図式で作成され、白地裏書され、「運賃支払済」と表示され、貨物到着案内先として信用状発行依頼人を表示すること

71B	手数料	：発行銀行以外のすべての銀行手数料は、受益者負担
48	呈示期間	：船積書類は、船積日の翌日から10日以内、かつ有効期限内に銀行に呈示すること
49	確認指図	：なし（確認不要の意味：無確認信用状）

78　買取銀行への指示：

　1．買取銀行は、手形および船積書類をクーリエ・サービスにより、1便にて信用状発行銀行宛送付しなければならない。

　2．信用状条件を充足した書類を受領後に、信用状発行銀行は、買取銀行の指図に従って代り金を送金する。

③ 信用状の文例（スイフトによる発行例：日本への輸入）

ここでは、米国の会社から日本の会社への輸入に関する信用状について、解説します。下記④に日本語訳がありますので、参考にしてください。

【スイフトによる発行例】

MESSAGE TYPE 700 (MT700) ISSUE OF A DOCUMENTARY CREDIT
TO： ABC BANK, NEW YORK, NY, USA
FROM： KINZAI BANK, LTD., TOKYO, JAPAN

(TAG)	(FIELD NAME)	(CONTENT)
27	SEQUENCE OF TOTAL	：1／1
40A	FORM OF DOCUMENTARY CREDIT	：IRREVOCABLE
20	DOCUMENTARY CREDIT NUMBER	：KBK001／801000
31C	DATE OF ISSUE	：20××-08-31
40E	APPLICABLE RULES	： UCP LATEST VERSION
31D	DATE AND PLACE OF EXPIRY	：20××-11-30 NEGOTIATING BANK
50	APPLICANT	：KINZAI SHOJI CO., LTD. 19, MINAMI-MOTOMACHI, SHINJUKU-KU TOKYO, 160-8519, JAPAN
59	BENEFICIARY	：XYZ CORPORATION 1251 AVENUE OF THE AMERICAS, NEW YORK, NY10020, USA
32B	CURRENCY CODE, AMOUNT	：USD100,000.00
41D	AVAILABLE WITH…BY…	：ANY BANK BY NEGOTIATION
42C	DRAFT AT…	：AT SIGHT
42A	DRAWEE	：KINZAI BANK, LTD., TOKYO, JAPAN
43P	PARTIAL SHIPMENTS	：ALLOWED
43T	TRANSHIPMENT	：PROHIBITED
44E	PORT OF LOADING	：NEW YORK PORT

第7章　貿易取引の基本

44F	PORT OF DISCHARGE	: YOKOHAMA PORT
44C	LATEST DATE OF SHIPMENT : 20××-11-20	
45A	DESCRIPTION OF GOODS AND ／ OR SERVICES :	

SHREDDER 50 SETS AT USD2,000 ／ SET
TOTAL : USD100,000.00 FOB NEW YORK

46A DOCUMENTS REQUIRED :
1. SIGNED COMMERCIAL INVOICE IN 3 COPIES
2. FULL SET OF CLEAN ON BOARD OCEAN BILLS OF LADING MADE OUT TO ORDER OF SHIPPER AND BLANK ENDORSED MARKED FREIGHT COLLECT NOTIFY APPLICANT
3. PACKING LIST IN 3 COPIES
4. CERTIFICATE OF ORIGIN IN 1 ORIGINAL

71B CHARGES :
ALL BANKING CHARGES OUTSIDE JAPAN ARE FOR BENEFICIARY'S ACCOUNT

48 PERIOD FOR PRESENTATION :
DOCUMENTS MUST BE PRESENTED WITHIN 10 DAYS AFTER THE DATE OF SHIPMENT BUT WITHIN THE VALIDITY OF THIS CREDIT

49 CONFIRMATION INSTRUCTIONS : WITHOUT

78 INSTRUCTIONS TO NEGOTIATING BANK :
1. NEGOTIATING BANK MUST SEND DRAFTS AND DOCUMENTS TO US BY COURIER SERVICE IN ONE LOT
2. UPON RECEIPT OF DOCUMENTS COMPLYING WITH THIS CREDIT, WE SHALL REMIT THE PROCEEDS ACCORDING TO NEGOTIATING BANK'S INSTRUCTIONS

④ 信用状の訳文（日本語訳）

メッセージタイプ700（MT700：電文の種類）　荷為替信用状の発行

受信者（信用状通知銀行）：ABC銀行ニューヨーク、米国

送信者（信用状発行銀行）：きんざい銀行東京、日本

（タ　グ）（フィールド名）　　（内　容）

27	合計の中の連番	：1枚中1枚目
40A	信用状の形式	：取消不能
20	信用状番号	：KBK001／801000
31C	信用状発行日	：20××年8月31日
40E	適用規則	：信用状統一規則・最新版（UCP600）
31D	有効期限と呈示場所	：20××年11月30日、買取銀行
50	発行依頼人（輸入者）	：きんざい商事株式会社（住所）
59	受益者（輸出者）	：XYZコーポレーション（住所）
32B	信用状金額	：10万米ドル
41D	資金化の方法	：どの銀行でも買取可能
42C	手形条件	：一覧払
42A	手形支払人	：きんざい銀行東京、日本
43P	分割船積み	：許容
43T	積替	：禁止
44E	積込港	：ニューヨーク港
44F	陸揚港	：横浜港
44C	船積期限	：20××年11月20日
45A	商品／サービス	：シュレッダー　50セット
		1セット当り2千米ドル、合計10万米ドル
		建値　FOB　ニューヨーク

46A　　　必要書類：

1．署名済インボイス（商業送り状）3通

2．無故障で船積済みの船荷証券全通、指図式で作成され、白地裏書され、「運賃着地払」と表示され、貨物到着案内先として信用状発行依頼人を表示すること

	3．包装明細書3通	
	4．原産地証明書・原本1通	
71B	手数料	：日本外で発生するすべての銀行手数料は、受益者負担
48	呈示期間	：船積書類は、船積日の翌日から10日以内、かつ有効期限内に銀行に呈示すること
49	確認指図	：なし（確認不要の意味：無確認信用状）
78	買取銀行への指示：	

1．買取銀行は、手形および船積書類をクーリエ・サービスにより、1便にて信用状発行銀行（ここでは、きんざい銀行東京）宛に送付しなければならない。

2．信用状条件を充足した書類を受領後に、信用状発行銀行（きんざい銀行東京）は、買取銀行の指図に従って代り金を送金する。

2　貿易取引条件（建値）

(1) 貿易取引条件（いわゆる、建値）とは

　FOBとかCIFなどの用語は、貿易取引条件を示すものとして用いられています。貿易取引条件とは「トレード・タームズ（TRADE TERMS）」、または「建値（タテネ）」ともいわれていますが、ここでは、日常、いちばんよく使われている「建値」で統一して、説明していきます。

　「建値」とは、輸出者と輸入者の間の費用負担の範囲、貨物についての危険負担の範囲（貨物の受渡地点）、貨物の積込港・陸揚港などの貿易取引条件を定型化したものです。

　FOBとかCIFという用語は、通常、FOB建ての価格、CIF建ての価格というように、その値段のなかにどこまでのコストが含まれているかなどを示す

ものとして使われています。

また、「建値」により、輸出者はどんな義務を負うか、輸入者はどんな義務を負うかが定まります。

そのような輸出者と輸入者の義務を定めたものとして、国際商業会議所(ICC:INTERNATIONAL CHAMBER OF COMMERCE)が制定した「インコタームズ(INCOTERMS)」と呼ばれる国際的なルールがありますので、下記のとおり、説明します。

(2) インコタームズとは

「インコタームズ(INCOTERMS:INTERNATIONAL COMMERCIAL TERMS)」とは、国際商業会議所(ICC)が貿易売買契約に使用されている定型的な貿易取引条件の解釈を統一するために制定した国際的な規則です。

インコタームズは、1936年に制定されて以来、数次にわたり改訂されていますが、最新では2011年1月改訂の「インコタームズ2010」(INCOTERMS2010)となっています(図表7-2参照)。

このうち、代表的な建値であるFOB、CFR、CIFについて解説しますが、詳しくは、インコタームズ2010年改訂版を参照してください。

① FOB(FREE ON BOARD:本船渡し条件)

商品(貨物)本来の値段と、商品を本船に積み込むまでの費用が含まれたものです。本船の運賃や海上保険の保険料は、含まれていません。

輸出者は、輸入者によって指定された港および本船上で、貨物を引き渡す義務があります。

危険負担と費用負担は、貨物が船積港において、本船の手すりを通過した時に、輸出者から輸入者に移転します。

運賃は、輸入者負担ですので、船荷証券(B/L)には、FREIGHT COLLECT(運賃着払)と表示されます。

輸出者は、保険契約の義務がありませんので、船積書類に保険証券は含まれません。

商品の引渡場所である船積港の名前をつけて、たとえば、東京港からの船

図表7-2　インコタームズ2010の概要

グループ		コード	規則 (Rules)	物品の危険および 費用負担の分岐点
E		EXW	EX WORKS　工場渡し (…named place of delivery)	物品が売主の工場、倉庫等の指定引渡地で買主の処分に委ねられ、引き渡された時点。
F		FCA	FREE CARRIER　運送人渡し (…named place of delivery)	物品が指定引渡地で運送人へ引き渡された時点。
	☆	FAS	FREE ALONGSIDE SHIP　船側渡し (…named port of shipment)	物品が指定船積港の埠頭または艀（はしけ）で本船の船側に移された時点。
	☆	FOB	FREE ON BORAD　本船渡し (…named port of shipment)	物品が指定船積港において本船の船上に置かれた時点。
C	☆	CFR	COST AND FREIGHT (…named port of destination) 運賃込み	物品が指定船積港において本船の船上に置かれた時点。 仕向港までの運賃は、売主負担。
	☆	CIF	COST INSURANCE AND FREIGHT (…named port of destination) 運賃保険料込み	物品が指定船積港において本船の船上に置かれた時点。 仕向港までの運賃・保険料は、売主負担。
		CPT	CARRIAGE PAID TO　輸送費込み (…named place of destination)	物品が指定仕向地で運送人へ引き渡された時点。 仕向地までの輸送費は、売主負担。
		CIP	CARRIAGE AND INSURANCE PAID TO　輸送費保険料込み (…named place of destination)	物品が指定仕向地で運送人へ引き渡された時点。 仕向地までの輸送費・保険料は、売主負担。
D		DAT	DELIVERED AT TERMINAL (…named terminal at port or place of destination) ターミナル持込渡し	物品が仕向港または仕向地における指定ターミナルで買主の処分に委ねられた時点。
		DAP	DELIVERED AT PLACE (…named place of destination) 仕向地持込渡し	物品が指定仕向地で買主の処分に委ねられた時点。 輸入通関に係る費用は、買主負担。
		DDP	DELIVERED DUTY PAID (…named place of destination) 関税込持込渡し	物品が指定仕向地で買主の処分に委ねられた時点。 輸入通関に係る費用は、売主負担。

（注）　いかなる単数または複数の輸送手段にも適した規則……無印
　　　海上および内陸水路輸送のための規則……☆

積みであれば、FOB TOKYOというように表示されます。

② **CFR**（COST AND FREIGHT：運賃込み条件）

　商品を本船に積み込むまでの値段に陸揚港までの運賃を加えたものです。

　輸出者は、本船を手配し、運送契約を結び、運賃を支払う義務があります。保険契約を結ぶ義務はありません。

　危険負担は、FOBと同様、貨物が船積港において本船の手すりを通過した時に、輸出者から輸入者に移転します。

　運賃は、輸出者負担ですので、船荷証券には、FREIGHT PREPAID（運賃前払）と表示されます。

　輸出者は、保険契約の義務がありませんので、船積書類に保険証券は含まれません。

　貨物の引渡場所である陸揚港の名前をつけて、たとえば、ニューヨーク港への荷揚げであれば、CFR NEW YORKというように表示します。

③ **CIF**（COST INSURANCE AND FREIGHT：運賃保険料込み条件）

　文字どおり、商品を本船に積み込むまでの値段（コスト）に陸揚港までの保険料と運賃とを加えたものです。

　輸出者は、本船を手配し、運送契約と保険契約を結び、運賃と保険料とを支払い、船積書類を輸入者に引き渡す義務があります。

　危険負担は、FOBとCIFと同様、商品が船積港において、本船の手すりを通過した時に、輸出者から輸入者に移転します。

　運賃は、輸出者負担ですので、船荷証券には、FREIGHT PREPAID（運賃前払）と表示されます。

　貨物の引渡場所である陸揚港の名前をつけて、たとえば、ニューヨーク港への荷揚げであれば、CIF NEW YORKというように表示します。

　建値の代表的なFOB、CFR、CIFの内容を図表7－3にまとめてみましたので、参照してください。

図表7－3　FOB、CFR、CIFの内容

建値＼項目	FOB （FREE ON BOARD） 本船渡し条件	CFR （COST AND FREIGHT） 運賃込み条件	CIF （COST INSURANCE AND FREIGHT） 運賃保険料込み条件
価格内容	原価（注）のみ	原価＋運賃	原価＋運賃＋保険料
輸出者の貨物に対する危険負担	いずれの条件も、輸出地の港で船舶に貨物を積み込むまで、または空港内における輸送人（航空会社やその代理店など）の施設に貨物を搬入するまで		
運賃負担	輸入者	輸出者	輸出者
保険料負担	輸入者	輸入者	輸出者
表示方法	FOB　輸出地港名	CFR　輸入地港名	CIF　輸入地港名
運賃欄の表示	FREIGHT COLLECT （着払）	FREIGHT PREPAID （前払）	FREIGHT PREPAID （前払）

(注)　原価（COST）＝製造原価（仕入価格）＋国内運賃＋通関費用＋検査費用などの諸費用＋輸出者の利益（儲け）

3　為替手形（ドラフト）

　手形には、為替手形（BILL OF EXCHANGE）と約束手形（PROMISSORY NOTE）の2種類がありますが、貿易取引に使用されるのは、「為替手形」で、一般に「ドラフト」（DRAFT）と呼ばれています。

　「為替手形」とは、端的にいえば、輸出者が手形の支払人（輸入者や信用状発行銀行など）に宛てて振り出す（DRAW）手形で、請求金額が記入されたものです。正確にいえば、「一定金額を受取人その他の手形所持人に、その請求に応じて支払うことを、書面をもって指図し委託する有価証券」のことです。

　為替手形は、2枚で1組になるのが一般的で、第一の手形「FIRST」と

第二の手形「SECOND」で構成されています。海外取引では、送付途中の事故などによる紛失を考慮して、船積書類を2便に分けて送付する慣行があったからです。FIRSTが到着して支払が行われれば、SECONDは当然無効になります。

それでは、為替手形のサンプルに基づいて、手形の要件および記載事項についてみていきましょう。前述の信用状の文例（本章①(6)①「日本からの輸出」）をベースに作成しています（図表7－4参照）。

図表7－4　為替手形のサンプル

```
No.    ①
                    BILL OF EXCHANGE
For   ②  US$ 100,000.00        ③  TOKYO    ④  SEP. 30, 20xx

        ⑤ At. xxxxxxxxxxxxxx        sight of the FIRST Bill of
Exchange (SECOND being unpaid) Pay to  ⑥ KINZAI Bank, Ltd.    or order
the sum of   ⑦ SAY US DOLLARS ONE HUNDRED THOUSAND ONLY

Value received and charge the same to account of  ⑧ XYZ CORPORATION,
1251 AVENUE OF THE AMERICAS, NEW YORK, NY 10020, U.S.A.
Drawn under   ⑨ ABC BANK, NEW YORK, NY, U.S.A.
L/C NO.   ⑩ ABC001/800100  dated   ⑪ AUG. 31, 20xx
To      (Drawee)                  (Drawer)
  ⑫ABC BANK, NEW YORK      ⑬KINZAI SHOJI CO., LTD.    ⑭ Revenue
    NEW YORK, N.Y. U.S.A.                                 Stamp
                             Signature                    200円
```

① 手形番号……輸出者の整理番号、通常インボイス番号と同じ番号を用います。

② 手形金額（数字）……通常、インボイス金額と同一になります。

③ 手形の振出地……輸出者の所在地を記入します。

④ 手形の振出日……船積日またはそれ以後の日付を記入します。

⑤ 手形期間……信用状条件の手形期間（TENOR）を記入します。

　手形期間の表示方法は、一覧払いⓐと期限付手形ⓑⓒに、大別されます。

ⓐ　一覧払い（AT SIGHT）……手形が支払人に支払のために呈示された日を支払期日とするもの。
　　ⓑ　一覧後定期払（AT ○○ DAYS AFTER SIGHT）…… AT 90DAYS AFTER SIGHTなどと記載され、手形が支払人に呈示された日を起算日として、一定期間を経過した日を支払期日とするもの。すなわち、輸入者に対して、一定期間（本例では、手形を呈示した日の翌日から90日間）支払を猶予するものです。
　　ⓒ　確定日払（AT ○○ DAYS AFTER B/L DATE）……船積日の翌日から、○○日目を支払期日とするものです。
⑥　受取人……買取または取引に持ち込む銀行名を記入します。
⑦　手形金額……②の金額を英文で読み直すことで、再度、確認します。
⑧　輸入者……通常、信用状発行依頼人を記入します。
⑨　信用状発行銀行……信用状発行銀行を記入します。
⑩　信用状番号……信用状番号を記入します。
⑪　信用状発行日……信用状発行日を記入します。
⑫　手形の支払人……信用状の手形欄のDRAWN ON以下を記入します。
⑬　手形の振出人……振出人の英文社名を記入し、権限者が署名します。
⑭　収入印紙……10万円以上の場合は、200円の収入印紙を貼ります。

4　船積書類（ドキュメンツ）

(1)　船積書類の種類

　船積書類は、船舶による運送の場合は、もちろんのこと、航空機による運送の場合も含まれ、また、広義では、銀行に持ち込む輸出関連のすべての書類を意味して使われます。

　船積みが完了次第、船積書類を作成または整備します。すでに貨物代金を前受金として受領している場合には、すみやかに船積書類を輸入者に送付し

なければなりません。また、信用状付荷為替手形取引では、信用状条件どおりの船積書類を、信用状なし荷為替手形取引では、契約に従った船積書類を整備したうえで、銀行に提出して代金回収を図ることになります。貨物代金が決済されてはじめて貿易取引が終了することになります。

それでは、代表的な船積書類について、まず、簡単に説明していきます。

① インボイス（商業送り状：COMMERCIAL INVOICE）

輸出者が、輸入者に宛てた出荷案内と代金請求を兼ねた書類です。輸出者と輸入者の名称と住所、売買契約書番号、商品明細（品目、荷印、重量、数量、単価）、総額、船積内容（積込港、陸揚港、船名）などが記載されます。

② 船荷証券（B/L：BILL OF LADING）

海外に商品を販売し、それを輸送する場合、国内の場合と違って陸上輸送ではなく、海上輸送か航空輸送のいずれかになります。海上輸送の場合、船会社が、船荷証券を発行し、この船荷証券を受け取った輸入者は、この船荷証券と引き換えに貨物の受取ができます。すなわち、船荷証券とは、貨物（商品）そのものの権利を書類にかえたものと考えてよいでしょう。船荷証券は、有価証券で、これと引き換えでなければ、貨物の引渡を請求することができません。

③ 航空貨物運送状（エア・ウェイビル：AIR WAYBILL）

海上輸送ではなく、航空輸送の場合、航空会社が発行するのが、航空貨物運送状（AIR WAYBILL）です。前述の船荷証券と違って、航空会社が輸送のため貨物を受け取ったという単なる貨物受取証ですので、有価証券ではありません。

④ 保険証券（INSURANCE POLICY）

海上輸送や航空輸送で、貨物を輸送中に、事故や災害で損害を被った場合に、保険会社が保険金を支払います。この保険を掛けると、保険会社から保険証券が発行されます。保険証券は、この保険契約が有効に存在することを証拠づけるものです。

⑤ 包装明細書（PACKING LIST）

梱包明細書ともいわれ、インボイスの記載を補足し、商品の包装内容、重

量、容積などを記載した書類です。

⑥ **重量容積証明書**（CERTIFICATE OF WEIGHT & MEASUREMENT）

商品の重量、容積に関する証明書で、第三者の検量機関が発行する書類です。

⑦ **原産地証明書**（CERTIFICATE OF ORIGIN）

商品の原産地を証明する書類で、輸入国との間で締結された関税の減免に関する条約に基づき、関税の負担軽減を図る場合などに使用されます。

⑧ **通関用送り状**（CUSTOMS INVOICE）

米国やカナダなどの税関で要求される特定様式のインボイスです。

⑨ **領事送り状**（CONSULAR INVOICE）

輸出地にある輸入国の領事が査証（ビザ）したインボイスです。輸入国の税関で、関税を賦課するための資料となります。

⑩ **検査証明書**（INSPECTION CERTIFICATE）

商品の品質を証明するため、第三者の検査機関やメーカーが発行する書類です。

⑪ **分析証明書**（CERTIFICATE OF ANALYSIS）

商品の成分を分析して発行される証明書で、第三者の検査あるいは分析機関が発行する書類です。

(2) インボイス（商業送り状：COMMERCIAL INVOICE）

① インボイスとは

「インボイス」とは、正式には「コマーシャル・インボイス（COMMERCIAL INVOICE）」であり、日本語では「商業送り状」といいますが、実務上では、ほとんど使用されず、「インボイス（INVOICE）」と呼ばれています。

「インボイス」というのは、出荷貨物の価格・内容・決済方法などその取引に関するすべての要件を盛り込んだもので、輸出者が輸入者に宛てた商品の明細書、計算書であり、請求書となるものです。

売買契約当事者、すなわち、輸出者と輸入者にとっては、取引の証拠となるもので、一方、銀行にとっては、船積みの明細と手形金額の根拠を確認す

る資料となります。

　単なる私文書であり、それ自体はなんら請求権を表示するものではありませんが、商取引上は非常に重要なもので、船積書類のなかでも欠くことのできないものとなっています。

　たとえば、建値が、FOBやCFRの場合、保険証券は、船積書類に含まれませんし、航空輸送の場合は、船荷証券（B/L）は、船積書類には含まれず、航空貨物運送状（エア・ウェイビル）となります。ところが、インボイスは、貿易取引条件、輸送形態の区別にかかわらず、船積書類のなかに必ず含まれますので、すべての船積書類の基本となります。

　輸出者が、実際に積み出した貨物について作成するものを「シッピング・インボイス（SHIPPING INVOICE）」といいます。一方、輸入者が、あらかじめ輸入価格を計算したり、輸入地での輸入の許可を取得したりするために、輸出者が、船積み前に作成し、輸入者に送付するものを、「プロフォーマ・インボイス（PRO-FORMA INVOICE：いわゆる、見積書）」といいます。通常、「インボイス」と呼ばれているものは、シッピング・インボイス（SHIPPING INVOICE）を指します。

　インボイスの形式は、特に標準となるものはありませんが、図表7－5のサンプルのように「INVOICE」であることが表示されます。そして、輸出者名と住所、インボイス番号、作成地、作成日付、輸入者名・住所、売買契約書番号、船積明細（船名、積込港、陸揚港、出航日、ケース・マーク）、商品明細（商品名、数量、重量、単価、建値、総額）、信用状番号（信用状付荷為替手形の場合）などが記載され、最後に、輸出者が署名します。信用状統一規則（UCP600）18条では、「インボイスは、署名される必要がない」となっていますが、図表7－5の信用状では、SIGNED COMMERCIAL INVOICEが要求されていますので、署名が必要です。

　信用状付荷為替手形取引の場合、船積書類は、信用状条件どおりでなければなりません。信用状条件に従って船積みを行いますので、当然、船積書類も信用状条件どおりになるわけですが、特に、インボイスにおける商品の記載は、信用状面における商品の記載と一言一句まで一致していなければなり

図表7-5 インボイスのサンプル

① **KINZAI SHOJI CO., LTD.**

19, MINAMI-MOTOMACHI, SHINJUKU-KU,
TOKYO, 160-8519, JAPAN

② INVOICE

③ Sold to : XYZ CORPORATION   ④ Invoice No.: K-1100
　Address : 1251 AVENUE OF THE AMERICAS,　　Date: SEP. 30, 20xx
　　　NEW YORK, NY 10020, USA　　⑤ Contract No.: KX-8001
⑥ Terms Method of Payment : L/C AT SIGHT
⑦ Shipped per "GOLDEN ARROW"
⑧ from Tokyo, Japan to New York, USA
⑨ sailing on or about SEP. 25, 20xx

Identifying Marks & Nos.	Quantity	Description of Goods	Unit Price	Amount
⑪ △KINZAI△ TOKYO C/NO1-7 MADE IN JAPAN NET WEIGHT 500KGS GROSS WEIGHT 700KGS		⑩ IN U.S. DOLLAR CIF NEW YORK ⑫ 50 SETS OF AUDIO EQUIPMENT		
	⑬ 700.00KGS		⑭ USD2,000.00/SET	US$100,000.00
TOTAL :	700.00KGS	7 CARTONS		⑮ US$100,000.00

We hereby certify that the goods are of Japanese Origin.
⑯　L/C NO. ABC001/800100 dated AUG. 31, 20xx

　　　　　　　　　　　　　　　⑰　KINZAI SHOJI CO., LTD.
　　　　　　　　　　　　　　　　　　Signature
　　　　　　　　　　　　　　　　　　Manager

ません。

　インボイスは、通関の際も、不可欠な書類となります。輸出申告時の税関に対する申告書類として使用されるばかりではなく、輸入申告に際しては、関税算定の基礎となる課税価格を計算するための重要な資料となります。

　なお、輸出者が、輸入者からサンプル（無償の見本）を要求される場合がありますが、その際も輸入地の税関手続の資料として、インボイスが必要となります。したがって、無償見本のインボイスにも金額は必要となりますが、金額表示の下に「NO COMMERCIAL VALUE（無償）」と記載します。実務知識として、覚えておくとよいでしょう。

② インボイスの実例

　それでは、インボイスのサンプルに基づいて、インボイスの要件および記載事項についてみていきましょう。信用状の文例（本章①(6)①「日本からの輸出」）をベースに作成しています（図表7－5参照）。すなわち、本件では、輸出者であるきんざい商事株式会社（東京）が作成したものです。

① 輸出者名・住所……あらかじめ、レターヘッドに会社（輸出者）名とその住所を入れた定型フォームを作成しておくと、効率的です。
② インボイスの表示……「INVOICE」であることを表示します。
③ 輸入者名・住所……バイヤー輸入者名と住所を記入します。
④ インボイス番号・作成日付……輸出者の任意の番号になりますが、継続的に発生する場合には、一連番号にします。
⑤ 売買契約書番号……任意項目ですが、輸入者のために記入するのが、一般的です。
⑥ 支払条件……決済方法と期間を記入します。L/Cベース、D/P・D/Aベース、送金ベースの区別とテナー（期間）を明示します。たとえば、後受送金の場合、「TT REMITTANCE AT 30 DAYS AFTER SIGHT」、D/Aベースの場合、「D/A AT 90 DAYS AFTER SIGHT」のように明示します。
⑦ 船名……船荷証券（B/L）上の、船名を記入します。
⑧ 積込港、陸揚港……B/L上の、積込港と陸揚港を記入します。

⑨　出航日……B/L上の、出航日を記入します。
⑩　建値……貿易取引条件であるFOB、CFR、CIFなどを記入します。建値の後に積込港・陸揚港を記入しますが、建値によって決まっているので注意が必要です。たとえば、FOBの後には積込港、CFRとCIFの後は陸揚港となります。
⑪　ケース・マーク……荷印またはシッピング・マークともいわれます。梱包したケース・段ボール・木箱などに表示され、荷物を特定します。
⑫　商品名・数量……商品名と数量を記入します。
⑬　重量……貨物の重量を記入します。
⑭　単価……商品の単価を記入します。
⑮　総額……請求金額（単価×数量）を記入します。複数の商品がある場合には、それぞれの金額とその合計総額について、計算間違いがないようにします。
⑯　信用状番号・発行日……信用状ベースの場合は、必ず記入します。
⑰　輸出者記名・署名……輸出者名を記載し、担当責任者が署名します。署名の下に、署名者の肩書きを記入します。

(3) 船荷証券（B/L：BILL OF LADING）

① 船荷証券（B/L）とは

「船荷証券（B/L）」とは、海上運送人が、貨物の受取または船積みを認証し、券面上の条件に従って海上運送を行い、指定の陸揚港において、正当な所持人に引き渡すことを約した有価証券です。

具体的にいえば、貨物の船積み完了後、船会社が発行する運送貨物の受取証であるとともに、その貨物を指定する陸揚港で、その船荷証券の正当な所持人に、これと引き換えに貨物を引き渡すことを約束する証書です。すなわち、船荷証券（B/L）は、有価証券であって、この証券をもつことは、貨物そのものをもつと同じになります。

船荷証券は、上記のように、証券に記載の貨物を運送人から受け取る権利を化体している有価証券ですので、この権利は裏書によって転々流通しま

す。言い換えれば、船荷証券の占有は、基本的には貨物の占有と同じで、船荷証券の引渡は貨物の引渡と同一の効果があることになります。

② 船荷証券（B/L）の特質

上記の内容を、取りまとめてみますと、船荷証券は、次のような性質をもっていることになります。

ⓐ 船会社が、貨物（商品）を受け取ったことを証する受取証である。
ⓑ 船会社が、輸出者から輸送を引き受けたことを示す証拠書類である。
ⓒ 船荷証券の正当な所持人が、船荷証券と引き換えに、貨物の引渡を船会社に請求することができる権利証券である。
ⓓ 船荷証券の正当な所持人が、船荷証券に裏書することによって、請求権を譲渡することができる有価証券である。

③ 船荷証券（B/L）の作成と発行通数

輸出者は、船会社の所定の用紙に記入し、船積手続を依頼します。通常、乙仲（おつなか：通関仲介業者）が、輸出者から関係書類を受領し、代行の依頼を受け、それに基づいて船会社に船積手続を依頼します。

船荷証券（B/L）の原本は、通常3通が発行され、その発行通数は、船荷証券面上の所定の場所に明記されます。信用状（L/C）で、「FULL SET OF CLEAN BILLS OF LADING」と要求されている場合、FULL SET（全通）というのは、通常3通を意味します。したがって、銀行は、船積書類として船荷証券の全通を要求します。輸入地で、この原本のなかの1通を船会社に提出すれば、貨物（商品）を受け取ることができます。

④ 船荷証券の種類

a 船積船荷証券（SHIPPED B/L）と受取船荷証券（RECEIVED B/L）

船積船荷証券（SHIPPED B/L）とは、特定の船舶に実際に積込済みの旨を表示した船荷証券で、船荷証券面に「SHIPPED ON BOARD……」という文言が記載されています。

一方、受取船荷証券（RECEIVED B/L）とは、貨物が船会社の倉庫に搬入され、船舶への積込み前の段階で発行される船荷証券で、船荷証券面に「RECEIVED FROM THE SHIPPER……」というように記載されています。

信用状で要求するB/Lの多くは、SHIPPED B/Lです。この場合、RECEIVED B/Lでは要求に合致しないことになります。このRECEIVED B/Lの形式でも、貨物積込み後に、船会社による船積みされた日付を示している「ON BOARD NOTATION」という積込済みの付記があれば、SHIPPED B/Lと同様の扱いとなります。

 b 無故障船荷証券（CLEAN B/L）と故障付船荷証券（FOUL B/L）

船積みした貨物の包装や数量などについて不完全なところがあり、船会社がこの点についてB/LにREMARK（注記）をつける場合、または、特定な地域向けでその港の事情で船会社がその港に関する免責事項をREMARKする場合があります。このようなB/Lを、故障付船荷証券（FOUL B/L）といい、このようなREMARKがないものを、無故障船荷証券（CLEAN B/L）といいます。

信用状は、通常、CLEAN B/Lを要求しますので、FOUL B/Lは受理されません。ただし、港湾の特殊事情のREMARKについては、信用状にそのREMARKを受理する旨の文言を挿入することにより、受理できるようにしています。

 c 記名式船荷証券（STRAIGHT B/L）と指図式船荷証券（ORDER B/L）

B/Lは権利証券であり、その正当な所持人が船会社に申し出れば、貨物を受け取ることができます。したがって、その貨物の荷受人をだれにするかが重要です。特定の会社名を荷受人としたものを記名式船荷証券（STRAIGHT B/L）といい、荷受人欄に単に「ORDER」とか「ORDER OF SHIPPER」と記入したものを指図式船荷証券（ORDER B/L）といいます。

ORDER B/Lは、荷送人が裏書によって指定した者が荷受人になるという方式で、裏書によって譲渡されます。

裏書には、裏書人が単に署名するだけの白地裏書（BLANK ENDORSEMENT）と、被裏書人名を記入した記名式裏書とがあります。

信用状付荷為替手形取引では、ORDER B/Lで荷送人の白地裏書のあるものが要求されるのが一般的ですが、時には、信用状発行銀行を荷受人としたSTRAIGHT B/Lが要求されることもあります。

d　コンテナB/L（CONTAINER B/L）

港湾設備とコンテナ船の発達により、現在ではコンテナ輸送が海上貨物輸送の主流になっています。コンテナ輸送は、輸送経費、包装費用の節減、輸送の迅速化、倉庫保管の省略などのメリットはありますが、半面、甲板積みによる危険、汗ぬれ、荷崩れなどの損害もないとはいえません。

信用状統一規則（UCP600）26条により、銀行は、貨物が甲板積み（ON DECK）と明記されているB/Lを受理できません。コンテナ船の場合は、甲板積みで運送される可能性はありますが、実際にどの貨物が甲板に積まれるか予測できないため、B/Lには、ON DECKの表示はされません。そのため銀行は、B/LにON DECKの表示がないことから、コンテナB/Lを受理することができます。

e　サレンダードB/L（SURRENDERED B/L：元地回収B/L）

サレンダードB/Lとは、船会社が船荷証券の発行地において発行した船荷証券の原本全通を輸出者から回収することをいい、回収したことを輸入地の船会社へ連絡することにより、輸入者による貨物の早期引取りを可能とするものです。具体的にいうと、輸出者は、いったん発行された船荷証券を裏書のうえ船会社に返却し、船会社より船荷証券のコピーの交付を受けます。船会社は、船荷証券全通を回収したことを輸入地の船会社に連絡します。輸入者は、自分が正当な荷受人であることを証明すれば、船荷証券を呈示することなく、貨物の引取りが可能となります。

貨物が到着したが、B/Lが未着のため貨物が引き取れない、あるいは、郵送中にB/Lが紛失といった事態を避けるため、主に送金ベース取引で利用されています。信用状付荷為替手形取引においては、信用状に要求書類として「NON-NEGOTIABLE COPY OF SURRENDERED B/L」などの文言が明示されます。

f　ステイルB/L（STALE B/L）

呈示期間を経過して古くなった船荷証券のことを、ステイルB/L（STALE B/L）といいます。

ステイルB/Lを添付した荷為替手形の買取にあたっては、輸入者におい

て、貨物が到着しても引取りに支障をきたすおそれがあるため、注意を要します。

　信用状付荷為替手形取引においては、たとえば、船積み後、10日以内に荷為替手形を買取に持ち込むといったように、船積日後から買取までの期間を明示しているのが一般的であり、その期間を経過して銀行に呈示した場合には、ステイルB/Lとなり、買取を拒否されることがあります。

　買取までの呈示期間が明示されていない信用状（L/C）の場合には、信用状統一規則（UCP600）により、船積日後21日以内に呈示しなければなりません。すなわち、船積日後21日を超えると、上記と同様、ステイルB/Lになります。

⑤　荷受人（コンサイニー：CONSIGNEE）

　「荷受人（CONSIGNEE）」とは、貿易取引において、貨物（商品）の引換証である船荷証券（B/L）により、輸入地で貨物の引渡を受ける者をいいます。日本語では、「荷受人」ですが、実務上では、「コンサイニー（CONSIGNEE）」と呼ばれることが多いようです。

　貨物を船会社より受け取るためには、船荷証券を占有するだけでは不十分です。貨物を船会社から受け取ることができるのは、船荷証券を占有し、かつ、荷受人（CONSIGNEE）として表示された者です。

　荷受人の表示方法には、指図式と記名式の2種類があります。「指図式」では、輸出者などが指図した者が貨物を引き取れます。指図された者は、さらに裏書によって譲渡可能です。一方、「記名式」は、船会社が荷受人として記載した特定の者（輸入者、信用状発行銀行など）に対し、貨物を引き渡す義務を負うものです。指図式と異なり、本来、裏書譲渡を想定していませんが、日本では、裏書譲渡を禁止する文言の記載がない限り、記名式でも裏書譲渡が可能です。

　それでは、船荷証券のサンプルに基づいて、船荷証券の要件および記載事項についてみていきましょう。信用状の文例（本章1(6)①「日本からの輸出」）をベースに作成しています（図表7－6参照）。

①　荷送人名・住所……荷送人とは、輸送貨物の所有者、すなわち輸出者を

指します。通常、輸出者名とその住所を記入します。
② 荷受人（コンサイニー：CONSIGNEE）……貨物の荷受人を表示します。「指図式」と「記名式」がありますが、下記が代表的な表示例です。
　【指図式】　TO ORDER
　　　　　　TO ORDER OF SHIPPER
　　　　　　TO ORDER OF KINZAI BANK（信用状付荷為替手形の場合：信用状発行銀行）
　【記名式】　KINZAI SHOJI CO., LTD.（輸入者）
　　　　　　KINZAI BANK（信用状付荷為替手形の場合：信用状発行銀行）
③ 着荷通知先名・住所……通常、ノーティファイ・パーティー（NOTIFY PARTY）と呼ばれています。
　貨物が陸揚港に到着した際、船会社が着荷を連絡する先をいい、通常は、輸入者名と住所を記載します。
④ 船荷証券（B/L）番号……船会社の任意の番号になりますが、船会社の一連番号になっています。
⑤ 船会社名……運送する船舶を所有する船会社名が表示されます。
⑥ 船荷証券の表示……「船荷証券（BILL OF LADING：B/L）」である旨の表示がされます。
⑦ 船荷証券の種類……主に、船積船荷証券（SHIPPED B/L）と受取船荷証券（RECEIVED B/L）の区別が表示されます。
　SHIPPED B/Lとは、特定の船舶に実際に積込済みの旨を表示した船荷証券で、船荷証券面に本件事例のように「SHIPPED ON BOARD ……」という文言が記載されます（本章④(3)④a参照）。
⑧ 船名……船名が記載されます。
⑨ 積込港……積込港が記載されます。
⑩ 陸揚港……陸揚港が記載されます。
⑪ ケース・マーク……荷印またはシッピング・マークともいわれます。輸出貨物の運送保管にあたって、その貨物を区別しやすく、混同せずに確実に輸入者に引き渡せるようにするため、輸出貨物にケース・マークがつけ

図表7-6　船荷証券（B/L）のサンプル

①SHIPPER：KINZAI SHOJI CO., LTD. 19, MINAMI-MOTOMACHI, SHINJUKU-KU TOKYO, 160-8519, JAPAN	④B/L NO.KL100100
②CONSIGNEE：TO ORDER	⑤KINZAI LINE ⑥BILL OF LADING ⑦SHIPPED ON BOARD …………………………… ……………………………
③NOTIFY PARTY：XYZ CORPORATION 1251 AVENUE OF THE AMERICAS, NEW YORK, NY 10020, USA	
⑧OCEAN VESSEL：GOLDEN ARROW	
⑨PORT OF LOADING：TOKYO, JAPAN	⑩PORT OF DISCHARGE：NEW YORK, USA
Mark & Nos.　　Description of Goods	GROSS WEIGHT　　MEASUREMENT
⑪ 　　△KINZAI△ 　　TOKYO 　　C/NO1-7 　MADE IN JAPAN 　NET WEIGHT 500KGS 　GROSS WEIGHT 700KGS	⑫50 SETS OF AUDIO EQUIPMENT 　　⑬INVOICE NO.K-1100 　　　CONTRACT NO.KX-8001 　⑭LC NO. ABC001/800100 　⑮ 7　CARTONS 700.00KGS　　5.400M3 　　⑯"FREIGHT PREPAID"
TOTAL　7 CARTONS　700.00KGS	5.400M3
⑰FREIGHT AND CHARGES 　OCEAN FREIGHT: 　CHARGES:	PREPAID USD2,000.00 PREPAID USD500.00
⑱PLACE AND DATE OF ISSUE: TOKYO, JAPAN SEP. 25, 20xx ⑲NO. OF ORIGINAL B/L: THREE (3)	
	⑳KINZAI LINE CO., LTD. 　　　　Signature 　　　　Manager

られます。このマークは、包装貨物の外装に表示され、インボイスや包装明細書などの船積書類にも記載されますので、貨物と書類との照合にも役立ちます。
⑫　商品名・数量……商品名と数量が記載されます。
⑬　インボイス番号、売買契約番号……任意項目ですが、輸入者のために記入するのが、一般的です。
⑭　信用状番号……信用状付荷為替手形取引の場合、B/L上に信用状番号を記入するのが、一般的です。
⑮　梱包の数・重量・容積……包装明細書（梱包明細書：PACKING LIST）などに記載されている内容と一致させます。
⑯　運賃の支払状況……建値によって、FOBの場合は、「FREIGHT COLLECT」（着地払）となり、CFR、CIFの場合には、「FREIGHT PREPAID」（前払）となります。
⑰　運賃および諸手数料……運賃および諸手数料について、金額や支払状況が表示されます。
⑱　船荷証券の発行地・発行日……発行日は、SHIPPED B/Lの場合、本船の出航日となります。RECEIVED B/Lの場合は、発行日は貨物の受取日となるため、「ON BOARD NOTATION」の付記が必要となります。そのNOTATIONには、SHIPPED ON BOARDの表示と日付を記載して本船の船長が署名することになっています。
⑲　船荷証券（B/L）発行枚数……船荷証券（B/L）オリジナルの発行枚数で、通常3通発行されます。
⑳　船会社または代理店の署名……担当責任者が署名し、署名の下に署名者の肩書きを記入します。

　また、船会社の代理店が署名する場合がありますが、「AS AGENT OF KINZAI LINE」などと表示されます。

(4) 航空貨物運送状（エア・ウェイビル：AIR WAYBILL）

① 航空貨物運送状（AWB：AIR WAYBILL）とは

「航空貨物運送状（AWB：AIR WAYBILL）」とは、貨物を荷送人から受領したことを示す受取証であるとともに、運送契約の締結、運送条件を証明する証拠書類です。

航空輸送は、軽量・小型・高額の貨物、「急」や「旬」を要求される貨物などの運送に幅広く利用されています。航空会社は、貨物を受け取ったとき荷受人へ航空運送を証する書類として、航空貨物運送状を発行します。日本語では、「航空貨物運送状」といいますが、実務上では、「エア・ウェイビル（AIR WAYBILL）」と呼ばれています。

航空会社が輸送のため貨物を受け取ったという「単なる受取証」ですので、有価証券ではありません。すなわち、貨物（商品）の引換証である船荷証券（B/L）と異なり、エア・ウェイビルと引き換えに、貨物の引渡を請求することはできません。

輸送に長期の日数を要する海上貨物の運送証券である船荷証券は、権利証券かつ有価証券であることが必須です。一方、短期間で目的地に着き、遅滞なく荷受人に渡される航空貨物の運送状である「エア・ウェイビル」は、権利証券である必要性は低く、流通性も必要ではありません。

したがって、有価証券ではないので、船荷証券のように裏書によって流通することはなく、荷受人（コンサイニー）は、必ず記名式となります。

② 航空貨物運送状（エア・ウェイビル）の特質

上記①の内容を、取りまとめてみますと、エア・ウェイビルは、次のような性質をもっていることになります。

ⓐ 航空会社が、貨物（商品）を受け取ったことを証する受取証である。
ⓑ 航空会社が、輸出者から輸送を引き受けたことを示す証拠書類である。
ⓒ 単なる受取証であり、有価証券ではない。
ⓓ 裏書によって流通することはなく、記名式で荷受人の記載がある。

③ 航空貨物運送状（エア・ウェイビル）の発行

「エア・ウェイビル」は、通常、原本3通が発行されます。国際的な航空機構であるIATA（INTERNATIONAL AIR TRANSPORT ASSOCIATION：国際航空運送協会）の規定により、原本1は航空会社用、原本2は貨物とともに荷受人に引き渡され、原本3は、荷送人用として輸出者に交付されます。

④ 荷受人（コンサイニー：CONSIGNEE）

上記①のとおり、有価証券ではないため、裏書によって流通することはなく、荷受人は、必ず記名式です。輸入者、もしくは、貿易取引に関与する銀行（信用状発行銀行など）が、荷受人になります。

輸入者自身が荷受人の場合には、直接、航空会社から貨物を引き取れますが、銀行が荷受人の場合には、輸入者は、銀行から貨物引渡指図書（リリース・オーダー：RELEASE ORDER）の発行を受け、それを航空会社に提出して貨物を引き取ります。

⑤ 航空貨物運送状（エア・ウェイビル）の実例

それでは、「エア・ウェイビル」のサンプルに基づいて、エア・ウェイビルの要件および記載事項についてみていきましょう。信用状の文例（本章①(6)①「日本からの輸出」）をベースに作成しています（図表7－7参照）。なお、信用状では、船荷証券が要求されますが、航空輸送の場合は、荷受人を信用状発行銀行と仮定しています。

① 荷送人名・住所……荷送人とは、輸送貨物の所有者、すなわち輸出者を指します。通常、輸出者名とその住所を記入します。
② 荷受人（コンサイニー：CONSIGNEE）……貨物の荷受人を表示します。「記名式」のみとなり、下記が代表的な表示例です。

【記名式】　KINZAI SHOJI CO., LTD（輸入者）
　　　　　　KINZAI BANK（信用状ベースの場合：信用状発行銀行）
③ 航空貨物運送状（エア・ウェイビル）番号……航空会社の任意の番号になりますが、航空会社の一連番号になっています。
④ 非流通証券であることの表示……有価証券ではなく、裏書によって流通

することはないことを表示しています。

⑤ 航空貨物運送状（エア・ウェイビル）の表示……「航空貨物運送状（エア・ウェイビル）」である旨の表示がされます。

⑥ 航空会社名：輸送する航空機を所有する航空会社名が表示されます。

⑦ 航空会社の貨物引受などの文言……航空会社が、輸送する貨物を引き受けたなどの文言が記載されます。

⑧ 航空会社または代理店の署名、発行日、発行地……エア・ウェイビルの発行日と発行地を表示し、航空会社またはその代理店の担当責任者が署名します。

⑨ 出発空港名……出発空港名が記載されます。

⑩ 目的地空港名……目的地空港名が記載されます。

⑪ 便名・出発日……25日発のKL700便を表示しています。

⑫ 梱包数・重量……包装明細書などに記載されている内容と一致させます。

⑬ 商品名・数量……商品名と数量が記載されます。

⑭ インボイス番号・売買契約番号など……当該取引の関連番号などが表示されます。

⑮ 信用状番号……信用状付荷為替手形取引の場合、エア・ウェイビル上に信用状番号を記入するのが、一般的です。

⑯ 運賃の支払状況……建値によって、FOBの場合は、「FREIGHT COLLECT」（着地払）となり、CFR、CIFの場合には、「FREIGHT PREPAID」（前払）となります。

⑰ 運賃および諸手数料……運賃および諸手数料について、金額や支払状況が表示されます。

⑱ 着荷通知先名・住所……貨物が目的地空港に到着した際、航空会社が着荷を連絡する先をいい、通常は、輸入者名と住所を記載します。

⑲ 荷送人の証明……輸出者が、このエア・ウェイビルの記載内容が正しいことなどを証明しています。

⑳ 荷送人の署名……担当責任者が署名し、署名の下に署名者の肩書きを記

図表7－7　航空貨物運送状（エア・ウェイビル）のサンプル

①Shipper: KINZAI SHOJI CO.,LTD. 　　19, MINAMI-MOTOMACHI, SHINJUKU-KU 　　TOKYO, 160-8519, JAPAN ②Consignee: ABC BANK, NEW YORK, NY, USA	③AWB NO.KAL100100 ④Not Negotiable ⑤Air Waybill ⑥KINZAI AIR LINES
⑨Airport of Departure: TOKYO, JAPAN ⑩Airport of Destination: NEW YORK, USA	⑦It is agreed that the goods described herein are accepted in apparent good order and condition… ………………
⑪Flight/Date: KL700/25	⑧Signature of Issuing Carrier Or his Agent 　　　SIGNATURE SEP. 25, 20XX　　　TOKYO
No. of Piece　　　Gross Weight　　Nature and Quantity of Goods ⑫7 CARTONS　　　700.00KGS　　⑬ 50 SETS OF AUDIO EQUIPMENT 　　　　　　　　　　　　　　　⑭INVOICE NO.K-1100 　　　　　　　　　　　　　　　　CONTRACT NO.KX-8001 　　　　　　　　　　　　　　　　COUNTRY OF ORIGIN: JAPAN 　　　　　　　　　　　　　　　⑮LC NO. ABC001/800100 　　　　　　　　　　　　　　　⑯"Freight Prepaid"	
TOTAL　7 CARTONS　　　700.00KGS ⑰Charges: 　PREPAID:　　USD2,500.00 　COLLECT: ⑱Notify: XYZ CORPORATION, 1251 AVENUE OF AMERICAS, 　　　　　NEW YORK, NY10020, USA	
	⑲Shipper certifies that the particulars on the face hereof are correct ……………………………… 　　　⑳KINZAI SHOJI CO., LTD. 　　　　Signature 　　　　Manager

入します。

(5) 保険証券（I/P：INSURANCE POLICY）

① **海難事故**

以前『タイタニック』という映画が大ヒットしましたが、いまも昔も船舶などの運航が海難事故から完全に逃れることはできません。

最大の海難事故は沈没でしょう。転覆、座礁、火災、爆発なども大事故です。また、荒天による高潮・波ざらい、さらには盗難、破損や戦争といった人為的なリスクもあります。

② **海上保険**

事故の際に人命尊重が最優先されるのは当然です。しかし、貿易事業者にとって「私たちの荷物」が重要であることも事実です。

辛いことですが「海難事故を絶滅することは困難を極める」、この事実のもとに「ではリスクを最小にするにはどうしたらよいのか」という問いへの回答として生み出されたのが海上保険です。

③ **保険証券の発行**

たとえば輸出者が保険会社に保険料を払うと（外航貨物海上保険、略して海上保険）、保険会社はその証拠として「保険証券」を発行します。

保険会社は貨物の運送中の事故で被った損害に対し、輸出者や輸入者（被保険者）に保険金を支払います。

④ **保険条件**

それではどのような損害・リスクに対し、どれだけの保険金を支払ってもらえるのでしょうか。その範囲を示すのが「保険条件」です。

保険条件は英国が「世界の工場」として各国に輸出していた時期に発達し、現在でも多くの海上保険が1906年の「英国海上保険法」に基づいています。

現在使用されている保険条件（保険約款）には、1963年「協会貨物保険約款」（INSTITUTE CARGO CLAUSES：ICC。 ALL RISKS（全危険担保）、WA（分損担保）、FPA（分損不担保））と1982年「協会貨物保険約款」（ICC（A）、

(B)、(C))の2種類があります。実務上はこのうち、1963年約款のALL RISKSか1982年約款のICC(A)の利用が一般的です。なお、1982年協会貨物約款は、2009年に改定され、現在では2009年改定協会貨物約款が使用されています。

人命尊重と「重要な荷物」、この考え方が典型的に表れているのが「共同海損」という概念でしょう。たとえば、嵐のなか、船が沈没する危険を避けるため、船長が一部の荷物を海のなかに投棄するよう指示し、船足を軽くして嵐から逃れたとしましょう。この場合、投棄された荷物の損害（共同海損犠牲損害）は荷主全員・船主（共同海損費用）が分担すべきだ（共同海損分担額）、という考え方が「共同海損」です。

なお、信用状取引においては、以下の点に留意します。

図表7−8　1963年協会貨物保険約款の保険条件・てん補の範囲

保険条件の種類			損害の種類	てん補の内容	海損の種類
保険条件のてん補の範囲	オール・リスク担保	分損担保	共同海損	○共同海損犠牲損害 ○共同海損費用 ○共同海損分担額	共同海損
			全　損	○現実全損 ○推定全損	単独海損
			特定分損	○沈没・座礁・火災・衝突・爆発等	
			費用損害	○損害防止費用 ○救助料	
		分損不担保	その他の分損	○特定分損以外の分損（潮濡れ、高潮、荒天による波ざらい等）	
	各種の付加危険			○盗難、破損、雨・淡水濡損など	
	WAR CLAUSE等			○戦争、ストライキ等	

(注)　「各種の付加危険」はICCによる担保リスクではなく、個別保険の特約によってカバーされます。また、戦争・ストライキ等による危険（WAR CLAUSE等）も追加約款によって担保可能となります。

ⓐ 付保金額……最低付保金額は、他に異なる定めがない限りCIFもしくはCIP価格の110%となります（信用状統一規則28条 f 項 ii ）。

ⓑ 日付……保険証券の日付は、運送書類の日付と同日あるいはそれ以前でなければなりません（信用状統一規則28条 e 項）。

外航貨物海上保険については専門的な事項が多いので、詳細は損害保険会社・代理店に相談して、付保手続を行います。

⑤ **保険証券の実例**

それでは、保険証券のサンプルに基づいて、保険証券の要件および記載事項についてみていきましょう。信用状の文例（本章①(6)①「日本からの輸出」）をベースに作成しています（図表7－9参照）。

① 被保険者（契約者、付保依頼人）……通常は「付保する貨物の所有者＝輸出者」となります。第三者となるケースはL/C条件でその旨の指示がある場合や「仲介貿易取引」の場合などです。

② 保険証券番号……損害保険会社が番号を取得します。

③ 保険金額……信用状付荷為替手形取引の場合、L/C条件で指示された金額で付保します。一般的にはインボイス金額の110%で付保します。通貨単位未満の数字は切上げ（例：$4,321.56→$4,322）。

④ 支払地……保険事故が発生した場合の保険金請求先および保険金支払地です。

⑤ 保険条件……図表7－9ではALL RISKS条件にて付保されています。なお、⑧でALL RISKS条件ではカバーされていないWar Clauses（戦争条項）、S.R.C.C. CLAUSES（STRIKES, RIOTS & CIVIL COMMOTIONS CLAUSES, ストライキ条項）が含まれることが記載されています。

信用状付荷為替手形取引の場合には、L/Cで要求されている付保条件と特約条件で付保します。

⑥ 商品名……インボイスに記載されている商品名、数量を記載します。

⑦ 発行日……保険証券を発行した保険会社の保険引受日を記載します。

⑧ 保険者……損害保険会社の会社名および所在地住所を記載します。

(6) その他の船積書類

　輸入国の貿易管理上や関税徴収上の理由、または、商品の性質や商取引の習慣によって要求される船積書類があります。

　これらは、売買契約段階で決められ、信用状付荷為替手形取引では、信用状にも要求書類として記載されます。したがって、これらの書類がどのようなものか、どこで発行されるのかなどを知っておく必要があります。

　下記①～⑧において、それぞれの船積書類の特質について言及していきます。

① 包装明細書（PACKING LIST）

　梱包明細書ともいわれ、インボイスの記載を補足し、商品の包装内容、重量、容積などを記載した書類です。

　貨物の包装・梱包内容を証明する書類です。梱包の数、1梱包内の商品の内容・重量・容積などについて、輸入者にわかるように示します。荷受人は、この包装明細書によって到着した貨物を開梱せずに、梱包のまま仕分けして、それぞれの需要者に配送することができます。

　包装明細書は、輸出者が作成しますが、特に決まったフォームはありません。

② 重量容積証明書（CERTIFICATE OF WEIGHT & MEASUREMENT）

　貨物の重量・容積についての明細書で、インボイスや包装明細書に表示されたものを、さらに補足して詳細に記載したものです。通常、海事検定協会が発行します。

③ 原産地証明書（CERTIFICATE OF ORIGIN）

　国際間の条約によって、輸入税を免除・軽減するために商品の産地国を証明する書類です。また、最近、偽装問題や食の安全性が話題になっており、製造国や生産国が注目されています。その観点からも、この原産地証明書が要求されることが多くなっています。

　通常、商工会議所が発給する原産地証明書をつけますが、特別な場合には、輸入国領事または輸出国の政府機関の発給する原産地証明書が必要とな

図表7-9 保険証券のサンプル

Marine Cargo Policy
THE KINZAI FIRE & MARINE INSURANCE CO.,LTD.
19, MINAMI-MOTOMACHI, SHINJUKU-KU, Tokyo, 160-8519, JAPAN

Assured(s), etc.	Invoice No.
KINZAI SHOJI CO., LTD. ①	K-1100

Policy No. ②	Provisional or Open Contract (Policy) No.	Amount Insured
No. KFM3337	0-3398	U.S. $110.000.— ③

Claim, if any payable at/in	Condition
New York ④	ALL RISKS ⑤

By International Inspection Corporation

Local Vessel or Conveyance	from (interior port or place of loading)
ANY CONVEYANCE	THE ASSURED'S FACTORY &/OR STOCK POINTS IN JAPAN

Ship or Vessel called the	at and from	Sailing on or about
GOLDEN ARROW	TOKYO	SEP. 25. 20xx

arrived at/transhipped	thence to
NEW YORK	

Goods and Merchandises
50 SETS OF AUDIO EQUIPMENT ⑥

Including risks of War,
Strikes, Riots, and Civil Commotions … ⑧

Place and date signed in	Nos. of Policies Issued
TOKYO, ⑦ SEP.23.20xx	Two

The said Goods and Merchandises are and shall be valued at
Value at the same as Amount insured

Code Nos.

| 70010-B018 | 980717 | 140 |
| 43C | 0 | 0 | 0 | 1 | 0 | x |

Be it known that
Names of assured(s), etc. as specified above …

For THE KINZAI FIRE & MARINE CO., LTD.

Signature
(Authorized Signature)

ります。また、下記に述べる領事送り状や通関用送り状が原産地証明書を兼ねる形式のものもあります。

　信用状が、原産地証明書の発行者を特定していないときは、任意の者が発行した原産地証明書でも受理されますが、事前に相手方に確認したほうがよいでしょう。

④　**領事送り状（CONSULAR INVOICE）**

　輸入国で輸入品を通関する際に、輸出国において発行された領事送り状を要求されることがあります。

　領事送り状は、輸入国の税関で関税を賦課するための資料となり、輸入品についての原産地、商品分類、数量などの統計資料ともなるもので、輸出国で輸出者が作成した所定のフォームまたは送り状に輸入国の領事が査証するものです。国によってフォームもさまざまで、領事の査証がなされ、査証料が必要です。

　中南米諸国向け輸出の領事送り状は、輸入国の言語で記載するよう義務づけられている場合があります。国によって、領事査証事務は、日数を要する場合もありますので、事前に準備して領事館に査証を依頼するようにします。また、領事送り状の日付は、特に信用状に指示のない限り、船積日より後の日付でもよいのですが、国によっては船積み前でなければ査証しない国がありますので、注意してください。

⑤　**通関用送り状（CUSTOMS INVOICE）**

　税関送り状ともいわれるもので、上記の領事送り状と同じ目的で、要求される場合があります。これには、領事の査証などは必要とせず、輸出者が所定のフォームに所定事項を記入します。特に、米国やカナダなど一部の国の税関で、所定のフォームで要求されています。その理由は、輸入国の税関で所定のフォームで送り状が作成されていると、通関事務が円滑にできるからです。

⑥　**検査証明書（INSPECTION CERTIFICATE）**

　輸出貨物が、契約どおりの品質であることの検査をし、証明した書類です。

国際的な検査機関の発行するもの、または輸入者の指定する者が発行したものを提出しますが、信用状が単に検査証明書を要求している場合には、貨物のメーカーが作成したものでも受理されます。

　偽装問題、食の安全性や放射能汚染などが話題になっており、検査証明書が要求されるケースが多くなっています。

⑦　**分析証明書（CERTIFICATE OF ANALYSIS）**

　化学品などの輸出において、その成分を権威ある機関に分析してもらうことがあります。その機関により発行された書類を分析証明書といいます。

⑧　**そ の 他**

　上記①〜⑦の書類が、主要な各種の船積書類ですが、このほかにも、輸入者が要求してくる書類があります。

　たとえば、船積完了時に輸出者が輸入者に船名、貨物の数量などを知らせたテレックスのコピーを必要書類とする場合とか、貨物を最終需要者の所在地に直接仕向ける場合に船荷証券の一部を最終需要者に直送させる場合があります。

　これらの場合には、その事実を証明した輸出者の宣誓書（STATEMENT）または証明書（CERTIFICATE）の添付が要求されます。信用状にその他特別に要求される書類があるときには、その要求を満たした書類を用意することが必須です。

第 8 章

輸出取引の仕組み

1 輸出契約までの流れ

(1) 輸出契約までの流れ

　輸出取引を始めるきっかけは、さまざまです。「従来、商社を通じて製品を輸出していたメーカーが、同じ輸入者に対して直接輸出を始めた」「バイヤーが日本にやってきて買い付けたことから輸出が始まった」「取引関係業者、同業者、知人などの紹介により輸出が始まった」など、さまざまな契機が考えられます。しかしながら、一般的にいえば、この相手先を決めるまでには、相当な時間と労力がかかります。

　それでは、輸出契約までの一連の流れについて、順を追って説明していきます。

① **海外市場調査**

　まず、図表8－1のような点について、相手国の市場調査を行い、どの国に輸出するかを検討しなければなりません。

図表8－1　海外市場調査

調査項目	留意点
カントリーリスク	国や地域の政治情勢や経済情勢は安定しているか 外国為替や貿易取引に関する制限はないか 通貨の交換性や市場性に問題はないか
市場規模	製品の販売に十分な市場規模があるか
需給状態	製品の需給の状態は安定しているか
競合商品	競合商品はないか
輸入制限	相手国の外国為替や貿易取引に関する制限はないか
関税	関税率の確認、輸入割当ての確認など
工業所有権、知的所有権	相手国での工業所有権や知的所有権の侵害はないか

これらを調査するには、実際に渡航し、自分の目で確認することがいちばんですが、日本貿易振興機構（ジェトロ、JETRO）などでも調査ができます。

独立行政法人 日本貿易振興機構（ジェトロ、JETRO）
http://www.jetro.go.jp
〒107-6006　東京都港区赤坂1-12-32　アーク森ビル
TEL. 03-3582-5511

---

② **相手先（輸出販売先）の選定**

相手先の選定に際しては、図表8-2のような方法を効果的に利用するこ

図表8-2　相手先の選定方法

選定方法	留意点
貿易斡旋機関	商工会議所、ジェトロ、在日外国公館などの貿易斡旋セクションにコンタクトすることが有効です。
トレード・ダイレクトリー	トレード・ダイレクトリー（TRADE DIRECTORY）は、海外業者の名簿です。市販のものもありますし、ジェトロに行けば、備付けがあります。これによって、販売先の候補をリストアップします。
現地出張	既存先から紹介された相手先、現地の業界団体の事務所、新聞・業界誌などから候補先を選定し、直接現地へ出張することが有効です。この場合、見本やカタログを持参します（本章①(2)参照）。
見本市、展示会	国際見本市や展示会に出品するのも、相手探しの有効な方法です。ジェトロのウェブサイトでは、見本市・展示会データベースを掲載していますので、世界の見本市開催情報などを検索できます。
広告	海外の新聞、雑誌、専門誌などに広告を掲載することによる相手探し、また逆に、日本の新聞、雑誌、専門誌などに出ていた広告をみて取引を打診することもあります。
インターネット	最近では、インターネットに自社情報を公開する方法も利用されています。

とが重要です。

③ 信用調査

候補先を選定したら、次に相手先の信用調査を行うことが必須です。信用調査には、信用調査機関に直接依頼する方法と取引銀行に申し込む方法があります。取引銀行に申し込んだ場合も、実際には調査するのは専門の信用調査機関になることが一般的で、この場合、有料となります（下記(3)参照）。

④ 輸出商談・引合交渉

信用調査などにより、相手先の信用リスクに問題がなければ、相手先に取引希望を述べた取引の申込書、いわゆる「取引勧誘状」を送ります（下記(4)参照）。相手先から引合いがあれば、さらに成約に向けて商談を進めます。

(2) 現地出張

海外へ出張するに際しては、訪問先の信用調査など国内で事前に準備可能なことを念入りに行っておくことが重要です。会社案内やカタログなども、会社や商品の内容がよくわかるような詳細な説明を付して現地語で作成することが望まれます。特に見本を持参できないような商品の場合は、カタログの出来映えが成約の可否を左右します。

訪問先としては、次のような先が考えられます。

① 既存先から紹介された相手先……既存の取引先から新たなユーザーを紹介してもらい訪問します。既存の取引先と良好な取引関係をもっていれば、新規先を紹介してもらうことも期待できます。

② 現地の業界団体事務所……現地の業界団体事務所を訪ね、会員の名簿を入手します。日本でもそうですが、通常有料で、名簿を配布しています。入手した名簿のなかから、候補先を選定し、直接交渉します。

③ 新聞、雑誌、専門誌などで入手した情報に基づく相手先……自社が雑誌などに掲載した広告で入手した情報に基づく相手先への訪問はもちろんですが、海外の新聞、雑誌、業界誌などから、取引相手となる候補先を選定し、訪問することも有効です。

(3) 信用調査

輸出の相手先に対しての信用調査は、信用調査機関（興信所）に直接依頼する方法と、取引銀行に申し込む方法とがあります。取引銀行に申し込んだ場合も、実際に調査する機関は、専門の信用調査機関となるのが一般的です。信用調査機関は、主として世界最大の企業情報サービス会社であるダン社（DUN & BRADSTREET）で、調査報告書「ダン・レポート（DUN REPORT）」が有名です。

(4) 取引勧誘状（PROPOSAL）

ターゲットとなる市場を確定し、相手先の信用調査にも問題がなければ、相手先に取引希望を述べた取引の申込状（PROPOSAL）を送ります。これは、取引の勧誘状であり、下記の事項を記載します。

① 取引の相手先として選んだ経緯
② 取引を開始したい意思
③ 取引を希望する商品名・数量……商品のカタログ、定価表を添付します。場合によっては、商品見本を送ることもあります。商品の価格は、まだこの段階では最終的なものではありません。定価表は、米国向けの初めての輸出であれば、相手国の通貨、すなわち、米ドル建てにするのが一般的です。この場合、為替相場の変動によるリスクは、輸出者が負うことになります。発展途上国向けの輸出の場合は、主要通貨（主に、米ドル建て）にします。
④ 提供できるサービス……アフターサービスなどについて記載します。
⑤ 自社紹介……取扱商品、経歴、資本金などのほか、相手先に知っておいてほしい自社の特色、長所などを記載します。
⑥ 取引銀行……これは、相手先が送金をしたり、将来、信用状を仕向けたりする場合に必要です。
⑦ 取引条件……初めての先であれば、信用状ベースにするのがよいでしょう。その他、納期などについても記載しておきます。

このような勧誘状に対して、相手先が関心をもったときは、具体的な引合い（INQUIRY）が来て、輸出者が正式にオファー（OFFER）を出す段階になります。

2 輸出契約の成立

(1) 輸出契約の締結・成立

① オファー（OFFER）

輸出者の勧誘状（PROPOSAL）に対し、輸入者から引合い（INQUIRY）があった場合、輸出者は、正式にオファー（OFFER）を出します。書状のほか、テレックスやファクシミリを使用することもありますが、最近では、インターネットの利用が増えています。

② カウンター・オファー（COUNTER OFFER：反対申込み）

オファーというのは、契約の申込みに当たります。このオファーを輸入者（バイヤー）がそのまま承諾してくると、売買契約は成立しますが、当初のオファーをそのまま承諾してくるとは、限りません。多くの場合、オファーに対して、内容や条件の変更を付して、回答してきます。これをカウンター・オファー（COUNTER OFFER）といいます。この輸入者のカウンター・オファーを輸出者が承諾すれば、契約は成立することになります。実務上は、このやりとりが、何回も繰り返され、契約は締結されます。

③ ファーム・オファー（FIRM OFFER：確定申込み）

オファーは、輸入者に対して回答期限をつけますが、この場合、回答期限内はオファーを撤回できません。これを、ファーム・オファー（FIRM OFFER）といい、回答期限をつけないものを、フリー・オファー（FREE OFFER：不確定申込み）といいます。

④ 契約の成立

オファーの承諾によって、契約は成立しますが、まだこれだけでは不十分

です。なんらかの方法で、契約条項をうたった文書を取り交わさなければなりません。種々の方式がありますが、輸出者が売買契約書2通を作成し、その両方に署名をして、輸入者に送り、うち1通を署名して返してもらうのが、一般的です。経常的な取引においては、プロフォーマ・インボイス（見積書）に、輸出者と輸入者双方が署名をするなど簡略化された方法で済ますこともあります。

(2) 基本契約条件

売買契約書に盛り込む基本的な取引条件について、以下のとおり、説明していきます。

① 品質条件（QUALITY）

貿易取引のクレームの大半が、品質クレームで占められています。品質の条件を取り決める際には、十二分の検討が必要となります。

品質の決定時点についても、船積時点の品質によるか、陸揚げ時点の品質によるか、明確に設定しておきます。たとえば、生鮮食料品の場合は、船積み時点と陸揚げ時点では品質に格差が生じ、取引に重大な影響を与えるからです。

品質から生じるクレームに対応するため、品質についての検査証明書（INSPECTION CERTIFICATE：第7章④(6)⑥参照）の添付を契約条件に加えておくことも有効です。検査証明書には、国際的な検査機関が発行するもの、輸入者の指定する者が発行したもの、メーカー自身が作成したものなどがあります。

そのほか、輸入者から品質不良のクレームがあった場合の処置や解決方法についても取り決めておきます。

なお、品質を取り決める方法には、以下の方法がありますが、併用される場合もあります。

a 見本による方法（SALE BY SAMPLE）

日本からの輸出の場合、輸出者（シッパー）と輸入者（バイヤー）が、海を隔てて遠く離れていますので、契約に先立って、商品の品質を検査するこ

とは、困難です。したがって、契約商品の品質・性能を検査するために、見本が使われます。

いうまでもなく、見本と取引商品が、品質・性能において、一致していることが肝心です。見本と取引商品が相違している場合には、輸出者は責任を問われますので、十分留意する必要があります。主に、製品や加工品の取引に利用されます。

  b **標準品による方法**（SALE BY STANDARD）

農産物や水産物などの品質は、自然条件などに左右されますので、見本と現物の正確な一致が不可能です。したがって、標準品による方法で取引されています。現物と標準品がほぼ同一であればよいとされています。

  c **銘柄による方法**（SALE BY TRADEMARK OR BRAND）

トレードマークやブランドが世界的に知られている場合には、それらのマークやブランドが品質条件を示す役割を果たしています。これらの世界的な有名商品は、高水準の品質を誇っていますので、売買契約上も高品質保証のパスポートとなっています。

  d **仕様書による方法**（SALE OF SPECIFICATION）

仕様書による方法の典型的なものには、プラントなどの機械類の売買契約があります。設計図をもとに、構造・性能・材質・耐久性などの詳細を記載した仕様書に青写真や資料を添付して、品質基準を取り決めます。

  e **規格による方法**（SALE OF GRADE OR TYPE）

国の規格、業種の規格、国際規格など各種の規格があり、その規格を条件として、品質を決め、取引条件にします。なお、国際的規格の代表的なものとして、国際標準化機構（ISO：INTERNATIONAL ORGANIZATION FOR STANDARDIZATION）の定めるISO規格があります。

② **数量条件**（QUANTITY）

契約書には、品質（QUALITY）とともに、数量（QUANTITY）を明記しなければなりません。当該商品の国際取引で使用されている単位に基づく数量により、取引します。個数による単位であるのか、重量・容積・長さ・面積・包装などによる単位なのか、輸出者・輸入者双方の共通認識に基づいて

交渉しなければなりません。

数量単位は、当該商品の性質により、以下のとおりです。
- 個数（PIECE、SET、PAIR、UNIT、DOZENなど）
- 重量（WEIGHT：TON、KILOGRAM、POUNDなど）
- 容積（MEASUREMENT：CUBIC METER、CUBIC FEET、BARRELなど）
- 長さ（LENGTH：METER、FEET、YARDなど）
- 面積（SQUARE：SQUARE METER、SQUARE FEETなど）
- 包装（PACKAGE：BAG、CASEなど）

原材料、資源関係の取引では、自然現象などにより正確な契約数量を引き渡すことが困難な場合もあります。したがって、数量の決定時点についても、船積み時点の数量によるか、陸揚げ時点の数量によるか、明確に設定しておく必要があります。

③ **価格条件（PRICE）**

価格が決定される要件については、次の２つがあります。

　a　取引通貨

相手国通貨、または自国通貨での決済が主流ですが、第三国の通貨で決済される場合もあります。具体的には、米国向けの輸出では、米ドル、または日本円が利用されます。相手国が米国以外の場合は、その国の通貨、日本円、または国際的な主要通貨である米ドルやユーロが使われます。ただし、米ドルやユーロなどの外貨での決済においては、為替変動リスクを内包していますので、為替予約、通貨オプション、外貨マリーなどによる為替リスク対策が必要になります。

　b　貿易取引条件（建値）

輸出者と輸入者の間の費用負担の範囲、貨物についての危険負担の範囲（貨物の受渡し地点）、貨物の積込港・陸揚港などの貿易取引条件を定型化したものです。

代表的な建値として、
- FOB（FREE ON BOARD：本船渡し条件）
- CFR（COST AND FREIGHT：運賃込み条件）

・CIF（COST INSURANCE AND FREIGHT：運賃保険料込み条件）

がありますが、詳細については、第7章②を参照してください。

④ **船積みの時期（TIME OF SHIPMENT）**

　船積みの時期というのは、納期に当たります。国内取引では、商品が販売先の手元に着く時期を納期といいますが、外国との貿易取引の場合は、船が遅れることもあるし、通関手続に時間がかかることもあるので、商品が相手方に着く時期ではなく、輸出者が、商品を船舶や航空機に積み込んだ時期を納期に当たるものとして定める習慣があります。

　その期日の定め方は、何月何日というように特定日を定めるのは無理なので、「何月何日まで」というように定めます。

　船積日というのは、SHIPPED B/L（船積船荷証券）やエア・ウェイビル（航空貨物運送状）の発行日ですが、RECEIVED B/L（受取船荷証券）の場合には、積込済みの付記「ON BOARD NOTATION」の日付が船積日になります。

　また、全量を1回の船積みにするとか、何回かに分割して船積みするといったことも取引の内容によって決まります。

⑤ **保険の条件（TERMS OF INSURANCE）**

　保険の条件として、次の2つが重要なポイントです。

　a　輸出者と輸入者のどちらが付保するかという点

　保険契約者については、CIF契約であれば、輸出者が付保し保険料を払います。一方、FOBやCFR契約であれば、輸入者が付保し、保険料も負担しますが、輸出者は輸入者に対して、電信などで船積通知をしなければなりません。

　なお、このような場合は、輸入者が保険を付保するのが船積み後になってしまうおそれがあるので、その危険を避けるため、前もって予定保険というものを付保しておき、輸出者から船積通知があった時点で、保険会社に船名などを通知する手続をとるのが一般的です。

b　どのような危険をてん補する保険とすればよいのかという点

　保険約款には、TLO（全損のみ担保）、FPA（分損不担保）、WA（分損担保）、そして最も一般的なALL RISKS（全危険担保）などがあります。以下で概要を説明しますが、保険については、専門的な事項が多いので、損害保険会社に相談して付保手続を行う必要があります。

・TLO（TOTAL LOSS ONLY：全損のみ担保）……文字どおり、貨物全損の場合のみ保険金を支払うという約款ですが、ほとんど利用されることはありません。
・FPA（FREE FROM PARTICULAR AVERAGE：分損不担保）……このFPA条件では、座礁、沈没、そして大火災の3大事故の場合に限り、分損でも保険金が支払われます。
・WA（WITH AVERAGE：分損担保）……このWAは、前記の3大事故によらない分損でも損害が一定の割合に達していると、保険金が支払われます。しかし、このWA条件でカバーされるのは、海上での固有の危険にとどまり、船でなくても起こりうる盗難、抜け荷、破損、まがり、へこみ、虫食い、自然発火などの損害はてん補されません。したがって、このような事故が起りそうな場合には、貨物の性質によって、WA条件に加えて付加保険の特約をつけなければなりません。
・ALL RISKS（全危険担保）……貨物の性質により、WA条件に、いろいろな約款を追加するのが煩わしいため、ALL RISKS条件とするのが通例ですが、その分、保険料は高くなります。しかし、これでも、文字どおりの全危険を担保するものではなく、戦争の危険のある地域に輸出するのであれば、協会戦争危険約款（INSTITUTE WAR CLAUSES）の追加が必要であり、ストライキ、暴動、一揆などの危険が予想されれば、協会同盟罷業・暴動・騒乱約款（INSTITUTE STRIKES RIOTS AND CIVIL COMMOTIONS CLAUSES：SRCC CLAUSES）を追加します。

　保険約款には、英国ロンドン保険協会が作成し古くから使用されている旧協会貨物約款と、1978年の国際連合貿易開発会議での要請により1982年に制定された新協会貨物約款（ICC：INSTITUTE CARGO CLAUSES）がありま

す（第7章④(5)④参照）。

　上記4種類の条件は、旧協会貨物約款に準拠していますが、新協会貨物約款では、ICC（A）、ICC（B）、ICC（C）が標準貨物約款となっています。ICC（A）約款が旧約款のALL RISKS条件に、ICC（B）がWA条件に、ICC（C）がFPA条件に対応しています。実務上は、このうち旧約款のALL RISKS条件か、新約款のICC（A）条件が多く利用されています。この2種類の約款のカバーする危険の範囲は、ほぼ同一ですが、完全に同じでないため、信用状付荷為替手形の取引では、信用状が要求する内容に従って、付保する必要があります。

　なお、信用状付荷為替手形の輸出取引の場合、通常、信用状の条件として次のような保険証券が要求されます。

・保険証券は、原本2通が発行されること
・付保金額は、インボイス金額の110％とすること
　なお、信用状統一規則28条f項では、信用状に付保金額の記載がない場合には、最低付保金額は、CIF価額またはCIP価額の110％としています。
・白地裏書をすること
・保険金は輸入地で、インボイス記載の通貨で受け取れること
　また、信用状統一規則28条e項では、保険証券の発行日付は、船積日と同日、あるいはそれ以前でなければならないとしています。

　なお、保険証券の要件と記載内容については、第7章④(5)を参考にしてください。

⑥　決済方法（PAYMENT）

　送金ベース、信用状付荷為替手形ベース、信用状なし荷為替手形ベースの3つの方法があります。

a　送金ベース

　送金には、基本的には前受送金と後受送金があります。
　前受送金は、輸出者に有利な条件ですが、特別な商習慣や力関係の優位がない限り、これから輸出を始めようとする輸出者が、決済条件として前受送金を申し出るには、無理があります。

逆に後受送金は、輸出者に不利となります。不利を承知で売り込むということも考えられますが、結果的には、過当競争を招き、同種商品の輸出条件を引き下げてしまうので、好ましくありません。

　最近では、輸出者が出荷と同時に、船積書類のコピーを輸入者に送付することにより、代金決済を請求する同時送金も多く利用されています。

　また、高額の機械設備などの輸出の場合は、長期間にわたり、何回かの分割払いになることもあります。

　　b　信用状付荷為替手形ベース

　輸出取引の相手先が、長年取引を行っていて信頼関係が確立されている取引先や海外子会社でない限り、輸出取引は、信用状付荷為替手形ベースにより行うことが最も一般的です。

　ただし、信用状の発行は、輸入地の銀行からみると与信取引になりますので、輸入者側で担保や手数料が必要になり、また発行されるまでに若干の日数がかかることもありますので、時間的余裕をみておく必要があります。

　　c　信用状なし荷為替手形ベース

　輸出取引の相手先が、輸出者の海外子会社や支店であったりする場合は、相手先の信用に問題がありませんので、信用状なし荷為替手形ベースがよく利用されます。しかしながら、一般的には、信用状付荷為替手形ベースとは異なり、輸入者に支払を強制する効力はなく、業態悪化・倒産などにより輸入者が支払えないリスク、あるいは、支払の資力はあっても商品市況の変動などを理由として、支払を拒まれるリスクはカバーできませんので、信用状なし荷為替手形ベースによる取引には十分な検討が必要となります。

⑦　紛争解決条項

　万一、紛争が起きた場合、輸出者と輸入者との間で、自主的に解決できれば、それが最善です。しかし、もし外国の裁判所に訴訟が提起され、外国の法律によって裁判が行われることになりますと、日本側としては困った立場になります。

　そこで、輸出者と輸入者との間の力関係にもよるため、いつでも輸出者の主張が通るとは限りません。たとえば、契約書に「この契約は日本法に準拠

し、紛争が発生した場合には、日本の裁判所が管轄権を有するものとする」などと合意しておくと、有利になります。

また、裁判のかわりに、費用の安さや迅速さという観点から、仲裁で紛争を解決することも行われています。仲裁機関としては、日本商事仲裁協会や国際商業会議所（ICC）の国際商事仲裁裁判所などがあります。

一般社団法人 日本商事仲裁協会　http://www.jcaa.or.jp
　〒101-0054　東京都千代田区神田錦町3-17　廣瀬ビル3階
　　　　　　TEL. 03-5280-5200
国際商業会議所日本委員会　http://www.iccjapan.org
　〒100-0005　東京都千代田区丸の内3-2-2　東商ビル7階
　　　　　　TEL. 03-3213-8585

3　信用状の到着

(1)　信用状の到着

①　信用状の通知

信用状付荷為替手形ベースでの取引であれば、売買契約の成立後、輸入者は、取引銀行に依頼して、信用状を発行（オープン、開設ともいいます）してもらいます。国によっては、信用状の発行に至るまで、ライセンスを取得する等その国の外為法上の手続のため、日数を要することもあります。

また、信用状の発行は、取引銀行の輸入者に対する信用供与になりますので、場合によっては担保が必要となるほか、保証料や発行手数料も必要になります。保証料は、原則として信用状の期間に比例しますので、輸入者が保証料を節約するため、信用状の発行依頼をギリギリまで遅らせることも考えられます。信用状が入手できないと、輸出者としては、商品の生産・集荷に

支障が出ますので、あらかじめ契約書で信用状の発行時期を明確に決めておくのがよいでしょう。

　信用状は、スイフトにより発行される方法と郵送により発行される方法とがありますが、最近では、スイフトにより発行される方法がほとんどで、全体件数の約90％を占めています。

　このほか、プレ・アド（PRE-ADVICE：PRELIMINARY ADVICE）といって、スイフトにより、信用状の主要な条件（金額、船積期限、有効期限など）が事前通知され、後から、信用状原本が郵送により通知される方法もあります。

　輸入地の信用状発行銀行によって発行された信用状は、輸出地の通知銀行から輸出者に「通知」されます。

　信用状ベース取引を行う場合には、信用状を確実かつ迅速に入手できるようにするため、契約時に日本における輸出者の取引銀行を明示したり、契約書や書状などに取引銀行名を付記したりしておきます。

② **信用状の文例と訳文**

　第7章①(6)の①、②「信用状の文例と訳文：日本からの輸出」に、日本の「きんざい商事株式会社」が、米国の「XYZ CORPORATION」に商品を輸出する場合に、ABC銀行（ニューヨーク）が発行した信用状のスイフト文例および訳文を掲載していますので、参照してください。

　また、信用状については、第7章の①(1)～(5)を参照してください。

③ **到着した信用状の点検**

　到着した信用状は、必ず内容を点検する必要があります。売買契約と相違する点または不明瞭な点があれば、直ちに輸入者に信用状のアメンド（AMENDMENT：条件変更）するよう依頼しなければなりません。

　点検にあたっては、下記のような点に注意する必要があります。信用状は有価証券ではありませんが、重要書類ですので、コピーをとり、原本は銀行に持ち込むまで金庫などに保管します。後日、信用状のアメンドが到着した場合には、必ず原本に添付して保管します。

a　期限に無理はないか

信用状には、次の3つの期限・期間があります。

・船積期限（LATEST DATE OF SHIPMENTS）
・有効期限（EXPIRY）……買取等のための書類の呈示期限
・呈示期間（PERIOD FOR PRESENTATION）……船積日後〇〇日以内に、銀行に書類を呈示しなければならないという期間のことで、10日や15日という期間が、よく使われています。信用状にこの期間が記載されていない場合は、船積日後21暦日以内に、銀行に書類を呈示しなければなりません。

この3つのうち、どれかが実行困難である場合は、輸入者に期限の延長を依頼しなければなりません。

期限の延長は、船積期限と有効期限を同時に行うのが一般的で、船積期限を延長したからといって、有効期限を自動的に延長したことにはなりませんし、また、逆に有効期限を延長したからといって船積期限を自動的に延長したことにはなりません。また、船積日後の最終呈示日は有効期限を超えることはできませんので、有効期限までに銀行へ書類を呈示しなければなりません。

b　矛盾や不可能条項はないか

たとえば、次のような場合は、アメンドを要求しなければなりません。

・FOB建てやCFR建てであるのに、保険証券を要求している。
・CIF建てであるのに、保険証券についての記載がない。
・FOB建てであるのに、船荷証券（B/L）に「FREIGHT PREPAID」（運賃前払）と記載するように指示している。
・CFR建てやCIF建てであるのに、船荷証券（B/L）に「FREIGHT COLLECT」（運賃着払）と記載するように指示している。
・陸揚港まで直航する船便がないのに、「TRANSHIPMENT」（別の船への積替え）が禁止されている。

c　紛争の起こりやすい条項はないか

たとえば、輸入者の代理人が、日本において品質を検査し、その検査証明

書を必要とするといった条項が記載されている場合です。

　このような条項の入っている信用状は、問題のある信用状といってよいでしょう。

　なぜなら、次のような問題が起こりやすいからです。

　まず、輸入者の代理人が証明書を出してくれなければ、せっかく、信用状があっても信用状条件に一致させることができません。結果として、輸入者の代理人の行動に左右されてしまうわけです。

　代理人の証明書を入手しても、その署名が本物であるかどうか確認する方法がありません。したがって、後になって偽造された証明書であったことが判明して、もめるケースもあります。

　最近は、「偽装問題」「食の安全性」や「放射能汚染」などの問題から、検査証明書を要求される場合が多くなっていますので、十分留意する必要があります。

④　「オープン・コンファーム」と「サイレント・コンファーム」

　相手国にカントリーリスクがある場合や信用状発行銀行の信用に不安がある場合に、信用状発行銀行の依頼に基づいて確認を行うことを「オープン・コンファーム」といいます。また、信用状に確認が加えられていなくても、輸出者が確認手数料の支払を条件として、取引銀行が確認を加えることを「サイレント・コンファーム」といいます（第7章①(5)②ｄ、第9章④参照）。

(2)　輸出に関する法規制

① 　**法 規 制**

　「外国為替」は、国と国との間の資金決済の手段として利用されるため、必然的に国際収支ひいては国内経済にも影響を及ぼします。このため、国際収支の均衡、国内産業の保護、さらには国際条約の遵守、国連による経済制裁への協力などのため各国とも各種法律、規則などを制定しています。その代表的な法律が、「外国為替及び外国貿易法」、いわゆる「外為法」です。

　1998年4月の外為法の改正により、決済に関する規制は撤廃されましたが、品目や輸出先の地域、支払手段等の携帯輸出などについては規制があり

ますので、以下のとおり、解説します。

② 品目・地域による規制

　品目と地域がセットになった規制であり、輸出貿易管理令により定められています。輸出貿易管理令の別表第一中欄に掲げる貨物を、同表下欄に掲げる地域を仕向地として輸出しようとするときは、経済産業大臣の許可が必要とされています。品目としては、武器・原材料・高度の工業製品などの戦略物資です。

　さらに、輸出貿易管理令の規定では、別表第二中欄に掲げる貨物を、同表下欄に掲げる地域を仕向地として輸出しようとするときは、経済産業大臣の承認が必要です。品目としては、下記の貨物などが指定されています。

・国内需給調整貨物（国内需給確保の点から制限されている物資）
・輸出秩序維持物資（過当競争物資および相手国の輸入制限に対処するための物資）
・国際協定による輸出規制物資（ワシントン条約の動植物など）
・輸出禁制品（麻薬、国宝など）

　なお、輸出貿易管理令および別表第一・別表第二の詳細については、『外国為替・貿易小六法』などで確認してください。

③ 支払手段などの携帯輸出

　銀行券、政府紙幣、小額紙幣、硬貨、小切手、為替手形、郵便為替、信用状、いわゆる電子貨幣（電子マネー）などの1百万円相当額を超える支払手段、1百万円相当額を超える有価証券または重量が1kgを超える金の地金を携帯して輸出する場合は、税関に事前届出を行うことになります。

④ 逆委託加工貿易

　外国に輸出して外国で加工させる、いわゆる逆委託加工貿易は、一部について輸出の承認が必要です。

　すなわち、革、毛皮、皮革製品の加工およびこれらの半製品の製造加工を外国にある者に委託し、かつそのための加工原材料（皮革、皮革の半製品）を輸出する場合についてのみ、経済産業大臣の承認が必要になります。

4 輸出船積み

(1) 輸出貨物の検査

輸出貨物の品質包装について、特に輸入者から特定の検査機関のチェックを受けることが条件づけられている場合、または、信用状面で特定の検査機関の証明書を要求されている場合には、契約または信用状で要求されている検査を受けて、合格しなければなりません。

検査に関する契約条件が、単に検査証明書（INSPECTION CERTIFICATE）を要求しているだけの場合は、その商品のメーカーの検査証明書を添付すればよいことになります。もちろん、検査証明書の有無よりも、品質がよいことがいちばん大切です。

(2) 指定検査機関による船積み前検査

アジア、アフリカ、中南米などの特定国向けの輸出貨物については、当該国政府などの規制により、船積み前に指定検査機関による数量・品質の検査および輸出価格の査定などの船積み前検査を受けなければなりません。

国によって、船積み前検査を必要とする輸出貨物や指定検査機関が異なりますので、事前に相手国の情報を入手し、船積み前検査の要否を確認します。

各国の貿易管理制度などについては、ジェトロ（JETRO：日本貿易振興機構）の国・地域別情報が参考になります。

〔主な国際的な検査機関〕

- ・一般社団法人 日本海事検定協会　http://www.nkkk.or.jp
- ・一般財団法人 新日本検定協会　http://www.shinken.or.jp
- ・海外貨物検査㈱　http://www.omicnet.jp
- ・SGSジャパン㈱　http://www.jp.sgs.com

・ビューローベリタスジャパン㈱（BUREAU VERITAS）
　http://www.bureauveritas.jp
・インターテック・テスティング・サーヴィセス・ジャパン（株）
　http://www.intertek-sc.com

(3) 輸出包装

　商品を海外に送るためには、その包装方法について特別な指図がない限り、国際的慣習に従うことになります。当然、商品の種類、性質、仕向地、輸送機関、輸送経路などによって、いちばんよい方法が実施されるでしょうが、一般的に輸出包装に関して注意したい点は、下記のとおりです。
・輸送する貨物に適したコストの安い方法であること
・貨物の破損・汚損・変質などを防止することができること
・日本や諸外国の規制・規則に違反しないこと
　よい商品でも、包装に当を得ていなければ、せっかくの商品を傷めることになりますし、また、保険を掛けているからよいというものでもありません。輸入者は、希望の商品が希望どおりの状態で希望する時期に入手することを望んでいます。包装技術も、かなり高度に研究されていますので、その商品に合った適切な包装方法をとるようにします。
　輸出貨物の運送保管にあたって、その貨物を区別しやすく、混同せずに確実に輸入者に引き渡せるようにするため、輸出貨物にケース・マークがつけられます。このマークは、荷印またはシッピング・マークともいわれ、包装貨物の外装に表示され、インボイスや船荷証券などの船積書類に記載されますので、貨物と書類との照合にも役立ちます。
　なお、下記の団体では、包装についての相談に応じています。

公益社団法人　日本包装技術協会　http://www.jpi.or.jp
　〒104－0045　東京都中央区築地4－1－1　東劇ビル10階
　　　TEL．03－3543－1189

(4) 船舶の手配

輸出者は、契約による納期の条件や信用状の船積期限を考えて、商品の手配を行うとともに、条件に合った船舶の手配を行います。現在では、コンテナ船による輸送が発達していますので、貨物が一般雑貨品の場合には、コンテナ船を利用するほうが、包装などの点でも割安で便利になっています。

海上輸送のほかに、航空便による輸送も、貨物の種類や緊急度により利用されます。また、冷凍食品の積込みには、冷凍貨物室が必要になるため、特に、船舶の手配には、あらかじめ船会社の了解を取り付けておくことが大切です。

貨物の輸送については、できるだけ余裕をもって、船会社や乙仲（おつなか：通関仲介業者）に事前に相談しておくことが肝要です。

なお、日本の港を出入りする船舶のスケジュールについては、東京ニュース通信社発行の新聞「SHIPPING AND TRADE NEWS」やSHIPPING ACCESSのウェブサイト（http://www.shippingaccess.com）などに掲載されており、船積みのスケジュールをたてる際に参考となります。

(5) 輸出通関

① 貨物の保税地域への搬入

貨物を輸出する場合、必ず税関へ輸出申告を行い、貨物の検査を経て、税関の輸出許可を受けなければなりません。この通関手続は、乙仲が、輸出者の委任を受けて代行します。したがって、輸出者は、乙仲に所定の書類を渡して、通関手続をしてもらうことになります。

輸出貨物は、輸出申告を行うために、まず保税地域に搬入されます。ここで、貨物の検査を受け、税関の輸出許可を得てはじめて船積みが認められます。

「保税地域」とは、外国貨物を蔵置き、または加工、製造、展示などをすることができる場所で、財務大臣が指定するかまたは税関長が許可する場所です。保税地域には、財務大臣の指定するものとしては指定保税地域があ

り、税関長が許可するものとしては保税上屋、保税倉庫、保税工場および保税展示場があります。輸出貨物に使用されるのは、主として「指定保税地域」と「保税上屋」です。

「指定保税地域」とは、国・地方公共団体または新東京国際空港公団などが所有・管理する土地建物その他の施設で、港や空港においての税関手続の簡易・迅速な処理を図るため、外国貨物の積卸し、運搬または一時蔵置きすることができる場所をいいます。

「保税上屋」とは、上記の指定保税地域の補充的な役割を果たすために、税関長の許可により輸出入貨物の税関手続を簡易・迅速に処理し、荷さばきの便宜のために設けられたものです。倉庫会社などにおいては、その一部の倉庫について許可を受けて、保税上屋となり、また市営の保税上屋もあります。保税地域には、税関職員が派遣されていて、貨物の搬出入については、その職員に届出をすることになります。

② **輸出申告**

輸出貨物を前もって保税地域に搬入してから、その地域を管轄する税関に対して、輸出申告を行います。

通関の際には、輸出申告書類として、以下のものを税関に提出します。

・輸出申告書
・インボイス（商業送り状）
・包装明細書（PACKING LIST）
・輸出許可証または輸出承認証（必要な場合）　など

③ **輸出許可**

税関では、輸出申告書が提出されると、規定により書類を審査し、また書類審査とあわせて、貨物の品質検査を行います。

書類審査および貨物検査が終了すれば、輸出申告書の1通に税関の許可印が押され、輸出許可証として交付されます。

なお、通関手続などについては、各税関の相談官への問合せや相談のほか、税関相談テレフォンサービス（電話番号は管轄の各税関による）や税関ホームページ（http://www.customs.go.jp）でのカスタムスアンサーによ

り、問合せや相談ができます。

(6) 船積み

輸出許可を受けた貨物は、あらかじめ手配済みの本船に積み込まれます。実際の船積手続は、乙仲が代行してくれますが、以下のとおり、簡単に説明します。

輸出貨物を船積みするには、まず予定された船会社から本船の船長宛の船積指図書の交付を受けておき、輸出許可証とともに積込みに立ち会う税関官吏に示し、その許可を得て積込みをします。

船積みが終わると、本船の一等航海士が本船受取証に署名し、荷主に交付します。一方、乗船官吏は、輸出許可証の原本に、船積みを認める証明をして荷主に戻します。

荷主は、本船受取証を船会社に提出し、運賃が前払のときは、運賃を支払うなどの手続が済むと、船会社は荷主に船荷証券（B/L）を発行します。船荷証券は、原本として通常3通が発行されるので、必ず原本全通を入手しなければなりません。

コンテナ輸送の場合は、乙仲が船会社所定のドック・レシート（DOCK RECEIPT）を作成し、貨物をコンテナ・ヤード（CONTAINER YARD）へ運び、ドック・レシートをターミナル・オペレーターへ提出します。ターミナル・オペレーターは、ドック・レシートと貨物をチェックのうえ、ドック・レシートの原本に署名し、貨物受取証として乙仲へ渡します。このドック・レシートが、船会社へ提出されると、船荷証券が発行されます。

船積みの終了後直ちに、輸出者は、品名・数量・金額・船名・積込日などの明細を記載した船積通知（SHIPPING ADVICE）をテレックスやメールなどで、輸入者に通知します。特に、FOB建てやCFR建ての場合には、輸入者側で貨物海上保険を付保しますので、忘れずに通知しなければなりません。

5　船積書類の作成

(1) 船積書類の作成、整備、取揃え

　輸出者は、船積みが完了すると、船積書類（SHIPPING DOCUMENTS）を取りそろえます。船積書類は、通常、単に「ドキュメンツ」といわれています。船積書類（ドキュメンツ）は、船舶による運送の場合はもちろんのこと、航空機による運送の場合も含まれ、また、広義では、銀行に持ち込む輸出関連のすべての書類を意味して使用されます（第7章④(1)参照）。

　すでに、貨物代金を前受金として受領している場合には、すみやかに船積書類を輸入者に送付します。また、信用状付荷為替手形取引の場合は、信用状の条件どおりの船積書類を、信用状なし（D/P・D/A）荷為替手形取引の場合は、売買契約に従って船積書類を取りそろえて銀行に提出して、代金回収を図ります。

　貨物代金が決済されてはじめて輸出業務が終了したことになります。

(2) 為替手形（ドラフト：BILL OF EXCHANGE）

　為替手形は、輸出者が手形の支払人に宛て振り出すもので、請求金額を記入します。正確には、一定金額を受取人その他の手形所持人に、その請求に応じて支払うことを、書面をもって指図し委任する有価証券のことです。詳細については、第7章③を参照してください。

(3) インボイス（商業送り状：COMMERCIAL INVOICE）

　インボイスとは、出荷貨物の価格・内容・決済方法などその取引に関するすべての要件を盛り込んだもので、輸出者が輸入者に宛てた商品の明細書、計算書であり、請求書となるものです。詳細については、第7章④(2)①を参照してください。

(4) 船荷証券（B/L：BILL OF LADING）

船荷証券（B/L）とは、海上運送人が、貨物の受取または船積みを認証し、券面上の条件に従って海上運送を行い、指定の陸揚港において、正当な所持人に引き渡すことを約した有価証券です。詳細については、第7章④(3)を参照してください。

(5) 航空貨物運送状（エア・ウェイビル）

航空貨物運送状とは、貨物を荷送人から受領したことを示す受取証であるとともに、運送契約の締結、運送条件を証明する証拠書類です。詳細については、第7章④(4)を参照してください。

(6) 保険証券（I/P：INSURANCE POLICY）

海上輸送や航空輸送で、貨物を輸送中に、事故や災害で損害を被った場合に、保険会社が保険金を支払います。この保険を掛けると、保険契約が有効に存在することを証拠づけるものとして、保険会社から保険証券が発行されます。詳細については、第7章④(5)を参照してください。

(7) その他の船積書類

その他の船積書類については、第7章④(6)に詳しく解説していますので参照してください。

6 輸出代金の決済方法

(1) 輸出代金の決済方法

国内取引の場合は、商品とお金の流れに重点が置かれますが、貿易取引の場合には、船積書類（ドキュメンツ）の流れにも注意する必要があります。

それでは、「貨物」「書類」「お金」の全体的流れに注目しながら、詳しくみていきましょう。
　輸出代金の決済方法は、大別すると「送金ベース」と「荷為替手形ベース」に分けることができます。国内取引の決済方法でいえば、前者は「振込み」、後者は「為替手形」と、ほぼ同じ機能と考えてください。
　荷為替手形とは、文字どおり「荷」＋「為替手形」を意味します。「荷」というのは「商品、貨物」、つまり船荷証券（B/L）をはじめとした船積書類を表しています。
　「為替手形」とは、輸出者が手形支払人宛に金額を請求するために振り出す手形のことですので、あわせて、荷物が付随した為替手形という意味で、荷為替手形といいます。
　送金ベースは、「貨物の出荷」と「代金の受領」の後先により「前受送金」と「後受送金」に分けることができます。下記(2)において、詳しく説明します。
　荷為替手形ベースは、「信用状（L/C）付」と「信用状（L/C）なし」に分けられ、さらに「信用状なし」は、「D/Pベース」と「D/Aベース」に分けることができます。

・D/P……（DELIVER） DOCUMENTS AGAINST PAYMENTの略で、輸出者が振り出した手形の「支払」と引き換えに、輸入者は船積書類を受け取ることができます。
・D/A ……（DELIVER） DOCUMENTS AGAINST ACCEPTANCEの略で、輸出者が振り出した手形の「引受」と引き換えに、輸入者は船積書類を受け取ることができます。

　上記を整理すると図表8－3のようになります。

(2) 送金ベースによる輸出決済

① 概　　要
　輸出代金を送金によって決済することは、最もシンプルな方法です。輸出者は、図表8－5、図表8－7のとおり、海外（輸入者）からの送金を、取

図表8－3　輸出決済方法の種類

```
送金ベース ─┬─ 前受送金
            └─ 後受送金

荷為替手形 ─┬─ 信用状付輸出為替
ベース      └─ 信用状なし輸出為替 ─┬─ D/Pベース
                                    └─ D/Aベース
```

引銀行経由で受け取ります。

　ただし、送金ベース取引は、船積書類の送付について銀行が関与しませんので、輸出者は、売買契約に基づいて厳格な書類の送付手続を行わなければなりません。特に、船荷証券（B/L）は、有価証券ですので、慎重な取扱いが必要です。

② **前受送金**（図表8－4、図表8－5参照）

　輸出者は、代金を受領してから商品を船積みするため、大変有利ですが、輸入者は、商品を受領する前に代金を支払うため、商品入手リスクが残るきわめて不利な決済方法です。

　輸入者（バイヤー）に信用リスクがある場合、取引歴が浅い場合、金額が少額な場合などに多く利用されています。

③ **後受送金**（図表8－6、図表8－7参照）

　輸出者は、代金回収前に出荷するため、代金回収リスクが残り、きわめて不利ですが、輸入者は、商品を受け取ってから代金を支払うため、大変有利です。

　このため、長年取引を行っていて信頼関係が確立されている取引先との取引や、親会社と子会社（関連会社同士）の取引などに限定されています。

　「前受送金」では、輸出者は代金回収の保全を第一義に考えていますが、「後受送金」は、輸出者にとって売掛債権勘定となりますから、輸入者（バイヤー）の信用が重視されることになります。

　しかしながら、輸出者にとって「後受送金」が取引条件の場合、取引を拡大したいが、輸入者（バイヤー）の信用リスクがとれない、もしくは、とりたくないというのが、現実の問題です。

図表8-4　前受送金のメリット・デメリット

	メリット	デメリット
輸出者	・代金回収リスクなし ・資金負担の軽減／なし（注）	なし
輸入者	なし	・商品入手リスクあり（異なる商品を送付されるリスク、数量不足のリスクを含む） ・資金負担あり

(注)　代金の回収が、商品の出荷よりかなり前であれば、その資金を製造・集荷資金に充当できるため、そのような場合は資金負担をしないことになり輸出者には特に有利です。

図表8-5　前受送金ベースの仕組図

```
                    ③送金
  送金支払銀行  ◄────────────  送金取組銀行
       │                              ▲
    ④支払                          ②送金依頼
       ▼          ①売買契約            │
     輸出者  ◄──────────────────►  輸入者
              ⑦船積書類
              （B/Lを含む）
       │                              ▲
   ⑤船積み  ⑥B/L              ⑨B/L  ⑩貨物引取り
       ▼          ⑧輸送               │
     船会社  ──────────────────►  船会社
```

　取引条件を「後受送金」から「信用状付荷為替手形」に変更することが望ましいですが、信用状発行の手続・手数料などの観点から、そう簡単には変更できません。

　そこで、「後受送金」を取引条件に、輸入者（バイヤー）の信用リスクを軽減、ヘッジ、回避したい場合には、独立行政法人 日本貿易保険（NEXI）や民間保険会社などの貿易保険制度、民間ファクター会社の輸出ファクタリングなどが利用されることがあります。詳細については、第10章「輸出代金

図表8-6　後受送金のメリット・デメリット

	メリット	デメリット
輸出者	なし	・代金回収リスクあり ・資金負担あり
輸入者	・商品入手リスクなし ・資金負担なし（注）	なし

（注）　商品受領××日後送金のような条件では、輸入商品を販売して回収した資金を送金に充当できるようなケースもあり、そのような場合は輸入者に特に有利です。

図表8-7　後受送金ベースの仕組図

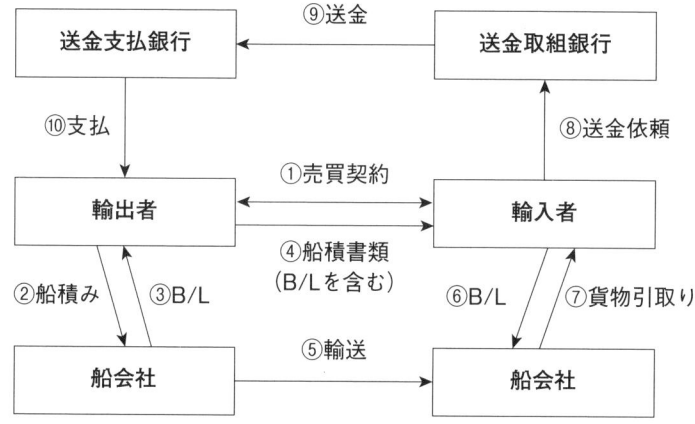

```
                    ⑨送金
  送金支払銀行 ←─────────── 送金取組銀行
       │                          ↑
   ⑩支払│                      ⑧送金依頼
       ↓        ①売買契約          │
    輸出者 ←───────────────→ 輸入者
       │        ④船積書類          ↑
   ②船積み│③B/L  （B/Lを含む） ⑥B/L│⑦貨物引取り
       ↓                          │
     船会社 ───────────────→ 船会社
                ⑤輸送
```

の回収リスクヘッジ」で解説します。

④　同時決済送金の活用

　上記のように、「送金ベース決済」は、「前受送金」「後受送金」のどちらにしても、輸出者か輸入者のどちらかが偏ったリスクを負わなければなりませんので、長年取引を行っていて信頼関係が確立されている取引先との取引や、親会社と子会社（関連会社同士）の取引などに限定されています。

　この輸出者か輸入者のどちらかが偏ったリスクを解消するために、輸出者が出荷と同時に、船積書類のコピーを輸入者に送付することにより、代金決済を請求する同時送金も多く利用されています。

第8章　輸出取引の仕組み　219

⑤　組み合わせ送金

　貿易実務においては、上記②～④の3つの送金を組み合わせて行うケース、たとえば、前受30％、同時50％、後受20％などが非常に多くなっています。

(3)　信用状（L/C：LETTER OF CREDIT）の役割

　第7章①で詳しくみましたが、信用状（L/C）とは、輸入者の取引銀行である信用状発行銀行が、輸出者に対して、輸出者作成の船積書類が信用状条件に合致しているという条件のもとに、支払を確約する書状です。

　具体的にいえば、輸出者は商品を船積みした後、輸入者がたとえ倒産しても、信用状の条件を満たした船積書類を提出すれば、輸入地の信用状発行銀行によって、商品代金が支払われるものです。

　前記(2)で説明したように、送金ベース決済により輸出者が外国に商品を輸出する場合、前受送金であれば、輸出者は安心して出荷できますが、輸入者には商品入手リスクが残ります。逆に、後受送金であれば、輸出者に代金回収リスクが残るため、輸出者は安心して出荷することができません。

　このような場合、輸入者の依頼に基づいて輸入地の銀行が信用状を発行すると、輸出者は安心して商品を輸出することができます。なぜなら、輸出者は船積み後、信用状条件どおりの船積書類を作成して取引銀行に持ち込めば、書類は信用状発行銀行に送付され、輸入者が決済できなくても、信用状発行銀行が決済することになるからです。一方、輸入者にとっても、前払送金における商品入手リスクなどを軽減できるメリットがあります。

　ただし、輸出者と輸入者にまったくリスクがないわけではありません。信用状による取引は、あくまで書類取引であり、売買契約から独立しています。たとえば、輸入者に送られてきた商品が契約した内容と異なっていても、輸出地の銀行から送られてきた船積書類が、信用状条件と一致していれば、輸入者は代金の決済をしなければなりません。また、輸出者が信用状条件どおりの書類を作成したとしても、輸入者が些細な条件不一致（タイプ・ミスなど）を理由に支払を拒絶してくるトラブルも見受けられます。

図表 8 − 8　信用状付荷為替手形取引のメリット・デメリット

	メリット	デメリット
輸出者	・輸入者の信用リスクの解消 ・取引銀行から買取に応じてもらいやすい（資金繰りの問題の解消）	・契約どおりの商品を輸出しても、船積書類が信用状の条件を充足していない場合、信用状発行銀行の支払を受けることができない
輸入者	・信用状発行銀行が信用補完してくれる（後払送金では輸入できないようなケースでも輸入が可能となる）	・到着した船積書類が信用状の条件を充足していれば、商品が売買契約したものと異なっていても、支払を拒むことができない

(4)　信用状付荷為替手形による決済の仕組み（買取扱いの場合）

それでは、信用状付荷為替手形の仕組みを図表 8 − 9 の番号に沿って詳しく説明します。

① **売買契約**

輸出者は、輸入者との間で売買契約を締結し、輸入者の取引銀行が発行する信用状（L/C）を要求します。信用状は、信用状発行銀行が輸出者に対して支払を確約する書状です。輸出者は商品を船積みした後、たとえ輸入者が倒産してしまったとしても、信用状の条件を満たした船積書類を提出すれば、輸入地の信用状発行銀行によって商品代金が支払われることになります。ですから、信用状付貿易為替において輸出者は、輸入者との売買契約に基づき、輸入地の銀行よりあらかじめ信用状を入手し、その信用状によって代金の回収を行うことになります。

② **信用状発行（オープン）依頼**

輸入者は売買契約に従い、取引銀行に対して信用状の発行（オープン）を依頼します。信用状発行銀行は、輸入者の信用状態・輸入取引内容（たとえば、商品の市況および市場性）などを慎重に審査した後、輸入者に対する信用供与に問題がなければ、信用状の発行を承諾します。

③ 信用状発行

信用状発行銀行は、信用状を発行し、輸出者の取引銀行宛に、主としてスイフト（SWIFT：国際銀行間データ通信システム）により信用状を送付します。なお、信用状を発行する場合には、信用状発行銀行と信用状通知銀行の間で、コルレス契約（為替契約）が締結されていることが必要です。

④ 信用状通知

輸出地の信用状通知銀行は、輸出者に信用状の到着案内を行います。信用状を受け取った輸出者は、売買契約と照合し、内容の一致を確認します。

⑤ 船積み

輸出者は、信用状の内容に問題がなければ、船会社に連絡を入れ船積手続

図表8－9　信用状付荷為替手形取引の仕組図

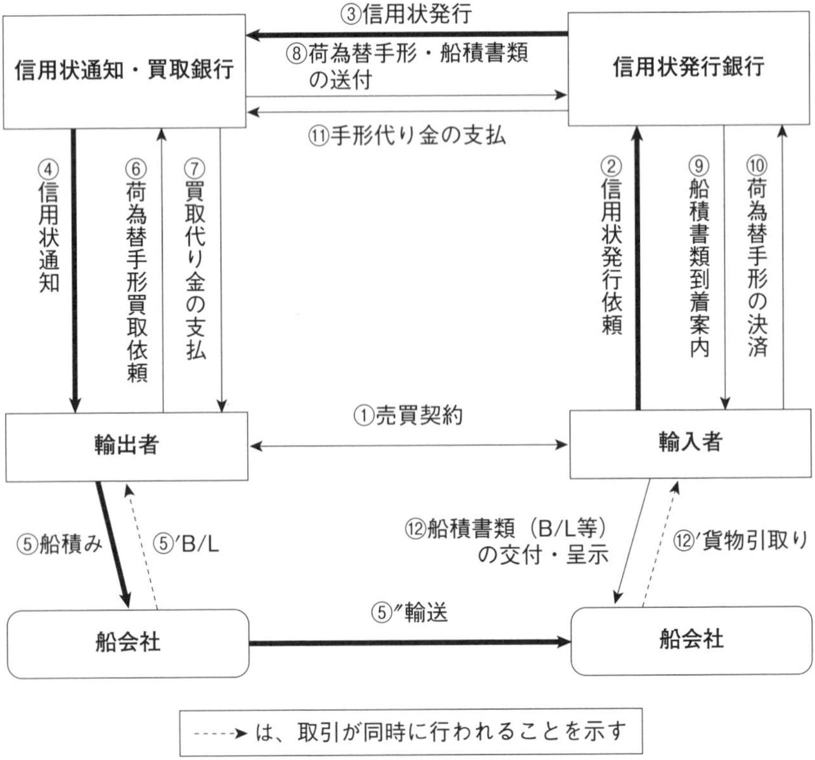

```
信用状通知・買取銀行 ←──③信用状発行──── 信用状発行銀行
                    ──⑧荷為替手形・船積書類の送付→
                    ←──⑪手形代り金の支払──

④信用状通知↓  ⑥荷為替手形買取依頼↑  ⑦買取代り金の支払↓
                                         ②信用状発行依頼↑  ⑨船積書類到着案内↓  ⑩荷為替手形の決済↑

輸出者 ←──────①売買契約──────→ 輸入者

⑤船積み↓    ⑤'B/L↑              ⑫船積書類（B/L等）の交付・呈示↑  ⑫'貨物引取り↓

船会社 ────────⑤"輸送────────→ 船会社
```

┌─→ は、取引が同時に行われることを示す

を行い、信用状で要求されている船積書類（ドキュメンツ）を用意します。船積書類の代表的なものには、インボイス（商業送り状：商品の明細書・計算書・請求書）、B/L（船荷証券）、保険証券、包装明細書、原産地証明書などがあります。

⑥　荷為替手形買取依頼

　輸出者は、信用状に記載された条件に従って荷為替手形を振り出し、船積書類とともに信用状を添付して買取銀行に持参します。そして、荷為替手形の買取（国内取引の商業手形割引とほぼ同じと考えてください）を依頼します。

　なお、輸出者と取引銀行との取扱方法としては、「買取」と「取立」があります。買取とは、輸出者が船積書類を取引銀行に持ち込んだ時点で、船積書類と引き換えに銀行から輸出代金を受け取ることをいいます。取引銀行は、荷為替手形の買取から信用状発行銀行より資金を回収するまでの間、輸出代金を立て替えますので、いわゆる「与信行為」となります。一方、取立とは、輸出者が取引銀行に依頼して信用状発行銀行に船積書類を送付し、取引銀行が資金を回収した後で、輸出代金を受け取ることをいいますので、与信行為ではありません。本件では、「買取扱い」で解説しています。

⑦　買取代り金の支払

　買取銀行は、提出された荷為替手形と船積書類を信用状の条件に照らし合わせ点検を行い、問題がなければ、手形の買取代り金を輸出者に支払います。

⑧　荷為替手形・船積書類の送付

　買取銀行は、荷為替手形と船積書類を輸入地の信用状発行銀行宛に郵送するとともに、手形代り金を請求します。

⑨　船積書類到着案内

　信用状発行銀行は、輸入者に船積書類の到着案内を行い、手形の決済を求めます。

⑩　荷為替手形の決済

　輸入者は、信用状発行銀行に対して、荷為替手形（輸入代金）の決済を行います。

⑪ 手形代り金の支払

信用状発行銀行は、輸出地の買取銀行より送付された書類と信用状条件とを照合し、問題がなければ、買取銀行宛に手形代り金を支払います（銀行間決済）。

⑫ 船積書類の交付・呈示

輸入者は、手形の決済と引き換えに、信用状発行銀行より船積書類の交付を受けます。そして、船積書類の交付を受けた輸入者は、船会社に船荷証券を呈示し、貨物（商品）を引き取ります。船荷証券（BILL OF LADING＝B/L）とは、代表的な船積書類で、船会社が貨物の受取、または船積みを証明した有価証券です。

(5) D/Pベース取引とその特徴

① D/Pベースとは

輸出者は、船積み後、輸入者を支払人とする荷為替手形を振り出し、船積書類とともに取引銀行を通じて、手形買取または代金取立を依頼します。送金ベース決済と違って船積書類は、銀行経由で送付され、輸入者が荷為替手形を「決済」するのと引き換えに、輸入者に交付されます。すなわち、「DELIVER DOCUMENTS AGAINST PAYMENT（支払渡）」なのです。なお、支払渡が決済条件ですので、手形期間（テナー）は、必然的に「一覧払い（AT SIGHT）」になります。

信用状（L/C）付荷為替手形ベースとは異なり、輸入地の信用状発行銀行の支払確約がありませんので、輸入者の信用が高いことが絶対条件となります。したがって、輸出地の銀行が荷為替手形を買い取る場合には、信用リスクが発生しますので、銀行は、輸出者および輸入者の信用状態、輸入国のカントリーリスクなどについて十分検討します。

後受送金ベースに比べると、荷為替手形の決済を条件に貨物を渡しますので、輸出者にとっては、代金回収リスクは若干好転しますが、取立手数料や金利（買取扱いの場合）などの銀行手数料は増えることになります。

② 問題点

上記①のとおり、船積書類の受渡に銀行が関与することで、送金ベースに比べて輸出者・輸入者のどちらかにリスクが偏ることは軽減されますが、信用状（L/C）付きとは異なり、輸入者の取引銀行は、輸出者が振り出した手形に責任を負いませんので、下記2点の問題が残ります。

　a　輸入者の信用リスク

信用状（L/C）付きとは異なり、輸入者の業況悪化・倒産などにより支払えないリスク、あるいは、支払のための資力はあっても商品市況の変動などを理由として支払を拒むリスクなどはカバーできません。

　b　輸出者の金融上の問題

輸出者と取引銀行との取扱方法としては、「買取」と「取立」があります。信用状付きとは異なり、信用状なし輸出為替は、基本的には輸入者の信用にのみ依存した仕組みであるため、不渡や不払いとなるリスクが高い取引です。「買取」とは、輸入者の支払を前提に、輸出者から船積書類が銀行に呈示された段階で、銀行が荷為替手形を割り引いて、立替払を行うことです。結果的に輸入者が支払を行わなければ、銀行は輸出者から立て替えた資金を回収する必要があります。

このため、輸出地の買取銀行は、輸出者の買戻能力や支払人である輸入者

図表8－10　D/Pベース取引のメリット・デメリット

	メリット	デメリット
輸出者	・書類の引渡と代金の回収を条件づけることができる →後受送金にみられるような代金回収リスクはない	・輸入者の信用リスク （＝不渡、不払いのリスク） ・輸出者の資金繰りの問題
輸入者	・代金の支払と書類の受取を条件づけることができる →前払送金にみられるような商品入手リスクがない ・信用状付きより銀行コストが安い	・輸出者に上記デメリットがあるため関連会社や長年の取引先など輸出者と特別な関係がないと通常利用されない

の信用、輸入国のカントリーリスクなどを検討し、買い取るかどうか判断します。そのため、輸出者が希望すれば、いつでも取引銀行に買い取ってもらえるというものではありません。もし、取引銀行が買取に応じない場合には、代金取立扱いとなり、輸出者は輸入者から代金が入金されるまで、資金負担をしなければなりません。

(6) 信用状なし荷為替手形D/Pベースの仕組み（買取扱いの場合）

それでは、信用状なし荷為替手形D/Pベースの仕組みを図表8－11の番号に沿って、詳しく説明していきます。

① **売買契約**

輸出者は、輸入者との間で売買契約を締結し、代金決済方法は「信用状なし荷為替手形D/Pベース」によると取り決めます。「支払渡」ですので、手形期間（テナー）は一覧払（AT SIGHT）となります。すなわち、決済条件は、「D/P AT SIGHT」となります。

② **船積み**

輸出者は、売買契約書に従って、船会社に連絡を入れ船積手続を行い、船積書類を用意します。

③ **荷為替手形買取依頼**

輸出者は、荷為替手形を振り出し、船荷証券などの船積書類とともに取引銀行に持参します。

④ **買取代り金の支払**

買取銀行は、提出された荷為替手形と船積書類、および船積書類相互間のドキュメンツ・チェックを行い、問題がなければ、手形の買取代り金を輸出者に支払います（上記(5)②⑥参照）。

本件では、「買取扱い」で、解説しています。

⑤ **荷為替手形・船積書類の送付**

買取銀行は、荷為替手形と船積書類を輸入地の輸入者の取引銀行宛に郵送するとともに、手形代り金を請求します。

⑥ 船積書類到着案内

輸入者の取引銀行は、輸入者に船積書類の到着案内を行い、手形の決済を求めます。

⑦ 荷為替手形の決済

輸入者は、取引銀行に対して、荷為替手形の決済（輸入代金の決済）を行います。

⑧ 手形代り金の支払

輸入地の銀行は、輸出地の買取銀行宛に手形代り金を支払います。

⑨ 船積書類の交付・呈示

輸入者は、手形の決済と引き換えに、取引銀行より船積書類の交付を受け

図表8-11　D/Pベース取引の仕組図

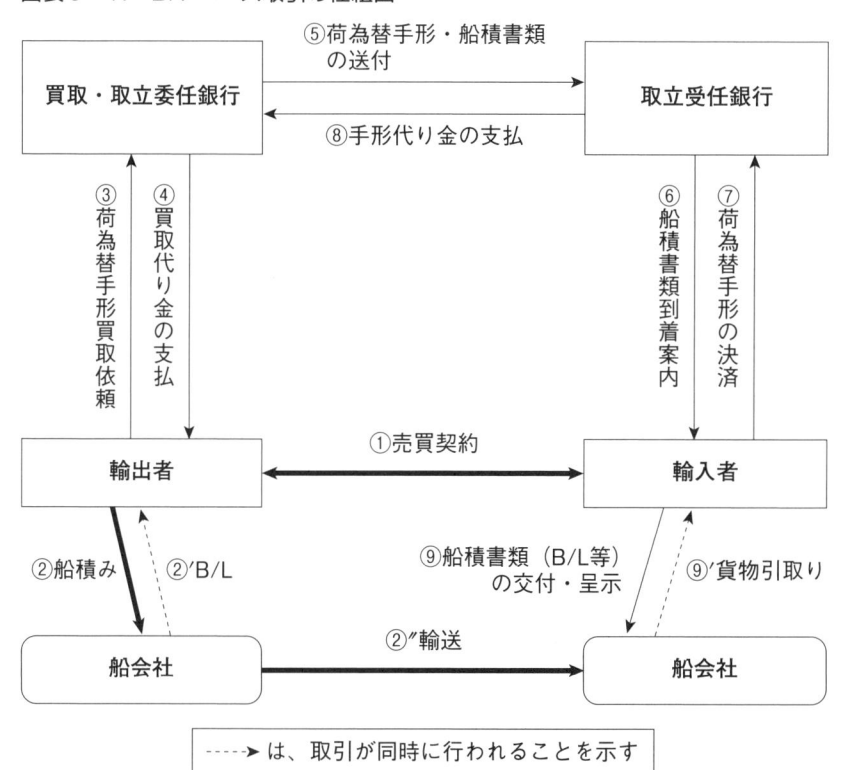

ます。そして、船積書類の交付を受けた輸入者は、船会社に船荷証券を呈示し、貨物（商品）を引き取ります。

(7) D/Aベース取引とその特徴

① D/Aベースとは

　輸出者は、船積み後、輸入者を支払人とする期限付荷為替手形を振り出し、船積書類とともに取引銀行を通じて、手形買取または代金取立を依頼します。送金ベース決済と違って船積書類は、銀行経由で送付し、輸入者が荷為替手形を「引受」するのと引き換えに、船積書類を輸入者に交付します。すなわち、「DELIVER DOCUMENTS AGAINST ACCEPTANCE（引受渡）」なのです。

　D/Pベースでは、為替手形のサイト（期間）は支払渡ですので、一覧払（AT SIGHT）になりますが、D/Aベースでは、手形のサイトは引受渡ですので、「期限付き」になります。たとえば、「一覧後90日払い：AT 90 DAYS AFTER SIGHT」となります。これは、輸入者が、手形を一覧してから90日後に輸入決済をするという意味です。サイトは、輸出者と輸入者との取引条件により決まりますが、一般的には30日の倍数で、30日から120日がよく見受けられます。

　したがって、D/Aベース取引は、後受送金ベースと同じく、決済前に貨物を渡してしまいますので、輸出者にとって代金回収リスクは大きくなります。

　そのうえ、当然ですが、信用状（L/C）付荷為替手形ベースとは異なり、輸入地の信用状発行銀行の支払確約がありませんので、輸入者の信用が高いことが条件となります。

② 問題点

　上記①のとおり、船積書類の受渡に銀行が関与することで、送金ベースに比べて輸出者・輸入者のどちらかにリスクが偏ることは軽減されますが、信用状（L/C）付きとは異なり、輸入者の取引銀行は、輸出者が振り出した手形に責任を負いませんので、D/Pベースと同様に、「輸入者の信用リスク」

および「輸出者の金融上の問題」が残ります（前記(5)②b参照）。

特に、D/Aベースは、期限付きですので、より資金負担が大きくなります。輸出者は、売買契約の段階で十分検討する必要があります。一方、輸入者にとっては、メリットの大きい決済方法といえます。

(8) 信用状なし荷為替手形D/Aベースの仕組み（買取扱いの場合）

それでは、信用状なし荷為替手形D/Aベースの仕組みを図表8-13の番号に沿って、詳しく説明します。

① **売買契約**

輸出者は、輸入者との間で売買契約を締結し、代金決済方法は信用状なし荷為替手形D/Aベースによると取り決めます。手形期間（テナー、サイト）は、「引受渡」ですので、期限（ユーザンス）付きになります。

② **船積み**

輸出者は、売買契約書に従って、船会社に連絡を入れ船積手続を行い、船積書類を用意します。

③ **荷為替手形買取依頼**

輸出者は、期限付荷為替手形を振り出し、船荷証券などの船積書類とともに取引銀行に持参します。

図表8-12　D/Aベース取引のメリット・デメリット

	メリット	デメリット
輸出者	・後受送金に比べると、手形の引受を条件に書類を引き渡すので、代金回収リスクは、若干よくなる	・輸入者の信用リスク （＝不渡、不払のリスク） ・輸出者の資金繰りの問題
輸入者	・手形の引受と書類の受取を条件づけることができる →前払送金にみられるような商品入手リスクがない ・信用状付きより銀行コストが安い	・輸出者に上記デメリットがあるため関連会社や長年の取引先など輸出者と特別な関係がないと通常利用されない

第8章　輸出取引の仕組み　229

④ 買取代り金の支払

買取銀行は、提出された荷為替手形と船積書類、および船積書類相互間のドキュメンツ・チェック（書類の点検）を行い、問題がなければ、手形の買取代り金を輸出者に支払います。

なお、荷為替手形ベースですので、輸出者と取引銀行との取扱方法としては、「買取」と「取立」がありますが、本件では、「買取扱い」で、解説しています。

⑤ 荷為替手形・船積書類の送付

買取銀行は、荷為替手形と船積書類を輸入地の輸入者の取引銀行宛に郵送するとともに、手形の引受を求めます。

⑥ 船積書類到着案内

輸入者の取引銀行は、輸入者に船積書類の到着案内を行い、手形の引受を求めます。

⑦ 荷為替手形の引受

輸入者は、取引銀行に対して、荷為替手形の引受を行います。

引受は、輸出者が振り出した期限付荷為替手形の裏面に、輸入者が記名捺印あるいは署名して行います。

⑧ 手形引受通知

輸入地の銀行は、輸出地の買取銀行宛に、引受通知を行うとともに、支払期日を連絡します。

⑨ 船積書類の交付・呈示

輸入者は、手形の引受と引き換えに、取引銀行より船積書類の交付を受けます。そして、船積書類の交付を受けた輸入者は、船会社に船荷証券を呈示し、貨物（商品）を引き取ります。

⑩ 荷為替手形の決済

手形の支払期日に、輸入者は、取引銀行に対して、荷為替手形の決済（輸入代金の決済）を行います。

⑪ 手形代り金の支払

輸入地の銀行は、輸出地の買取銀行宛に手形代り金を支払います。

図表 8 − 13　D/A ベース取引の仕組図

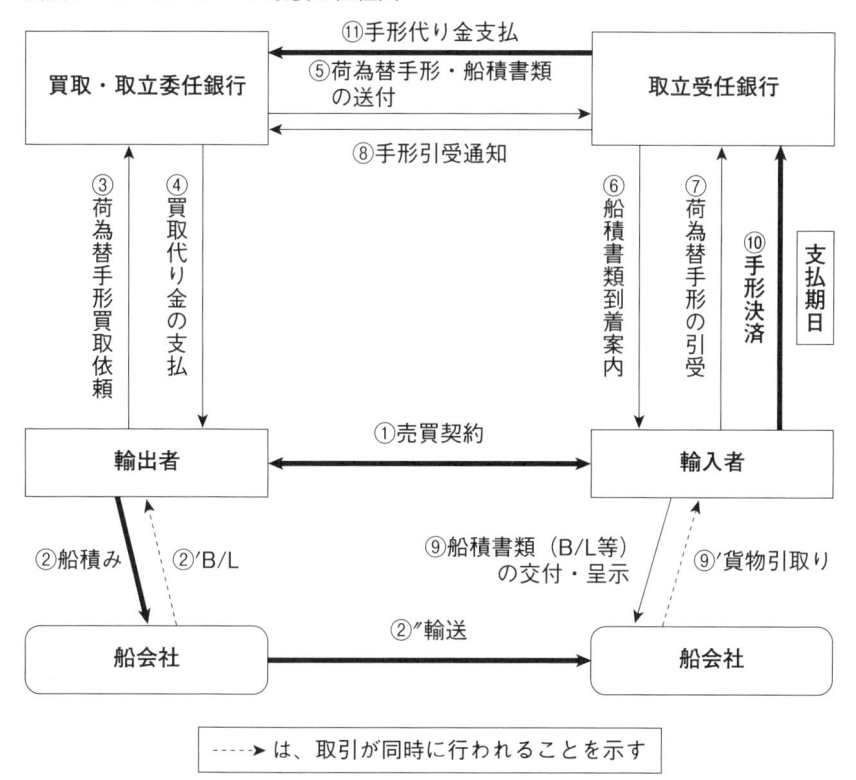

```
                    ⑪手形代り金支払
  ┌──────────┐ ←──────────────── ┌──────────┐
  │買取・取立委任銀行│   ⑤荷為替手形・船積書類    │ 取立受任銀行 │
  │          │ ────────────────→ │          │
  │          │       の送付           │          │
  │          │   ⑧手形引受通知          │          │
  └──────────┘ ←──────────────── └──────────┘
   ↑  │                          ↑ ↑    ↑
   ③  ④                          ⑥ ⑦    ⑩
  荷  買                          船 荷    手
  為  取                          積 為    形    支
  替  代                          書 替    決    払
  手  り                          類 手    済    期
  形  金                          到 形          日
  買  の                          着 の
  取  支                          案 引
  依  払                          内 受
  頼  │                          │ │    │
   │  ↓           ①売買契約        │ │    │
  ┌──────────┐ ←──────────────→ ┌──────────┐
  │  輸出者  │                    │  輸入者  │
  └──────────┘                    └──────────┘
    │    ↑                ⑨船積書類（B/L等）  ↑
   ②船積み ②'B/L          の交付・呈示    ⑨'貨物引取り
    ↓    │                          │
  ┌──────────┐       ②″輸送          ┌──────────┐
  │  船会社  │ ────────────────→ │  船会社  │
  └──────────┘                    └──────────┘
```

┌────────────────────────────────┐
│ ----→ は、取引が同時に行われることを示す │
└────────────────────────────────┘

(9) 組み合わせ決済

　輸出代金の決済方法について、上記(1)〜(8)で述べてきましたが、実務においては、たとえば、前受20％とL/Cベース80％、前受30％とD/Aベース70％などの組み合わせでの決済が多くみられます。

第 8 章　輸出取引の仕組み　231

7 書類の点検

(1) 買取または取立の手続

① 買取扱いの事前準備

　荷為替手形の買取は、代金決済が完了する前に、銀行が資金を立て替えて輸出者に前払しますので、銀行からみれば「与信取引」になります。

　したがって、荷為替手形の買取取引を開始する場合には、「銀行取引約定書」と「外国向為替手形取引約定書」を銀行に提出することになります。

　また、外国為替取引では、英文署名が多く使用されますので、銀行に署名権者のサインを登録することが必要です。

② 買取・取立の依頼

　買取扱いの事前準備が完了したら、輸出者は、銀行所定の「輸出為替買取依頼書」に記載のうえ、為替手形と船積書類を添付して銀行に買取を依頼します。「信用状付き」の場合には、信用状原本も同時に提出します。

　なお、取立扱いの場合には、銀行所定の「輸出為替取立依頼書」に記載のうえ、買取扱いと同様の書類を添付・提出し、銀行に取立を依頼します。

(2) 銀行による書類点検

　銀行は、輸出者から受け取った船積書類を点検します。「信用状付き」の場合は、書類が信用状で要求された条件に一致しているか、書類相互間で矛盾がないか、書類自体に不備はないかをチェックします。「信用状なし」の場合には、売買契約に従った船積書類が提出されているか、書類相互間で矛盾がないか、書類自体に不備はないかをチェックします。これを、「書類の点検」（ドキュメンツ・チェック：DOCUMENTS CHECK）といいます。

　書類を点検した結果、書類に不備があった場合、これを「ディスクレ」（ディスクレパンシー：DISCREPANCY）または「条件不一致」といいます。

ディスクレの詳細については、後記⑧(1)を参照してください。

(3) 信用状付取引の書類点検

　基本的には、輸出者から銀行に呈示された書類が、信用状条件を充足していることが前提ですが、主なチェック・ポイントは以下のとおりです。

① 　信用状（L/C）
・信用状（L/C）の残高は、手形金額をカバーしているか
・L/Cの有効期限内、書類呈示期限内に持ち込まれているか

② 　為替手形（ドラフト）
・振出日、振出地の記載もれはないか
・金額は、インボイス金額と一致しているか
・文字と数字で記載された金額は一致しているか
・手形期間（テナー）は、信用状条件どおりか
・手形の支払人は、信用状条件どおりか
・信用状発行銀行名、信用状番号、発行日の記載は、信用状条件どおりか
・収入印紙の貼付、消印は、適正か（印紙税額は、100千円以上、一律200円）
・振出人（輸出者）の署名（サイン）はあるか

③ 　インボイス（商業送り状）
・通数は、信用状条件どおりか
・原則、信用状の受益者（ベネ：輸出者）が、信用状発行依頼人宛に作成しているか
・金額は、信用状金額の範囲内か
・記載された商品名は、信用状に記載された商品名と完全に一致しているか
・建値は、信用状条件どおりか

④ 　船荷証券（B/L）
・B/Lは、信用状条件に定められた通数が呈示されているか（発行通数は通常3通）
・原則、受益者がシッパーとなっているか
・信用状で要求している種類の船荷証券か

- 無故障船荷証券（CLEAN B/L）か
- 船積船荷証券（SHIPPED B/L）か
- 受取船荷証券（RECEIVED B/L）の場合は、船積済みの付記（ON BOARD NOTATION）はあるか（ON BOARDの日付と船会社のサイン）
- 荷受人（コンサイニー）は、信用状条件どおりか
- 荷物到着の案内先（NOTIFY PARTY）は、信用状条件どおりか
- B/L DATEは、最終船積期限内か
- 買取日は、B/L DATEから信用状に定められた呈示期間かつ有効期限を経過していないか（信用状で呈示期間の明示がない場合は、21日）
- 商品名、数量、ケース・マーク、重量、容積などは、信用状および他の書類と矛盾がないか
- 建値と運賃の表示に矛盾はないか
- 船積港、荷揚港は、信用状条件どおりか
- 海上運賃の支払方法は、信用状条件どおりで、B/L上にそれが明示されているか
- 裏書は、信用状条件どおりか

⑤ **保険証券（I/P）**

- 保険証券は、信用状条件に定められた通数が呈示されているか（通常2通）
- 保険金額は、信用状条件どおりか（通常は、価格の110%）
- 表示通貨、支払場所は、信用状条件どおりか
- 保険証券の日付は、船積日以前になっているか
- 信用状がカバーすることを要求している危険は、すべてカバーされているか
- 保険証券の裏書はあるか
- 商品名、数量、ケース・マーク、船名、船積港、荷揚港、船積日などは信用状および他の書類と矛盾がないか

⑥ **その他の書類**

- 発行者は、適正か
- 種類、通数は、信用状条件どおりか

・記載内容は、信用状および他の書類と矛盾はないか（書類相互間の整合性を確認する）

(4) 信用状なし取引の書類点検

信用状なし取引の書類点検は、売買契約書などに従った書類が提出されているか、書類相互間で矛盾がないか、書類自体に不備がないかをチェックします。

主なチェック・ポイントは以下のとおりです。

① **為替手形（ドラフト）**
・D/P手形またはD/A手形の明記はあるか
・金額は、インボイス金額と一致しているか
・手形の形式要件が充足されているか（基本的には、信用状付チェックと同じです）

② **インボイス、船荷証券、保険証券ほか**
・建値に対して、記載内容に矛盾はないか
・書類相互間の記載内容に矛盾はないか（基本的には、信用状付チェックと同じです）

8 ディスクレ対応

(1) ディスクレパンシー

銀行は、輸出者から受け取った船積書類を点検し、書類が信用状で要求された条件に一致しているか、書類相互間で矛盾がないか、書類自体に不備はないかをチェックします。

書類が信用状条件と違っていること、書類相互間で矛盾があること、および書類自体の不備を「ディスクレ」（ディスクレパンシー：DISCREPANCY）または「条件不一致」といいます。実務上では、「ディスクレ」という略称

が使用されています。

たとえば、信用状付取引において書類の呈示期限を経過するというケースは、レイト・プレゼンテイション（LATE PRESENTATION：呈示遅延）といって重大なディスクレの1つになります。このようなディスクレがあった場合には、信用状発行銀行または輸入者の一存で、アンペイド（UNPAID：支払拒絶、不渡）にされ、信用状による支払を受けられなくなる可能性があります。

ディスクレがあるからといって、必ずしも支払が拒絶されるとは限りません。輸入者が正常な営業活動を行い、当該商品を必要とすれば、決済して商品を受け取るでしょう。ただ、それは、あくまで輸入者が決済したものであって、信用状（L/C）の効力ではありません。

書類にディスクレが発見された場合には、訂正可能なものは書類の訂正によって解消されますが、どうしても訂正できないディスクレがある場合には、アメンドやケーブル・ネゴなどの処理を行います。以下に、詳しくみていきます。

(2) ディスクレパンシーがある場合の措置

ディスクレがある場合には、以下のいずれかの措置をとります。
① 輸出者による書類の訂正（CORRECTION）
② 発行機関による書類の訂正（CORRECTION）
③ アメンド（AMENDMENT：信用状の条件変更）
④ ケーブル・ネゴ（CABLE NEGOTIATION）
⑤ L/G（LETTER OF GUARANTEE：保証状）付買取
⑥ 取立扱い（BILL FOR COLLECTION）

それでは、各々について詳しくみていきましょう。

① 輸出者による書類の訂正（CORRECTION）

ドラフト（為替手形）やインボイス（商業送り状）など輸出者が作成した書類に不備がある場合には、銀行は、輸出者に書類を返却し訂正してもらうか、正当な書類に差し替えてもらいます。

書類を訂正する際には、輸出者は、訂正箇所に訂正印の押捺や署名を行います。ドラフトの金額など重要な箇所を訂正する場合には、訂正ではなく、書類の差替えで対応します。

このケースでよくみかけるディスクレとして、「インボイスなどの書類に信用状条件で要求されている記載事項の記載もれ」「インボイスなどの金額・数量の計算違いやタイプ・ミス」「書類上のサインもれ」「訂正箇所への輸出者の訂正印もれ」「信用状で要求されている書類の添付もれ」などがあげられます。

② 発行機関による書類の訂正（CORRECTION）

船荷証券、保険証券、原産地証明書など輸出者以外のものが作成した書類に不備がある場合には、輸出者を通して書類の発行機関（船会社、保険会社、商工会議所など）に訂正してもらいます。

書類を訂正する際には、発行機関に、訂正箇所への訂正印の押捺や署名をしてもらいます。保険証券の金額など重要な箇所を訂正する場合には、訂正ではなく、正当な書類に差し替えてもらいます。

このケースでよくみかけるディスクレとしては、「保険証券の金額相違」「保険証券や船荷証券の裏書もれ」「書類上のサインもれ」「訂正箇所への発行機関の訂正印もれ」などがあげられます。

③ アメンド（AMENDMENT：信用状の条件変更）

上記のように書類にディスクレが発見された場合、訂正可能なものは書類の訂正や差替えによって解消されますが、どうしても訂正できないディスクレがある場合には、「アメンド」「ケーブル・ネゴ」「L/G付買取」「取立扱い」で対応します。

「アメンド」とは、信用状条件の変更（AMENDMENT）のことで、輸出者は、輸入者に直接交渉し、原信用状の条件を変更させ、信用状発行銀行より送付される信用状の条件変更（アメンドメント）を受け取ることにより、ディスクレを解消する方法です。

アメンドには、相当日数を要することが多いので、売買契約の変更などにより、ディスクレが生じることが予定される場合には、前もって輸入者に対

してアメンドの手続をとっておくことが必須です。

しかしながら、事情により、アメンドがされないままに、船積みが行われ、銀行に書類を持ち込まなければならないこともあります。その対処方法が、下記④〜⑥になります。

④　ケーブル・ネゴ（CABLE NEGOTIATION）

ケーブル・ネゴとは、ディスクレについて、ケーブル（CABLE電信：実務上は、スイフトを利用）により、信用状発行銀行に照会を行い、買取（ネゴ：NEGOTIATION）を行う方法です。

具体的には、書類にディスクレがあった場合、信用状発行銀行に対してスイフトにより「呈示された書類に、次のようなディスクレがあるが、買い取ってよいか」というような照会を行います。信用状発行銀行から「買い取ってよい」というような回答が来てから、銀行は買取を行うものです。

承諾の回答が来れば、信用状がアメンドされたと同様の効果となり、ディスクレを理由とした支払拒絶を避けることができる確実な方法です。ただし、ケーブル・ネゴに対する信用状発行銀行の回答の効果は、当該ディスクレに限り有効で、信用状のアメンドと異なり、将来の同一内容のディスクレにまで承諾を与えるものではありません。通常、アメンドを待つ時間的余裕がない場合に利用されています。

しかしながら、船積み後で、書類がそろってからの照会であり、承諾の回答が来るまでは、やはりリスクがあることになります。

⑤　L/G（LETTER OF GUARANTEE：保証状）付買取

輸入者が売買契約の変更について了解しているが、信用状の条件変更を行わない、または行う時間がないとき、輸出者が銀行にL/Gを差し入れて買取をしてもらうことがあります。また、些細なディスクレの場合は、取引銀行の判断で、L/Gの差入れで買取を行うことがあります。

L/Gというのは、当該ディスクレから生じるトラブルや損害、費用等についてはいっさい、輸出者が責任を負うという旨の念書です。

L/G付買取は、信用状発行銀行の支払確約の機能を放棄したもので、実質的には、信用状なし輸出手形買取と同様のリスクを内包することになりま

す。

　銀行としては、不渡になる可能性もある書類ですので、ディスクレの程度、輸出者との取引関係を考慮して、L/G付買取を行うかどうか検討します。ディスクレの内容は、買取銀行から信用状発行銀行に送られる書類送付状にも記載され、信用状発行銀行を通じて輸入者にも知らされます。

　したがって、ディスクレは、とかく値引き等の材料になりやすい輸出者側の弱みとなりますので、できるだけ事前に信用状の条件変更を要求するなどして避けたいものです。

　L/G（保証状）のディスクレ代表例：
・CREDIT EXPIRED　信用状有効期限経過
・LATE PRESENTATION　呈示期限経過
・LATE SHIPMENT　最終船積期限経過
・PARTIAL SHIPMENTS（MADE IN SPITE OF PROHIBITION）　分割船積み
・OVERDRAWING　手形金額超過

⑥　取立扱い（BILL FOR COLLECTION）

　重大なディスクレがある場合には、銀行は、書類と引き換えに輸出者に代金を支払う買取扱いにしないで、書類を信用状発行銀行に送付し、信用状発行銀行が代り金を支払ったことを確認してから輸出者の口座に入金するという扱いにすることがあります。この方法は、「取立扱い」（BILL FOR COLLECTION）と呼ばれています。

　信用状発行銀行は、書類到着時にディスクレの内容について、輸入者（信用状発行依頼人）の応諾を得てから支払うことになります。したがって、代金回収までに予想外の日数を要する場合がありますので、留意する必要があります。

第9章

輸出金融

1 輸出金融の概要

(1) 輸出金融の意味

「輸出金融」とは、銀行が輸出者の輸出取引に伴って生ずる所要資金などに対して金融（ファイナンス）を行うことをいい、輸出船積み前の商品の製造、加工、仕入、集荷に必要な資金から始まって、船積み後、輸出代金回収までに要する資金を含みます。

輸出者は、自己資金では不十分な場合、銀行からの借入金により、輸出する商品の生産、製造や加工、あるいは仕入れを行い、当該商品を船積みして輸出代金を受け取ります。この資金をどのような方法で調達するかが、輸出金融の基本になります。

次に、船積みまでの資金は調達したものの、輸出代金を回収するまでに、その調達資金を返済しなければならない場合には、輸出手形の買取などの代表的な輸出金融に乗り換えなければなりません。

輸出金融商品としては、輸出前貸、信用状付荷為替手形の買取、信用状なし荷為替手形の買取、L/Cコンファーム、フォーフェイティング、インボイスディスカウント、インパクトローン、輸出関連保証、国際協力銀行の制度融資があります。

なお、すべての商品が、銀行にとって輸出者に対する与信取引になります。

(2) 輸出金融の形態

① 船積前金融と船積後金融

輸出金融は、商品を輸出船積みするまでの金融である「船積前金融」と、船積み後、実際に代金が回収されるまでの金融である「船積後金融」に分けられます。

船積前金融としては、輸出前貸、L/Cコンファーム、輸出関連保証などがあり、船積後金融としては、荷為替手形の買取、フォーフェイティング、インボイスディスカウントなどがあります。

② 円金融と外貨金融

輸出前貸は、通常、一般の国内円融資（手形貸付、当座貸越など）で行いますが、米ドルなどの外貨建ての輸出取引の場合は、輸出代金回収まで輸出者にとって為替変動リスクが発生します。このような場合に、インパクトローンなどの外貨金融を活用し、為替変動リスクを回避します。

③ 短期金融と長期金融

輸出前貸、荷為替手形の買取などのファイナンスは、大半が1年以内の短期金融ですが、大型プラント輸出などの場合には、取引銀行と国際協力銀行とが協調して、融資期間3〜10年程度の長期金融を行うことがあります。

④ 貸付と買取（割引）

輸出前貸は、手形貸付・証書貸付・当座貸越の貸付形態により、銀行が輸出者に必要な資金を貸し出します。

輸出手形の買取は、輸出者が荷為替手形を取引銀行に持ち込んだ時点で、荷為替手形と引き換えに銀行から輸出代金を受け取ることになりますが、国内取引における商業手形の割引と同意義の取引形態といえます。

⑤ 輸出関連保証

輸出金融のなかには、直接に資金を必要としない入札保証、契約履行保証、前受金返還保証などの輸出関連保証があります。

⑥ 制度金融

上記③の長期金融で説明したように、日本国内で製造された大型プラントなどの輸出に資金が必要な場合は、国際協力銀行の制度金融を利用することができます。

(3) 輸出金融の種類

輸出金融の種類は、以下のとおりです。

① 輸出前貸

② 信用状付荷為替手形の買取
③ 信用状なし荷為替手形の買取
④ L/Cコンファーム（CONFIRMATION：信用状の確認）
⑤ フォーフェイティング（FORFAITING）
⑥ インボイスディスカウント（INVOICE DISCOUNT：送金ベース輸出為替の買取）
⑦ インパクトローン（IMPACT LOAN）
⑧ 制度金融
⑨ 輸出関連保証（BOND：ボンド）

それぞれについては、下記②〜⑨で詳しく解説します。

2 輸出前貸

輸出者が、ある商品を輸出しようとするときには、その商品を自分のところで生産、製造するか、どこからか仕入れてくるかしなければなりません。商品を生産、製造するにしろ、集荷するにしろ、それなりの資金が必要になります。

輸出者が、資金を十分にもっているならば、他から借入れをすることなく輸出をすることができますが、資金に余裕がなければ、他から借り入れるな

図表9−1　国内貸付の種類

種　類	内　容
手形貸付	銀行が取引先に融資するときに、借入れの証文として、約束手形の差入れを求める貸付形態です。
証書貸付	銀行が取引先に融資するときに、借入れの証文として、借入証書の提出を求める貸付形態です。
当座貸越	当座勘定取引に付随してなされる契約で、取引先が当座預金の残高を超えて振り出した手形・小切手を、一定の限度まで銀行が立替払をする契約の貸付方法です。

どの金融（ファイナンス）を受けなければなりません。

このような場合に、銀行は輸出者が輸出商品を生産、製造、加工、仕入れ、集荷するための資金を融資しますが、この融資（ファイナンス）は、輸出船積み前に行われるので、「輸出前貸」といわれています。

この輸出前貸は、輸出金融というよりも、船積み前の品物ができる前の金融ですから、基本的には国内の通常の金融と原則同じになります。したがって、国内貸付の代表的な「手形貸付」「証書貸付」「当座貸越」の形態により、銀行が輸出者に必要な資金を融資します（図表9－1参照）。

上記のように、基本的には、一般の国内円融資が利用されますが、米ドルなどの外貨建ての輸出取引の場合は、輸出代金回収まで輸出者にとって為替変動リスクが発生しますので、「インパクトローン」が活用されることもあります。

インパクトローンとは、使途制限がない外貨建ての貸付で、輸出前貸（ファイナンス）としてはもちろんのこと、為替変動リスクを回避する目的で利用されています。

たとえば、米ドル建てのインパクトローンを借りて、すぐに円に替えてしまい、生産・製造資金や集荷資金に充当します。返済期日に、米ドル建ての輸出代金回収金などにより、当該インパクトローンを返済することになりますので、為替変動リスクを回避することができます。内外金利差が縮小した現在では、従来以上に利用される機会が増えるでしょう。

輸出前貸は、輸出船積み後、荷為替手形の買取代り金や送金ベースの輸出代金回収金などにより、返済されます。

以上のように、この「輸出前貸」は、輸出者にとって、以下のメリットがあります。

① 船積み前の生産、製造、加工、仕入れ、集荷時のキャッシュフローが確保できます。
② 船積み後に、荷為替手形の買取代り金で、返済をすることも可能です。
③ 前受金が少ない案件でも、受注することが可能となります。

3 荷為替手形の買取

(1) 信用状付荷為替手形の買取

　信用状付荷為替手形の買取とは、信用状（L/C）ベースの輸出取引において、輸出者が荷為替手形を銀行に持ち込んだ時点で、荷為替手形と引き換えに銀行から輸出代金を受け取ることをいいます。

　銀行は、荷為替手形を買い取り、信用状発行銀行から資金を回収するまでの間、輸出代金を立て替えることになります。

　輸出者が、銀行から輸出前貸の金融を受けている場合には、この荷為替手形の買取代り金により輸出前貸の返済がなされて、輸出前貸のファイナンスは終了することになります。ただし、銀行の立場からみると、上記のとおり、その資金を立て替えていることになり、荷為替手形の買取は、継続して輸出金融を行っていることになります。これは、船積後金融ともいわれています。

　輸出者側からみると、銀行に荷為替手形の買取をしてもらうことにより、船積みをしてから信用状発行銀行などが代金を支払ってくれるまでの間、資金の融通を受けたことになります。

　なお、信用状付荷為替手形による決済については、第8章6(4)において詳しく解説していますので、参照してください。図表9－2に、その仕組図を再掲しますので、⑥輸出者による荷為替手形の買取依頼、⑦銀行による買取代り金の支払のプロセスを理解してください。

　信用状付輸出取引は、輸出者が船積み後、信用状条件どおりの船積書類を作成して取引銀行に持ち込めば、船積書類は信用状発行銀行に送付され、輸入者が決済できなくても、信用状発行銀行が決済してくれます。

　ただし、輸出者にまったくリスクがないわけではありません。信用状による取引は、あくまで書類取引ですが、輸出者が信用状条件どおりの書類を作

図表9－2　信用状付荷為替手形ベース取引の仕組図

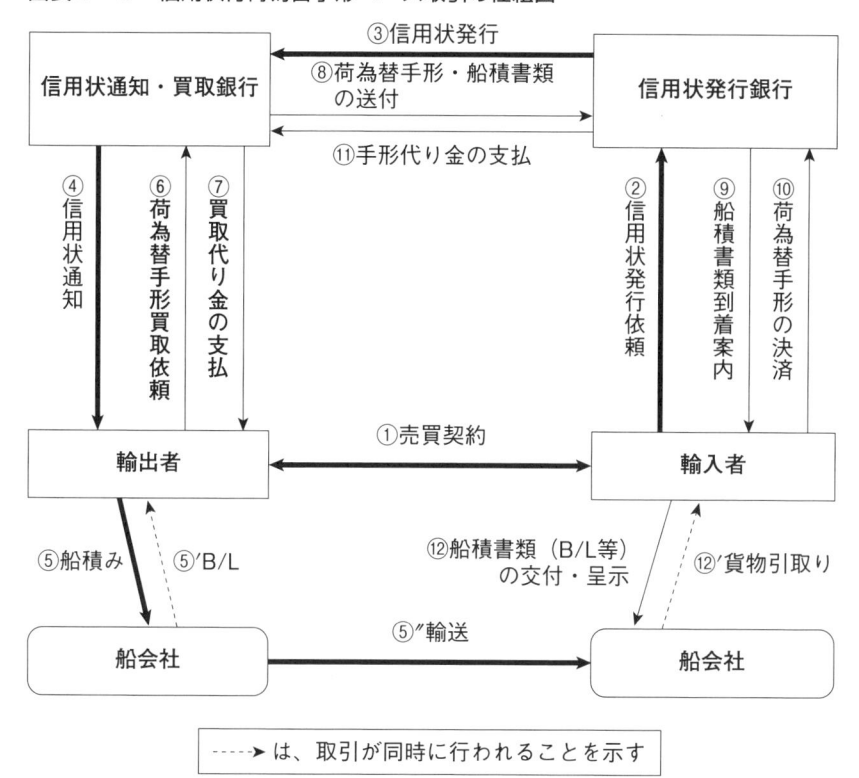

```
                     ③信用状発行
信用状通知・買取銀行 ←――――――――――― 信用状発行銀行
                ⑧荷為替手形・船積書類
                  の送付
                ―――――――――――→
                ⑪手形代り金の支払
                ←―――――――――――

④  ⑥  ⑦              ②  ⑨  ⑩
信  荷  買              信  船  荷
用  為  取              用  積  為
状  替  代              状  書  替
通  手  り              発  類  手
知  形  金              行  到  形
    買  の              依  着  の
    取  支              頼  案  決
    依  払                  内  済
    頼

                ①売買契約
  輸出者 ←―――――――――――→ 輸入者

⑤船積み  ⑤'B/L    ⑫船積書類（B/L等）  ⑫'貨物引取り
                     の交付・呈示
  船会社 ―――――――――――→ 船会社
                ⑤″輸送
```

┈┈→ は、取引が同時に行われることを示す

成したとしても、輸入者が些細なディスクレ（ディスクレパンシー：条件不一致）、たとえば単なるタイプ・ミスなどを理由に支払を拒絶してくるというトラブルも見受けられます。

(2) 信用状なし荷為替手形の買取

信用状なし荷為替手形の買取とは、一般にD/P、D/Aと呼ばれる信用状なしのドキュメンタリーベースの輸出取引において、荷為替手形の買取を行う取引です。

D/P、D/A取引は、L/C発行銀行の支払確約がないため、輸出代金の回収を輸入者の信用力に依拠した取引です。L/C付輸出取引と同様に、船積み後

第9章　輸出金融　247

に輸出者は必要な船積書類を銀行に持ち込みますので、船積後金融となります。

D/Pの場合、船積書類は、輸入者が荷為替手形を決済するのと引き換えに輸入者に渡されます。D/Aの場合は、輸入者が荷為替手形の引受を行うのと引き換えに船積書類が引き渡されます。

上記のとおり、信用状なし取引は、信用状付きと異なり、基本的には輸入者の信用にのみ依存した仕組みであり、不渡や不払いとなるリスクが高い取引です。銀行は、輸入者の支払を前提に荷為替手形が呈示された段階で、荷為替手形を買い取って、立替払を行います。結果的に、輸入者が支払を行わなければ、銀行は、輸出者から立て替えた資金を返してもらうことになります。

このため、銀行は、輸出者の買戻能力や支払人である輸入者の信用、輸入国のカントリーリスク等を十分検討し、銀行として買い取るかどうか判断することになります。したがって輸出者が希望すれば、いつでも取引銀行に買い取ってもらえるというものではありません。すなわち、輸出者は、必ずしも信用状なし荷為替手形の買取という輸出金融（ファイナンス）を受けられるものではありません。

もし、取引銀行が買取に応じない場合には、代金取立扱いとなり、輸出者は輸入者から代金が入金されるまで、資金負担をしなければなりません。特に、D/Aベースは、期限付きですので、より資金負担を強いられることになります。

4 L/Cコンファーム

輸出者は、信用状ベースの取引であっても、信用状発行銀行の信用に不安があったり、信用状発行銀行所在国の政治経済が混乱しているような場合、言い換えれば、発行銀行に信用リスクがあったり、所在国にカントリーリスクがある場合には、信用状（L/C）を受け取っても安心して輸出することが

できません。

　このような場合、輸出者は、信用状の信用度を高める目的で、発行銀行以外の国際的に信用の高い銀行に、信用状の「コンファーム（CONFIRMATION：確認）」をしてもらいます。

　すなわち、「L/Cコンファーム」とは、信用状発行銀行以外の銀行が、発行銀行の支払確約とは別個に支払確約を加えることで、信用状発行銀行が支払不能に陥った場合や、信用状発行銀行所在国の為替や貿易の制限などで資金の回収ができない場合などに対応するため利用されています（第7章①(5)②）。

　一般的に、輸出地の信用状通知銀行がコンファーム（確認）することが多く、「確認銀行」と呼ばれています。そして、確認銀行が新たにコンファームを加えた信用状を「確認信用状（CONFIRMED CREDIT）」といいます。

　確認銀行にとって、「コンファーム（確認）」は、信用状発行銀行に対する信用供与になりますので、確認銀行は、信用リスクやカントリーリスクなどを十分に検討したうえで、「コンファーム」するかどうか判断します。

　信用状の確認には2種類あり、信用状発行銀行の依頼に基づいてコンファームを行う「オープン・コンファーム」と、信用状発行銀行からではなく輸出者からの依頼により信用状発行銀行にサイレント（通知しない）でコンファームする「サイレント・コンファーム」があります。

　「サイレント・コンファーム」は、信用状発行銀行から確認の依頼を受けていないにもかかわらず、輸出者の依頼により、銀行が自行のリスクにおいて、信用状条件を充足する荷為替手形と引き換えに支払うことを輸出者に確約するものです。

　銀行は、直接に融資（資金支援）をするわけではありませんが、輸出者に対する支払確約ですので、「与信取引」（輸出金融）となります。

　図表9－3にサイレント・コンファームの仕組図を掲載しますので、参考にしてください。

図表9-3　L/Cサイレント・コンファームの仕組図

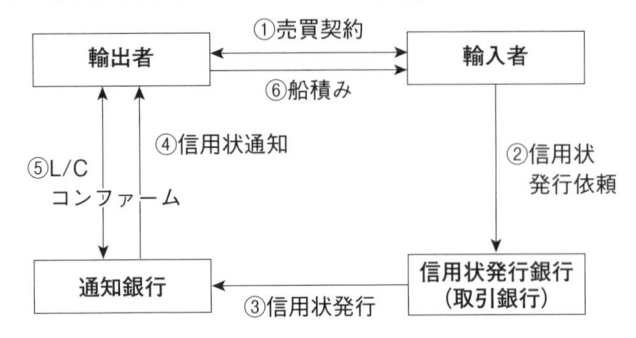

```
                    ①売買契約
      輸出者  ←――――――――――→  輸入者
              ⑥船積み

    ④信用状通知              ②信用状
⑤L/C                         発行依頼
コンファーム

      通知銀行  ←――――――――  信用状発行銀行
                ③信用状発行      （取引銀行）
```

① 売買契約……輸出者と輸入者との間で、売買契約を締結
② 信用状発行依頼……輸入者は、取引銀行に信用状（L/C）の発行を依頼
③ 信用状発行……信用状発行銀行は、通知銀行宛、信用状（L/C）を発行
④ 信用状通知……通知銀行は、輸出者に信用状をアドバイス
⑤ L/Cコンファーム……輸出者は、通知銀行にL/Cコンファームを申し込み、銀行はL/Cコンファームを実行
⑥ 船積み……輸出者は、輸入者宛に船積み

※以降のプロセスは、荷為替手形の決済方法と同じですので、省略します。

5　フォーフェイティング（FORFAITING）

　荷為替手形を銀行に買い取ってもらった後で、信用状発行銀行または手形支払人の支払不能などがあったときには、輸出者は買取銀行に対して資金の返済（買戻）を行わなければなりません。このようなリスクをヘッジする手段として、「フォーフェイティング」という輸出金融（トレード・ファイナンス）が利用されています。

　「フォーフェイティング（FORFAITING）」とは、輸出者の輸出代金にかかわる輸出債権を、信用状発行銀行または手形支払人の引受を前提として、取引銀行が買戻遡求権なし（NON RECOURSE：ノン・リコース、あるいはWITHOUT RECOURSE：ウィズアウト・リコース）で買い取る取引をいいます。

手形の引受を前提にしますので、期限付輸出取引に限定されます。「期限付き」とは、たとえば、「AT 120 DAYS AFTER SIGHT（一覧後120日払い）」などがあり、為替手形が支払人に呈示された日を起算として一定期間を経過した日を支払期日とするものです。輸入者に対して、一定期間（上記例では、手形を呈示した日の翌日から120日間）支払を猶予したものです。

　通常の荷為替手形の買取において、万一、手形が不渡となった場合、銀行は輸出者に対して買戻を請求し、資金の返還を求めますが、フォーフェイティングでは、この買戻遡求権を銀行が放棄した形で買い取ります。ここが通常の買取と大きく異なる点です。

　輸出者にとっては、輸出債権を「売切り」状態にすることが可能となるため、輸出債権回収リスクから完全に解放されます。

　フォーフェイティングは、輸出者にとって、次のようなメリットがあります。

① 通常の信用状付買取とは、別の資金調達の検討が可能になります。
② 輸入者の信用リスク、輸入者の所在する国のカントリーリスクをヘッジすることが可能です。
③ 貸借対照表（バランスシート）上の輸出売掛債権をオフバランス化する効果が期待できます。なお、オフバランス化の可否・会計処理については、公認会計士への相談が必要です。
④ 輸出債権の回収管理負担の軽減につながります。

　フォーフェイティングは、通常、信用状付荷為替手形取引において行われる取引ですが、輸入者の信用力が高い場合などには、信用状なし荷為替手形取引においても行うことがあります。また、フォーフェイティングの成立要件として、金額や手形期間などに制約がありますので、詳しくは、自行の手続を参照してください。

　上記④のL/Cコンファームと同様、銀行にとっては輸出者に対する与信取引になります。取引銀行の事前の審査および契約が必要となり、場合によっては利用できない場合があります。

　図表9－4にフォーフェイティングの仕組図を掲載しますので、参考にし

図表9-4　フォーフェイティングの仕組図

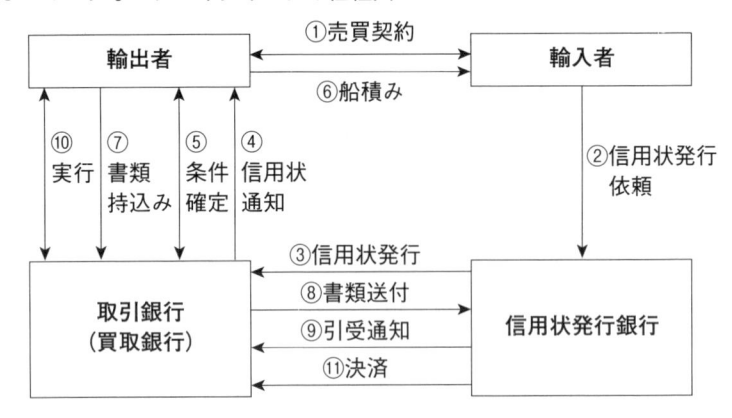

```
                    ①売買契約
   ┌──────────┐ ←─────────→ ┌──────────┐
   │  輸出者  │              │  輸入者  │
   └──────────┘  ⑥船積み     └──────────┘
                 ─────────→
    ↕  ↕  ↕  ↕                    ↓ ②信用状発行
   ⑩  ⑦  ⑤  ④                      依頼
   実 書 条 信
   行 類 件 用
      持 確 状
      込 定 通
      み    知
                ③信用状発行
   ┌──────────┐ ←─────────── ┌──────────┐
   │  取引銀行 │  ⑧書類送付   │信用状発行│
   │ (買取銀行)│ ───────────→ │   銀行   │
   │          │  ⑨引受通知   │          │
   │          │ ←───────────  │          │
   │          │  ⑪決済       │          │
   │          │ ←───────────  │          │
   └──────────┘              └──────────┘
```

① 売買契約……輸出者と輸入者との間で、売買契約を締結
② 信用状発行依頼……輸入者は、取引銀行に信用状（L/C）の発行を依頼
③ 信用状発行……信用状発行銀行は、信用状（L/C）を発行
④ 信用状通知……輸出者に信用状をアドバイス
⑤ フォーフェイティング条件確定……信用状に基づき、フォーフェイティングの条件を確定
⑥ 船積み……輸出者は、輸入者宛に船積み
⑦ 船積書類の持込み……輸出者は、取引銀行へ船積書類を持ち込む
⑧ 船積書類の送付……銀行は、船積書類を信用状発行銀行に送付
⑨ 引受通知……取引銀行は、信用状発行銀行から引受通知を受領
⑩ フォーフェイティング実行……輸出者は、取引銀行へ輸出債権を譲渡し、取引銀行は、フォーフェイティングを実行し、輸出者に買取代り金を支払う
⑪ 決済……買取銀行は、期日に信用状発行銀行から、資金の決済を受ける

てください。

6 インボイスディスカウント（INVOICE DISCOUNT）

「インボイスディスカウント」とは、後払送金ベースの輸出取引において、輸出者が輸入者に直接送付する船積書類（インボイス、船荷証券など）の写しを銀行が買い取る取引で、「買戻遡求権付き（ウィズ・リコース：WITH

RECOURSE)」での取扱いが一般的です。後払送金ベースの輸出取引の早期資金化、ならびに為替変動リスクヘッジニーズなどに対応するものです。

　輸出売掛債権を資金化する商品であり、ドキュメンタリーベース取引のみならず、送金ベース取引においても輸出債権ごと紐付きで、輸出債権を早期に資金化できます。

　インボイスディスカウントは、輸出金融商品（ファイナンス）としてのみならず、外貨建取引の場合には、為替リスクヘッジ商品としても、有効です。すなわち、買取と同時に円転することで、換算相場を確定することとなり、それ以降の為替リスクを解消できます。

　特に、海外子会社向け輸出（親会社から子会社への輸出）取引の場合、いわゆる、親子間取引の場合には、子会社に対し資金ニーズに応じた支払サイトを設定し、このインボイスディスカウントを利用することで、親会社の資金調達を実現する一方、子会社の資金繰りの負担を軽減できます。また、親子間の決済通貨を現地の販売通貨にあわせることで、海外子会社の為替リスクを軽減すると同時に、親子間の輸出売掛債権の買取を実行し円資金化することで、親会社の為替リスクも軽減する仕組みを構築することが可能です。

　上記5で説明したフォーフェイティングは、買戻遡求権を銀行が放棄した形で買い取りましたが、インボイスディスカウントは、銀行が輸出者に対して買戻遡求権を留保する形（WITH RECOURSE）での取扱いが一般的です。したがって、通常の荷為替手形の買取と同様、万一、期日に送金が行われなかった（輸入者が代金の決済をしなかった）場合には、銀行は輸出者に対して買戻を請求し、資金の返還を求めます。

　以上より、「インボイスディスカウント」は、輸出者にとって、次のようなメリットがあります。

① ドキュメンタリーベースのみならず、送金ベースの輸出債権についても、資金化が可能となります。
② 輸出代金を船積み直後に受け取ることにより、取引が発生するごとに紐付きの資金調達が図れます。
③ 外貨建輸出債権を早期に円資金化することにより、その後の為替変動リ

図表9-5　インボイスディスカウントの仕組図

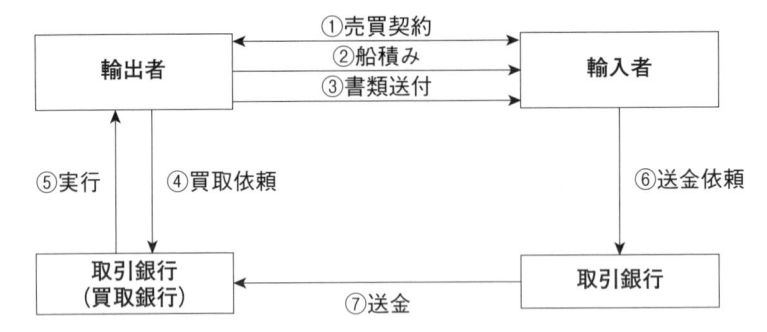

```
                    ①売買契約
     ┌──────┐  ②船積み   ┌──────┐
     │ 輸出者 │←─────────→│ 輸入者 │
     │      │  ③書類送付   │      │
     └──────┘              └──────┘
       ↑  ↓                    │
    ⑤実行 ④買取依頼        ⑥送金依頼
       │  ↓                    ↓
     ┌──────┐              ┌──────┐
     │取引銀行│              │取引銀行│
     │(買取銀行)│←───────────│      │
     └──────┘   ⑦送金       └──────┘
```

① 売買契約……輸出者と輸入者との間で、売買契約を締結
② 船積み……輸出者は、輸入者宛に船積み
③ 船積書類の送付……輸出者から輸入者宛に船積書類を送付
④ インボイスディスカウント依頼……輸出者は、取引銀行へ船積書類（インボイス、船荷証券など）の写しを持ち込み、買取を依頼
⑤ インボイスディスカウント実行……取引銀行は、インボイスディスカウントを実行し、輸出者に買取代り金を支払
⑥ 輸入決済送金の依頼……輸入者は、期日に輸入代金の送金取組みを依頼
⑦ 輸入決済送金……輸入者の取引銀行は、輸出者の取引銀行宛に輸入代金を送金。買取銀行は、輸入代金送金により、買い取った輸出債権を決済

スクを回避できます。
④ 特に、親子間取引の場合には、親会社の資金繰りに負担を与えずに、親子間の回収条件を柔軟に設定することが可能になります。

7　インパクトローン（IMPACT LOAN）

　輸出前貸は、基本的には一般の国内円融資が利用されますが、米ドルやユーロなどの外貨建ての輸出取引の場合は、輸出代金回収まで輸出者にとって為替変動リスクが発生しますので、「インパクトローン」が活用されることもあります。
　インパクトローンとは、外貨建貸付の一種で、輸出金融（ファイナンス）

としては、もちろんのこと、為替変動リスクを回避する目的で利用されています（第5章5参照）。

8 制度金融

　日本国内で生産された設備の輸出、または日本からの技術の提供（コンサルティング、海外土木建設工事）などに資金が必要な場合には、全額政府出資の株式会社日本政策金融公庫の国際金融部門である「国際協力銀行」の制度金融を利用することができます。

　融資形態は、日本の輸出者（サプライヤー）に対して資金を融資するサプライヤーズ・クレジットと、外国の輸入者（バイヤー）または金融機関に対して資金を直接融資するバイヤーズ・クレジットまたはバンク・ローンがあります。

　これは、取引銀行との協調融資の形となり、国際協力銀行の融資割合は、50～60％となっています。したがって、輸出者は、国際協力銀行の輸出金融を利用する場合には、まず取引銀行に相談します。

　たとえば、産油国で石油精製プラントを3年がかりで建設し、その工事代金をプラント完成後に生産される石油精製品の売買代金により、10年で回収するといったプロジェクトがあったとします。このような長期の案件においては、取引銀行と国際協力銀行との協調融資という形がとられます。

　国際協力銀行：全額政府出資の株式会社日本政策金融公庫の国際金融
　　部門。旧日本輸出入銀行の流れを汲み、主に海外での事業に関する
　　政策金融の機能を担っている。
　英称　JAPAN BANK FOR INTERNATIONAL COOPERATION
　略称　JBIC（ジェイビック）　http://www.jbic.go.jp

9 輸出関連保証

(1) 輸出関連保証とその種類

　大型設備の輸出や工場を海外に建設（プラント輸出）する事業は、金額も大きく、期間も数年と長期にわたることも少なくないことから、「輸出関連保証」という特有なスキームが発生します。

　「輸出関連保証」とは、大型設備の輸出や海外プロジェクトに伴う大口プラント輸出において、輸入者が輸出者に対して差入れを求める銀行保証で、直接に資金を必要としませんが、重要な輸出金融の1つです。

　輸入者より、輸出関連保証を要求された輸出者は、取引銀行に対して、それぞれの保証状の発行を依頼します。銀行にとっては与信取引となりますので、審査を経て、輸入者宛に保証状を発行します。

　代表的な輸出関連保証（ボンド）は、図表9－6のとおりです。

　保証状の発行形態には、契約の相手方（輸入者）に対して、輸出者の取引

図表9－6　輸出関連保証

種　類	内　容
入札保証（BID BOND）	入札の落札者（輸出者）が、契約締結をしなかった場合の損害を保証するもの
契約履行保証 （PERFORMANCE BOND）	輸出者の契約不履行を保証するもの
前受金返還保証 （REFUNDMENT BOND）	輸出者の契約不履行の際に、輸入者により支払われた前受金の返還を保証するもの
留保金返還保証 （RETENTOIN BOND）	留保金を解除するために、輸入者に差し入れられる保証
瑕疵担保保証 （WARRANTY BOND）	輸出契約の完了後に生じた瑕疵を輸出者が補修しないことによる輸入者の損害を担保する保証

銀行が直接発行する方式（本邦銀行直接発行方式、あるいは表保証方式）と、輸出者の取引銀行が海外現地のコルレス先に裏保証を行い、そのコルレス先に保証状の発行を依頼する方式（現地銀行発行方式、あるいは裏保証方式）があります。

(2) 入札保証（BID BOND）

大型設備やプラントの輸出契約が国際入札で行われる場合、無責任な入札を排除するため、発注者（輸入者）が入札の参加者に対して保証金の差入れを要求することがあります。

発注者（輸入者）は、落札者（輸出者）が正式な契約の締結を正当な理由もなく拒否した場合、保証金を没収しますので、この保証金は不良業者の応札を排除する役割を果たしています。

ただし、この保証金が現金で差し入れられることはまれで、通常は銀行の保証状（LETTER OF GUARANTEE）などにより対応します。この保証を「入札保証」といいます。

保証金額は、通常、契約金額の5％前後になっています。

図表9－7に、入札保証の仕組図（本邦銀行直接発行方式）を掲載しますので、参考にしてください。

(3) 契約履行保証（PERFORMANCE BOND）

国際入札における落札者に対して、あるいは一般的に輸出者に対して、輸出契約などの相手方（発注者、輸入者）から、契約の確実な履行の保証として保証金の差入れを要求される場合があります。

特に、多額の契約あるいは納期までに長期間を要する輸出や外国政府へのプラント輸出などの場合、こうした保証金の差入れが要求されます。

この保証金は、落札者（輸出者）が輸出契約を履行しなかった場合に没収されます。

この場合も、保証金が現金で差し入れられることはまれで、通常は銀行の保証状などにより対応します。このような保証を「契約履行保証」といいま

図表9-7　入札保証の仕組図（本邦銀行直接発行方式）

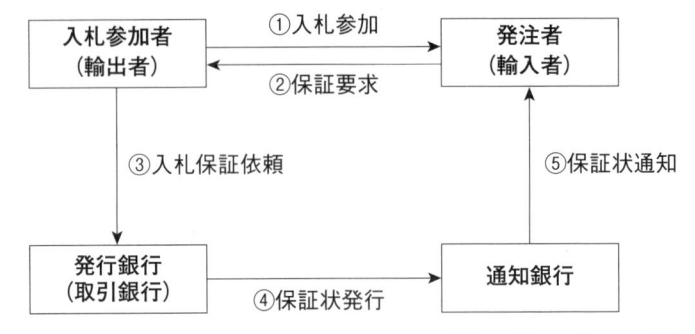

```
    入札参加者 ──①入札参加──→  発注者
    （輸出者）  ←─②保証要求──  （輸入者）
         │                          ↑
    ③入札保証依頼              ⑤保証状通知
         ↓                          │
    発行銀行
    （取引銀行） ──④保証状発行──→ 通知銀行
```

① 入札参加……入札参加者（輸出者）は、発注者（輸入者）に対し、入札への参加を意思表示
② 入札保証要求……発注者は、入札参加者に対し、入札保証（BID BOND）を要求
③ 入札保証発行依頼……入札参加者（輸出者）は、取引銀行に対し、保証状の発行を依頼。取引銀行は、発行の可否を検討のうえ、保証実行
④ 保証状発行……保証状発行銀行は、通知銀行宛に、保証状を発行
⑤ 保証状通知……通知銀行は、発注者に対して、保証状をアドバイスす。

保証金額は、通常、契約金額の10％前後です。

図表9-8に、契約履行保証の仕組図（現地銀行発行方式）を掲載しますので、参考にしてください。なお、現地銀行発行方式（裏保証方式）は、現地銀行の保証料も発生するため、本邦銀行直接発行方式（表保証方式）に比べて、費用が掛かります。

(4) 前受金返還保証（REFUNDMENT BOND）

船舶やプラントの輸出のように完成まで長期間を要する場合、工事の進捗状況に応じて、輸出代金の一部を前受金として受領する場合がありますが、このような場合、輸出者は、契約が不履行になった場合にそれまで受領した前受金の返還を保証する保証金の差入れを要求されることがあります。

この保証金も、通常、銀行の保証状などにより対応し、「前受金返還保証」といいます。輸出者の契約不履行を防ぐとともに、契約不履行の場合に前受

図表9-8 契約履行保証の仕組図（現地銀行発行方式）

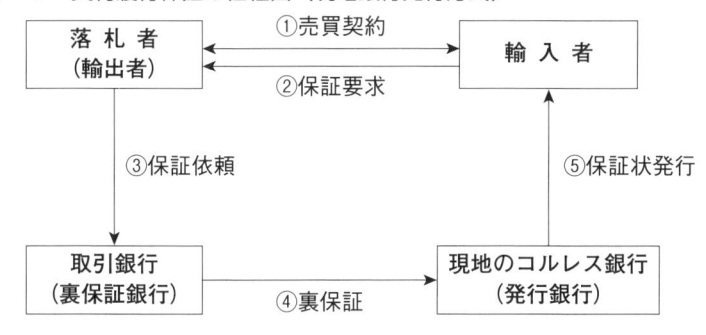

```
        ①売買契約
落 札 者 ←――――――→ 輸 入 者
(輸出者) ←――――――
        ②保証要求
   │                    ↑
   │③保証依頼     ⑤保証状発行│
   ↓                    │
取引銀行              現地のコルレス銀行
(裏保証銀行) ――――――→ (発行銀行)
              ④裏保証
```

① 売買契約……落札者（輸出者）と輸入者との間で、売買契約を締結
② 契約履行保証要求……輸入者は、落札者に対し、現地銀行発行の契約履行保証状を要求
③ 契約履行保証実行依頼……輸出者は、取引銀行に対し、現地銀行発行の契約履行保証状の発行を依頼。取引銀行は、発行の可否を検討のうえ、保証実行
④ 保証状発行依頼……輸出者の取引銀行は、現地のコルレス銀行に裏保証を行い、契約履行保証状の発行を依頼
⑤ 保証状発行……現地のコルレス銀行は、輸入者に対して、保証状を発行

金の返還を保証するものです。

(5) 留保金返還保証（RETENTION BOND）

長期にわたる工事では、出来高ごとに留保される金額が大きくなります。契約上では、留保金の一部解除を認める場合もありますが、その中途解除を保証するものです。

この保証を「留保金返還保証」といい、銀行の発行する保証状により対応しています。輸出者の契約不履行を防ぐとともに、契約不履行の場合に留保金の返還を保証するものです。

(6) 瑕疵担保保証（WARRANTY BOND）

工事完成後、瑕疵担保期間中に瑕疵が発見され、輸出者などが履行不能な場合、その修補債務を保証するものです。

この保証を「瑕疵担保保証」といい、銀行の発行する保証状により対応し

ています。輸出者などが瑕疵を補修しなかった場合に、輸入者は、保証銀行に対して求償することになります。

第10章

輸出代金の回収リスクヘッジ

1 輸出代金の回収リスクヘッジの意義

　経済のグローバル化が急速に進み、貿易取引の環境が多様化、複雑化するなかで、さまざまなリスク（危険）が発生しています。海外バイヤー（輸入者）の倒産、貿易取引の制限、為替取引の制限、温暖化・地震・津波などの自然災害、鳥インフルエンザなどの伝染病、戦争、革命、テロ行為、国連制裁などリスクの範囲は変化しつつ、拡大しています。

　海外との輸出取引においても、さまざまなリスクが伴います。輸出契約を行う際には、国内取引には存在しないようなリスクに配慮することが必要になります。たとえば、信用状（L/C）を条件に輸出契約を締結して商品を輸出しても、輸出相手国が戦争・内乱状態や経済危機に陥った結果、外貨送金が規制されたり、信用状発行銀行が破綻して、輸出代金の回収が不可能になるかもしれません。

　したがって、輸入者の代金支払不能などの信用リスクや輸入者の所在する国のカントリーリスクなどをいかにヘッジ・回避するかということが、非常に重要になってきます。すなわち、「輸出売掛債権の回収リスク対策」が必要不可欠といえます。

　輸出代金の回収リスクヘッジとしては、以下の手法があります。

① 　信用状（L/C）（第7章①参照）
② 　L/Cコンファーム（第9章④参照）
③ 　フォーフェイティング（第9章⑤参照）
④ 　輸出ファクタリング
⑤ 　独立行政法人 日本貿易保険の貿易保険
⑥ 　民間保険会社の取引信用保険

2　輸出ファクタリング

　「輸出ファクタリング」とは、信用状なし荷為替手形や後受送金ベースの輸出取引において、輸入者が財務上の理由で輸出代金を支払えなくなった場合に、輸出者が被る損失を、ファクタリング会社が保証する制度です。つまり、輸入者の支払不能などの信用リスクをヘッジするために、ファクタリング会社が輸出代金の回収を保証するものです。

　一般的に、ファクタリングとは、売主が商品の販売代金である売掛債権をファクタリング会社に買い取らせて資金化することをいいます。これを輸出代金に応用したものが「輸出ファクタリング」です。

　対象取引は、買取扱いの信用状なし荷為替手形取引のみならず、取立扱いの荷為替手形、後受送金ベースの輸出取引、仲介貿易における輸出取引など幅広く利用されています。

　対象となるリスクは、信用リスクのうち、財務上の理由による債務不履行リスクに限定され、マーケットクレーム・契約違反などによる不払やカントリーリスクなどの非常リスクは対象外となっています。

　対象国は、ファクタリング会社が提携する海外ファクタリング会社のカバーする国に限定され、ファクタリング会社の信用調査の結果、適格と認められたバイヤー（輸入者）が対象となります。

　担保金額は、手形金額またはインボイス金額の100％です。下記3(6)で説明する日本貿易保険の輸出手形保険では、リスク引受率は手形金額の95％となっており、輸出ファクタリングのほうが有利になっています。

　「輸出ファクタリング」は、輸出者にとって、次のようなメリットがあります。
① ドキュメンタリーベースのみならず、送金ベースの輸出債権についても、回収リスクヘッジが可能です。
② 信用危険のうち貸倒リスクについて、インボイス金額の100％を保証し

ます。
③ 保証履行後は、ファクタリング会社が債権回収をしますので、輸出者に債権回収義務はありません。

図表10－1に信用状なし荷為替手形買取の場合における、ファクタリングの利用合意から代金回収までの流れを掲載しますので、参考にしてください。

3 貿易保険

(1) 貿易保険の意義

輸出貨物の運送上の危険については、輸出契約に基づき輸出者または輸入者のいずれかが、海上貨物保険を付保することによりてん補されます。しかしながら、輸出取引においては、このほかに、バイヤー（輸入者）の破綻や業況悪化などにより輸出代金の回収が不能になる危険（信用リスク）、為替取引の制限または禁止、輸入制限または禁止、戦争・革命・内乱などの不測の事態発生などにより、輸出ができなくなる危険（カントリーリスク）などが予想されます。

そこで、通常の損害保険でてん補される貨物の滅失・毀損による損失を除いた信用リスクとカントリーリスクについて、これを救済し貿易の健全な発展を図る目的として、政府が設けた保険制度を一般に「貿易保険」といい、独立行政法人 日本貿易保険が運営しています。

独立行政法人 日本貿易保険
　英文名:NIPPON EXPORT AND INVESTMENT INSURANCE "NEXI"
　〒101－8359　東京都千代田区西神田3－8－1
　　　　　　千代田ファーストビル　東館3階　TEL．03－3512－7650

図表10-1　輸出ファクタリングの仕組図（信用状なし荷為替手形買取）

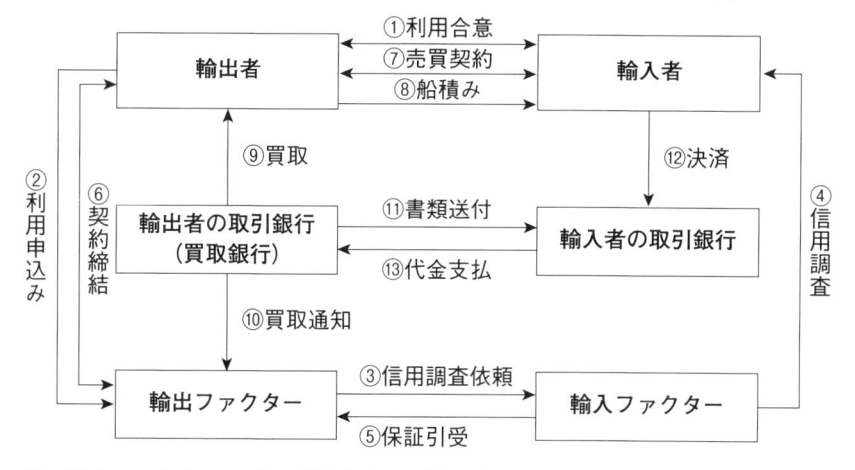

```
                    ①利用合意
     ┌─────────┐ ⑦売買契約 ┌─────────┐
     │ 輸出者  │←─────────→│ 輸入者  │
     │         │ ⑧船積み   │         │
     └─────────┘           └─────────┘
        ↑  ↑                    │
     ② ⑥  │⑨買取           ⑫決済│            ④
     利 契  │                    ↓            信
     用 約  ┌─────────┐ ⑪書類送付 ┌─────────┐ 用
     申 締  │輸出者の取引銀行│←────────→│輸入者の取引│ 調
     込 結  │（買取銀行）  │ ⑬代金支払│ 銀行    │ 査
     み     └─────────┘           └─────────┘
        │     ↑                                ↑
        │     │⑩買取通知                       │
        ↓     │                                │
     ┌─────────┐ ③信用調査依頼 ┌─────────┐
     │輸出ファクター│←─────────→│輸入ファクター│
     │         │ ⑤保証引受   │         │
     └─────────┘             └─────────┘
```

① 輸出ファクタリングの利用合意……輸出者と輸入者との間で、輸出ファクタリングの利用を合意します。
② 輸出ファクタリング利用申込み……輸出者は、輸出地のファクタリング会社（輸出ファクター）に、輸出ファクタリングを利用したい旨、申し込みます。
③ 輸入者の信用調査依頼……輸出ファクターは、輸入地のファクタリング会社（輸入ファクター）に輸入者の信用調査を依頼します。輸入ファクターは、輸出ファクターの依頼を受けて、信用調査を行うほか、その調査結果に基づいて、輸出ファクターが輸出者とファクタリング契約を締結する場合、原則としてその裏付けとなる保証、いわゆる裏保証を輸出ファクターに行う役割を果たします。
④ 輸入者の信用調査と保証引受の検討……輸入ファクターは、輸入者の信用調査を行い、輸入者の信用リスクを引き受けることができるかどうか検討します。
⑤ 保証引受通知……輸入ファクターは、保証引受が可能であると判断した場合、保証引受通知を輸出ファクター宛に発信します。これが③で述べた裏保証です。
⑥ ファクタリング契約締結……これを受けて、輸出ファクターは、輸出者と輸出ファクタリング契約を締結し、輸入者の信用リスクを保証します。
⑦ 売買契約……輸出者は、商品の輸出に関する正式な売買契約を輸入者と締結します。
⑧ 船積み……輸出者は、売買契約に従って、船積手続を行います。
⑨ 買取……輸出者は、荷為替手形とファクタリング契約書を取引銀行に呈示して、買取を依頼します。買取銀行は、荷為替手形がファクタリング契約書の条件と合致していることを確認のうえ、買い取ります。
⑩ 買取通知……買取銀行は、買取の事実を輸出ファクターに連絡します。

第10章　輸出代金の回収リスクヘッジ　265

⑪　書類送付……買取銀行は、輸入者の取引銀行に船積書類を送付し手形の決済を求めます。
⑫　荷為替手形の決済……取引銀行から手形の決済を求められた輸入者は、輸入代金の決済を行います。
⑬　代金支払……輸入者の取引の銀行は、輸出地の買取銀行宛に手形代り金を支払います。
　「輸出ファクタリング」は、上記の⑫の時点で、輸入者が財務上の理由で代金を支払えなかった場合に、その効果が発揮されることになります。

　さらに、日本貿易保険（NEXI：ネクシー）が引受を行うこの貿易保険は、国（経済産業省）が再保険を引き受けることにより、その信用が補完されています。
　このように、日本貿易保険は、独立行政法人として、公共上の立場から貿易保険商品を提供していることから、輸出債権の回収リスクヘッジツールとして、以下のような特徴があります。
①　輸入者の信用リスクに加え、輸入国のカントリーリスクもカバー
②　カントリーリスクの高い国も対象
③　手数料が比較的割安

(2) 貿易保険の種類

①　貿易一般保険（個別保険）

　輸出契約などにかかわる貨物の生産（集荷）、船積み、代金決済に至る一連のプロセスのなかで発生する損失をてん補する最も基本的な保険です。輸出取引において、輸入者の倒産や戦争・革命・輸入制限・テロ・自然災害といった不可抗力などによって、船積みできない損失または船積みした後に代金回収不能となる損失をカバーします。個別の輸出契約ごとに輸出者が任意に保険契約を申し込むものです。

②　貿易一般保険（企業総合保険）

　保険商品としては、上記①と同じですが、あらかじめ輸出者が日本貿易保険（NEXI）と特約を結ぶことにより、一定の期間（通常は1年）に一定の条件を満たしたすべての輸出契約などについて包括的に保険契約を締結するも

のです。

③ 中小企業輸出代金保険

　中小企業の輸出を特に支援するための中小企業専用の保険です。輸出代金の回収不能による損失をカバーし、保険申込手続の簡素化、保険金支払の迅速化など中小企業のニーズにあわせた商品となっています。

④ 限度額設定型貿易保険

　特定のバイヤー（輸入者）と定期的に輸出取引が行われる場合に適した年間契約保険です。当該バイヤーと1年間に見込まれる取引額から保険金額を設定して、保険契約を締結します。輸出者が、特定のバイヤー（輸入者）と継続的に行う輸出取引などにかかわる船積み前の船積不能および船積み後の代金回収不能リスクをてん補します。

⑤ 輸出手形保険

　銀行が買い取った荷為替手形（主に、信用状なし取引）が、輸入者からの支払を受けられなかったり、あるいは輸入者が支払を行っても、所在国の外貨事情により代金の回収ができなかったような場合、銀行が被った損失をカバーするものです。保険契約者と被保険者は、輸出者ではなくて、保険者（輸出者）の依頼を受けた銀行になります。

⑥ 輸出保証保険

　プラント輸出などにおいて、銀行が輸入者に差し入れる輸出関連保証状（第9章⑨で説明した入札保証、契約履行保証など）に関する保険です。輸出関連保証に対して、海外の発注者や輸入者などから保証状（ボンド）の不当な履行請求を受け、保証状の発行者である銀行が保証を履行したことにより受けた損失をカバーするものです。

(3) 貿易一般保険（個別保険）

① 貿易一般保険とは

　輸出取引において、商品の生産（集荷）から船積みそして代金決済に至るまでの一連のプロセスのなかで発生する損失をてん補するもので、たとえば、輸入者の倒産、あるいは戦争・革命・輸入制限・テロ・自然災害などと

いった不可抗力などによって、船積みできない損失または船積みした後に代金回収不能となる損失などをカバーする最も基本的な保険です。個別保険ですので、個々の輸出案件ごとに保険を掛けることになります。

② てん補される損失

てん補される損失は、以下の3つになります。

 a　輸出不能事故（貨物の船積不能）

　輸出契約が成立した後、船積みまでの間に、輸入者の破産や外国政府の一方的契約破棄などの信用リスク、あるいは相手国政府の輸入制限・禁止、戦争・革命・内乱などのカントリーリスクにより、船積みができなくなったことによる損失。

 b　代金回収不能事故（代金の回収不能）

　船積み後、輸入者の破産や債務不履行などの信用リスク、相手国政府の為替取引の制限・禁止、戦争・革命・内乱などのカントリーリスクにより、輸出代金の回収ができないことによる損失。

 c　増加費用事故（運賃または海上保険料の費用増加）

　非常危険の発生により、航路を変更したり、到着港を変更したりして、運賃や保険料が超過し、この超過額を負担することを余儀なくされたことによる損失。

(4) 貿易一般保険（企業総合保険）

　てん補可能なリスクは、上記(3)の貿易一般保険（個別保険）と同じですが、貿易一般保険（企業総合保険）は、あらかじめ締結する特約書（特約期間は1年）に基づき対象となるすべての輸出契約などについて包括的に保険契約を締結するものです。

　特定の輸出契約などを個別に締結する個別保険と異なり、輸出取引相互間でリスク分散がなされるため、個別保険料率に比べて低廉な料率での契約が可能です。

　特約書締結時に、バイヤー（輸入者）ごとに向こう1年間の与信枠を設定しますので、与信枠が安定的に確保されます。

(5) 中小企業輸出代金保険

　中小企業輸出代金保険とは、中小企業の輸出を特に支援するための中小企業専用の保険で、輸出代金の回収不能による損失をてん補します。
　この保険の特徴は、下記のとおりです。
① 　輸出契約ごとの個別保険
② 　輸出代金の回収不能リスク（船積み後リスク）のみをカバーし、損失額の95％をてん補
③ 　保険申込手続の簡素化、保険金支払の迅速化

(6) 輸出手形保険

① 輸出手形保険とは

　「輸出手形保険」とは、銀行が買い取った荷為替手形（主に、信用状なしベース取引）が支払われなかったことにより、あるいは輸入者が支払っても、相手国の外貨事情により代金の回収ができなかったような場合、買取銀行が被った損失を、独立行政法人 日本貿易保険（NEXI）が補償するものです。

　具体的には、銀行が輸出代金回収のために振り出された荷為替手形を買い取った場合に、輸入者の資金繰り悪化・破産など輸入者の責任により発生する「信用リスク（COMMERCIAL RISK、CREDIT RISK）」や、輸入や為替取引の制限・禁止、戦争・内乱・革命、自然災害といった輸入者には責任がない不可抗力的な「非常リスク（POLITICAL RISK）」によって、その手形が不払いになり資金の回収ができないことによる損失をカバーするものです。

　通常、買取銀行は、輸入者からの支払が受けられなかった場合、依頼人である輸出者に対して荷為替手形の買戻を請求します。したがって、銀行は、輸出者の買戻能力を前提に荷為替手形の買取を行いますが、輸出手形保険付きの場合は、日本貿易保険に保険金を請求することになります。

　銀行は、この保険金により大部分の損失をカバーできるため、輸出者の買戻能力を懸念することなく、買取に応じることができます。これにより、銀

行における信用状なし荷為替手形買取という与信取引が、円滑に行われるようになります。輸出者は、不渡になっても、銀行から買戻の請求を受けませんので、結果として輸出者の負担する代金回収リスクはカバーされることになります。

　買取銀行が、当該の荷為替手形を輸出者から買い取ったことを、日本貿易保険に通知することにより、保険関係が成立し、銀行が荷為替手形の決済を受けることができなかった場合、日本貿易保険がてん補します。

　輸出手形保険は、各銀行ごとに、あらかじめ日本貿易保険と契約を締結し、手形支払人の格付などの一定の要件を満たす場合には、銀行が買取後5営業日以内に買取通知書を日本貿易保険に提出することにより、買取日にさかのぼって成立します。

　以上からもわかるように、上記(3)～(5)で説明した貿易保険とは異なり、保険契約者および被保険者は、輸出者ではなく、「銀行」になります。ただし、保険料は、全額、買取依頼人である輸出者の負担となります。したがって、この保険は、直接的に銀行を保護し、間接的に輸出者を保護するものであるといえます。

　損失のカバー率は、手形金額の95％です。したがって、残りの5％は、保険金受領後、輸出者に買い戻してもらうことになります。

　輸出手形保険を付保しようとする場合には、輸入者（バイヤー）について、信用調査を行い、「海外商社名簿」に登録しなければなりません。海外商社名簿には、バイヤーの名称、住所および信用状態などを示す「格付」が付されています。これにより、当該バイヤーを支払人とする手形について輸出手形保険が付保できるかどうかを判断します。

　この「海外商社名簿」および「格付」に関する問い合わせ先は以下のとおりです。

　　独立行政法人 日本貿易保険（NEXI）
　　　本店営業第一部　TEL.0120-671-094（フリーダイヤル）、
　　　　　　　　　　　TEL.03-3512-7720

大阪支店	TEL.0120-649-818（フリーダイヤル）、 TEL.03-6233-4018

また、輸出手形保険全般についての問い合わせ先は以下のとおりです。

独立行政法人 日本貿易保険（NEXI）	
本店お客様相談室	フリーダイヤルは上記に同じ TEL.03-3512-7712
大阪支店お客様相談室	フリーダイヤルは上記に同じ TEL.06-6233-4017

② 輸出手形保険の仕組み（信用状なし荷為替手形の場合）

　輸出手形保険は、信用状付荷為替手形でも利用できますが、通常、信用状付取引で利用することはほとんどないため、図表10－2に信用状なし荷為替手形（D/P AT SIGHT）を例として掲載しますので参考にしてください。

　輸出手形保険を利用する場合には、まず、手形支払人（輸入者）が輸出手形保険制度の海外商社名簿において、一定以上に格付されていることを確認する必要があります。

　輸出手形保険の役割は、輸入決済が行われなかった場合に、その効果が発揮されることになります。すなわち、信用リスクまたは非常リスクにより、荷為替手形が支払われなかった場合、取立銀行からその旨、買取銀行に連絡が来ますが、輸出手形保険を利用している場合、買取銀行は、輸出者に買戻を請求するのではなく、保険者である日本貿易保険に保険金を請求し、その保険金で被った損害をカバーします。

(7) 民間保険会社の輸出取引信用保険

　前記(2)～(6)で説明した貿易一般保険（個別保険、企業総合保険）、限度額設定型貿易保険および輸出手形保険などは、独立行政法人 日本貿易保険が運営する貿易保険でしたが、現在では、民間の保険会社もさまざまな輸出に関

図表10-2　輸出手形保険の仕組図（信用状なし荷為替手形買取）

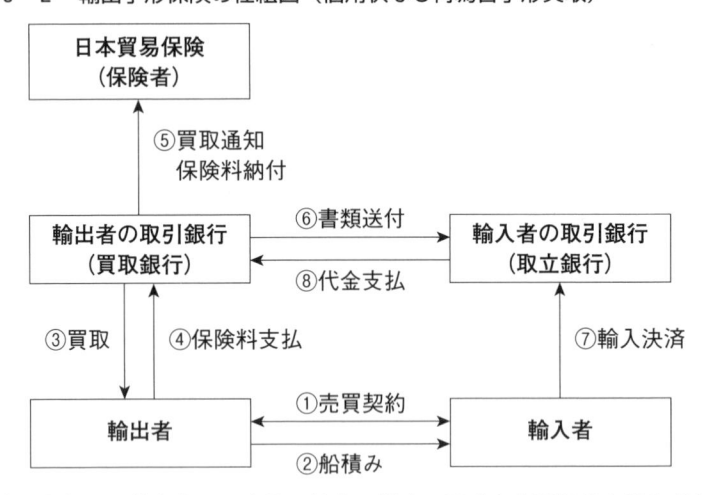

```
                    日本貿易保険
                    （保険者）
                        ↑
                    ⑤買取通知
                     保険料納付
                        │
    輸出者の取引銀行  ──⑥書類送付──→  輸入者の取引銀行
    （買取銀行）      ←──⑧代金支払──   （取立銀行）
      ↑  │                                  ↑
      ③買取 ④保険料支払                    ⑦輸入決済
      │  ↓                                  │
      輸出者        ──①売買契約──→        輸入者
                   ──②船積み──→
```

① 売買契約……輸出者は、商品の輸出に関する正式な売買契約を輸入者と締結します。
② 船積み……輸出者は、売買契約に従って、船積手続を行います。
③ 買取……輸出者は、荷為替手形を取引銀行に呈示して、「輸出手形保険付保扱い」の買取を依頼します。買取銀行は、荷為替手形が輸出手形保険の成立要件を満たしているかを確認のうえ、買い取ります。
④ 保険料支払……買取銀行は、買取代金の入金と同時に、輸出者から輸出手形保険の保険料を受け取ります。
⑤ 買取通知および保険料納付……買取銀行は、日本貿易保険に買取の事実を通知するとともに、保険料を納付します。これにより、買取銀行と日本貿易保険との間で当該輸出取引にかかわる保険が成立します。
⑥ 書類送付……買取銀行は、輸入者の取引銀行に船積書類を送付し手形の決済を求めます。
⑦ 荷為替手形の決済……取引銀行から手形の決済を求められた輸入者は、輸入代金の決済を行います。
⑧ 代金支払……輸入者の取立銀行は、輸出者の買取銀行宛に手形代り金を支払います。

する取引信用保険を取り扱っています。

　民間の保険会社は、下記のニーズに対応する輸出取引信用保険を取り扱っていますが、保険の名称、てん補範囲、損失のカバー率、免責事項、保険料などは各会社によって異なります。

① 輸出および仲介貿易にかかわるリスクをてん補する保険
② 輸出代金貸付および仲介貿易代金貸付にかかわるリスクをてん補する保険
③ 船積み後の荷為替手形不渡による銀行などの損失をてん補する保険
④ 輸出保証にかかわるリスクをてん補する保険　など

第11章

輸入取引の仕組み

1 輸入契約までの流れ

(1) 輸入契約までの流れ

　輸入取引を始めるきっかけは、輸出取引の場合と同様にさまざまです。「従来、商社を通じて原材料を輸入していたメーカーが、コスト軽減の観点より、同じ相手先（輸出者、シッパー）から直接輸入を始めた」「相手先が日本に営業セールスにやって来たことから輸入が始まった」「取引関係業者・同業者・知人などの紹介により輸入が始まった」など、さまざまな契機が考えられます。

　しかしながら、一般的にいえば、この相手先を決めるまでには、相当な時間と労力がかかります。

　それでは、輸入契約までの一連の流れについて、順を追って説明していきます。

① 海外市場調査

　まず、輸出取引の場合と同様に、相手国の市場調査を行い、どの国からどのような商品を輸入するかを検討しなければなりません。具体的な調査項目等については、第8章①(1)①を参照してください。

② 相手先（輸入仕入先）の選定

　「輸入」とは、国内取引でいえば、「仕入れ」に当たりますので、輸出の販売活動と違って、比較的簡単に相手先（輸入仕入先）を見つけることができます。相手先の具体的な選定方法については、第8章①(1)②を参照してください。

③ 信用調査

　候補先を選定したら、次に相手先の信用調査を行うことが必須です。信用調査については第8章①(3)を参照してください。

④　輸入規制の確認

現在、商品などの輸入は、原則として自由化されていますが、貿易と国民経済の健全な発展、平和と安全の維持などの見地から、「外為法」をはじめとして各種法令に基づく規制がありますので、契約締結前に注意する必要があります。

⑤　取引の申込み・輸入商談

信用調査などにより、相手先（輸出者、シッパー）の信用リスクに問題がなければ、相手先に取引希望を述べた取引の申込状（PROPOSAL：下記(4)参照）を送ります。相手先から引合い（INQUIRY）があれば、さらに成約に向けて商談を進めます。

(2) 現地出張

海外へ出張するに際しては、訪問先の信用調査など国内で事前に準備可能なことは、念入りに行うことが重要です。

訪問先としては、次のような先が考えられます。

①　現地の商工会議所・業界団体事務所……現地の商工会議所・業界団体事務所を訪ね、会員の名簿を入手します。日本でもそうですが、通常有料で、名簿を配布しています。そのなかから、候補先を選定し、直接交渉します。可能であれば、商工会議所および業界団体に取引先を紹介してもらう方法が有効です。

②　貿易斡旋機関、トレード・ダイレクトリーなどで入手した情報に基づく相手先……貿易斡旋機関、トレード・ダイレクトリー、業界紙、専門誌、新聞広告、インターネットなどから、取引相手となる候補先を選定し、訪問します。

(3) 信用調査

相手先（輸入仕入先）に対しての信用調査は、輸出取引の場合と同様に、信用調査機関（興信所）に直接依頼する方法と、取引銀行に申し込む方法とがあります（第8章①(3)参照）。

(4) 取引申込状 (PROPOSAL)

　相手先の信用調査にも問題がなければ、相手先に取引希望を述べた取引の申込状 (PROPOSAL) を送ります。すなわち、新規取引の申込みと輸入を検討するための資料を請求するもので、下記の事項を記載します。

① 取引の相手方として選んだ経緯……どのようにして相手方を知ったのかを記載します。
② 取引を開始したい意思……輸入したい商品に大変興味があるなどと記載します。
③ 取引を希望する商品名……商品の価格は、まだこの段階では、最終的なものではありません。正式なオファーの段階で確定します。
④ 自社紹介……自分の会社は、どのような会社なのか、業種、経歴、資本金、取扱商品などのほか、相手先に知っておいてほしい自社の特徴、長所などを記載します。
⑤ 取引銀行……輸入代金決済のためのルートとして、取引銀行も記載する必要があります。
⑥ 取引条件……初めての先であれば、信用状ベースにするのがよいでしょう。その他、納期などについても記載しておきます。
⑦ カタログ・リクエスト……カタログ、サンプル、輸出価格表、その他参考資料などを要求します。特に、サンプルは、カタログ、写真、イラストではわからない商品の実体がよくわかりますので、国内販売先へのセールスには有効です。

　このような申込状に対して、相手先 (輸出者、シッパー) が関心をもったときは、具体的な引合い (INQUIRY) が来て、輸入者が正式にオファー (OFFER) を出す段階になります。

2 輸入契約の成立

(1) 輸入契約の締結・成立

契約の流れは輸出取引と同様に、「①オファー→②カウンターオファー→③ファーム・オファー→④契約の成立」となります。詳細については、第8章②(1)を参照してください。

なお、輸出の場合にもいえることですが、契約書を取り交わすときは、相手の作成した契約書に署名をして取り交わすよりも、輸入者自らが作成した契約書を相手先に示して取り交わしたほうが、何かと有利な条件をつけることができます。

(2) 基本契約条件

売買契約書に盛り込む基本的な取引条件は、品質、数量、価格、船積みの時期、保険の条件、決済方法、紛争解決条項などがありますが、内容については、輸出と同じですので、第8章②(2)を参照してください。当然ですが、貿易取引において、輸出と輸入は表裏の関係で、輸出取引と輸入取引は同居することになります。

3 信用状の発行

(1) 信用状の発行

① 信用状（L/C）の発行手続

信用状付荷為替手形ベースでの取引であれば、売買契約の成立後、輸入者は、取引銀行に信用状の発行（オープン）を依頼します。

信用状（L/C）は、信用状発行銀行が輸入者にかわって、一定の条件のもとに輸入代金を支払うことを確約したものです（信用状の詳細については、第7章①参照）。

　したがって、信用状発行銀行にとっては、融資取引と同じく、輸入者に対して信用を供与する行為となるため、担保などが必要となる場合があります。また、輸入者が発行を依頼してから実際に発行されるまでに日数がかかることがあるため、取引銀行としては、輸入者から早めに申込みをしてもらうことが必要です。

　なお、信用状の発行依頼時には、貨物が到着してから販売代金を回収するまでの間の金融（ファイナンス）についても、同時に申し込むことができます。

② **信用状取引の契約**

　上記①のとおり、信用状の発行を依頼してから実際に発行されるまでに日数がかかることがあるため、特に初めて、信用状の発行を取引銀行に依頼する輸入者については、早めに申し込むことが必要です。

　信用状の発行は、銀行にとって信用を供与する行為であり、銀行内部で審査が行われます。審査の終了後に、輸入者は銀行と信用状取引の契約を結び、必要に応じて担保などを差し入れます。

　信用状取引の開始時に、銀行に提出する書類は次のようなものです。

・銀行取引約定書
・信用状取引約定書
・輸入担保荷物保管に関する約定書（輸入ユーザンス、荷物貸渡が見込まれる場合）

③ **輸入信用状発行依頼書**

　輸入信用状の発行を依頼するときは、輸入信用状発行依頼書（英文）に内容を記入し、署名または記名捺印のうえ、取引銀行に提出します。輸入信用状発行依頼書への記入事項と要領は、以下のとおりですが、信用状発行依頼書については、自行の様式を参照してください。

a 依頼人（輸入者、APPLICANT）

信用状は英文で発行されるので、依頼人名、住所を英文で記入します。取引銀行に届け済みの署名または記名捺印が必要になります。

b 通知方法

原則として、スイフト（SWIFT：国際銀行間データ通信システム）により、信用状を輸出地の通知銀行にアドバイス（通知）します。

c 通知銀行

信用状の通知銀行として、通常、輸出者の取引銀行を指定しますが、特になければ信用状発行銀行の選択に任せます。

d 有効期限（EXPIRY DATE）

輸出者が、船積み後に買取銀行へ船積書類を呈示するまでの日数を考慮して、通常、船積期限から10日後をメドに、有効期限を設定しています。

e 受益者（BENEFICIARY）

輸出者のことで、会社名、住所、国名まで正確に記入します。

f 金額（AMOUNT）

信用状金額を記入します。10％の金額増減許容条件の場合には、金額の頭部「ABOUT」をつけます。その他の金額増減許容の場合には、たとえば、「5％　MORE OR LESS ALLOWED」のように記入します。

g 確認（CONFIRM）

確認とは、信用状発行銀行の信用などを補完する意味で、別の銀行がさらに支払の確約を付加することをいいます。輸出者との契約で確認信用状の発行を条件としている場合には、確認信用状とします。

h 譲渡可能（TRANSFERABLE）

譲渡可能信用状となる場合には、「TRANSFERABLE」の箇所に表示します。

i 分割船積み（PARTIAL SHIPMENTS）

貨物の分割船積みを許容する場合には、「ALLOWED」を、許容しない場合には、「PROHIBITED」を選択します。

j　積替え（TRANSHIPMENTS）

貨物の積替えは、紛失や破損などの原因になることがあるため、なるべく「PROHIBITED」にすることが望ましいですが、わが国への直行便がない場合は、「ALLOWED」を選択します。

k　船積期限（LATEST DATE FOR SHIPMENT）

売買契約書に従って、船積期限を記入します。

l　手形期間

一覧払信用状の場合には、「AT SIGHT」を選択し、期限付信用状の場合には、たとえば、「AT 120 DAYS AFTER SIGHT」というように手形期間を記入します。

m　積込港、陸揚港

船積港または出発空港、荷揚港または到着空港を記入します。

n　商品名、数量

具体的な商品名と数量を記入します。

o　建値（TRADE TERMS）

売買契約に従って、FOB、CFR、CIFなどの貿易取引条件を記入します。

p　インボイス（商業送り状）

通常、3通程度のインボイスを要求します。

q　船荷証券（B/L）、航空貨物運送状（AIR WAYBILL）

海上輸送の場合は船荷証券を、航空輸送の場合は航空貨物運送状を選択し、通常3通要求します。FOB契約の場合は、運賃輸入者負担ですので「FREIGHT COLLECT」を、CFRやCIF契約の場合は、運賃輸出者負担ですので「FREIGHT PREPAID」を選択します。

r　保険証券（INSURANCE POLICY）

CIF契約などの場合に、通常2通の保険証券を要求します。

s　その他の書類

包装明細書（パッキングリスト）、原産地証明書、検査証明書などの必要書類と通数を記入します。

t 船積日後の書類呈示期間

船積日後の船積書類呈示期間を記入します。たとえば、船積期限と有効期限との間を10日間としている場合は、10日間にあわせるのが通常です。

u 特別な条件（SPECIAL INSTRUCTIONS）

上記の事項以外に、売買契約で特別な条件が結ばれているような場合には、その内容を記入します。

④ 信用状の条件変更

輸入信用状の発行後に、売買契約が変更になったときには、輸入信用状の条件変更（AMENDMENT：アメンド）を行います。この場合、輸入信用状条件変更依頼書を作成して、取引銀行に提出します。

信用状統一規則では、信用状の条件変更は、内容が受益者（輸出者）の有利・不利を問わず、すべての関係当事者（発行銀行、受益者、もしあれば確認銀行）の同意を必要としていますが、実務上は受益者に不利な条件変更のみ同意を求めています。

(2) 輸入に関する法規制

輸入取引は、現在、原則として自由化されていますが、国の安全保障、国際協定の遵守、輸入取引秩序の維持といった観点から、次のような規制がありますので、売買契約締結前に十分注意する必要があります。

① 品目・地域による規制

a 輸入割当品目

品目によっては、輸入割当てを受けた者でないと輸入できない貨物があります。輸入割当制度のことを「IMPORT QUOTA SYSTEM」といい、これに該当する貨物を「輸入割当品目」、または「IQ品目」といいます。

経済産業大臣により輸入公表されますが、その内容については、『外国為替・貿易小六法』や、経済産業調査会の日刊紙「経済産業公報」、ジェトロ発行の「通商弘報」などを参考にしてください。

たとえば、近海魚、食用の海草、人用ワクチン、火薬類、軍用飛行機、武器、原子炉などの非自由化品目、そしてワシントン条約に基づく絶滅のおそ

れのある野生動植物などの国際協定規制品目があります。これらの貨物の輸入については、経済産業大臣の承認が必要になります。

　b　特定地域からの輸入

特定の地域を原産地または船積地域とする特定貨物の輸入は、経済産業大臣の承認が必要になっています。この内容も輸入割当品目と同様に、経済産業大臣により公表されます。たとえば、北朝鮮からの全貨物の輸入、イランからの武器関連物資の輸入などがあげられます。

② その他の規制

上記①以外にも、たとえば、食品衛生法、薬事法、植物防疫法、家畜伝染病予防法、家庭用品品質表示法、麻薬取締法などに基づいて、輸入禁止または関係官庁の承認や許可を必要とするものがありますので、十分に留意してください。

4　輸入代金の決済方法

(1)　輸入代金の決済方法

輸入代金の決済方法は、輸出取引と同様に、大別すると図表11－1のとおり「送金ベース」と「荷為替手形ベース」に分けることができます。詳しくは、第8章6(1)を参照してください。

(2)　送金ベースによる輸入決済

① 概　　要

輸入代金を送金によって決済することは、最もシンプルな方法です。輸入者は、下記の図表11－3および図表11－5のとおり、海外の輸出者に対して、取引銀行経由で送金を取り組みます。

ただし、送金ベース取引は、船積書類の送付について銀行が関与しませんので、輸出者は、輸入者に対して、売買契約に基づいて厳格な書類の送付手

図表11-1　輸入決済方法の種類

```
送金ベース ─┬─ 前払送金
            └─ 後払送金

荷為替手形 ─┬─ 信用状付輸入為替
ベース      └─ 信用状なし輸入為替 ─┬─ D/Pベース
                                    └─ D/Aベース
```

続を行わなければなりません。特に、船荷証券（B/L）は、有価証券ですので、慎重な取扱いが必要です。

② **前払送金**（図表11-2、図表11-3参照）

輸入者は、商品を受領する前に輸出者に代金を支払いますので、資金負担があり、そのうえ、商品入手リスクがあるきわめて不利な決済方法です。一方、輸出者は、代金を受領してから商品を船積みしますので、大変有利な決済方法となります。

したがって、輸出者が輸入者に信用リスクがあると判断した場合や、輸入者と輸出者との力関係で輸出者が特に強い立場にある場合、金額が少額の場合などに利用されます。

上記の輸入者の信用リスクと商品入手リスクを解消する方法として、信用状（L/C）があります。

また、輸入者の資金負担を解消するためには、送金ユーザンスなどの輸入

図表11-2　前払送金のメリット・デメリット

	メリット	デメリット
輸入者	なし	・商品入手リスクあり（異なる商品を送付されるリスク、数量不足のリスクを含む） ・資金負担あり
輸出者	・代金回収リスクなし ・資金負担の軽減／なし（注）	なし

（注）　代金の回収が、商品の出荷よりかなり前であれば、その資金を製造・集荷資金に充当できるため、そのような場合は資金負担をしないことになり、輸出者にとっては、特に有利になります。

第11章　輸入取引の仕組み

図表11-3　前払送金ベースの仕組図

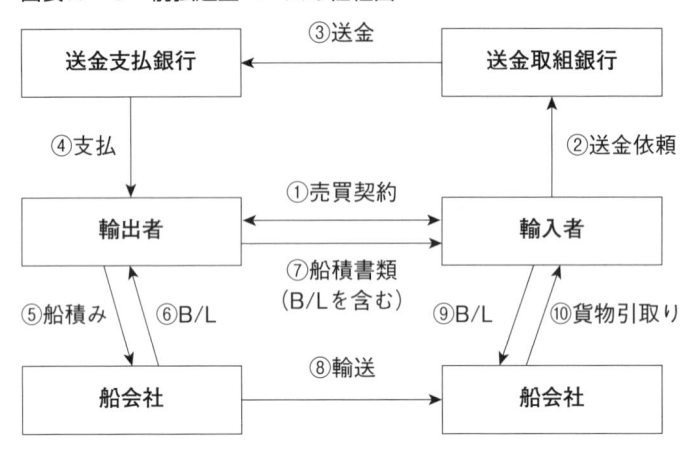

```
                      ③送金
     送金支払銀行 ←──────────── 送金取組銀行
         │                              ↑
      ④支払                          ②送金依頼
         ↓          ①売買契約           │
       輸出者 ←───────────────────→ 輸入者
         │↑        ⑦船積書類          ↑ ↑
     ⑤船積み ⑥B/L   (B/Lを含む)    ⑨B/L  ⑩貨物引取り
         ↓│                          │  │
       船会社 ──────────────────→ 船会社
                     ⑧輸送
```

ファイナンスがありますが、第12章「輸入金融」で解説します。

いずれにしても、「前払送金」は、図表11-2で明らかなように、あらゆる面において輸入者にとって、デメリットが多い代金決済方式といえます。

③　**後払送金**（図表11-4、図表11-5）

輸入者は、商品を受け取ってから代金を支払いますので、きわめて有利ですが、輸出者は、代金回収前に出荷しますので、代金回収リスクが残り、大変不利な方法です。

このため、長年取引を行っていて信頼関係が確立されている取引先との取引や、親会社と子会社（関連会社同士）の取引などに限定されています。また、輸入者と輸出者との力関係で輸入者が特に強い立場にある場合や、金額が少額の場合などに利用されます。

したがって、輸入取引を新規で始める場合、大口取引の場合などには、信用状ベースの決済方法が多く利用されます。

④　**同時決済送金の活用**

上記のように、「送金ベース決済」は、「前払送金」「後払送金」のどちらにしても、輸入者か輸出者のどちらかが偏ったリスクを負わなければなりませんので、長年取引を行っていて信頼関係が確立されている取引先との取引

図表11-4　後払送金のメリット・デメリット

	メリット	デメリット
輸入者	・商品入手リスクなし ・資金負担なし（注）	なし
輸出者	なし	・代金回収リスクあり ・資金負担あり

（注）　商品受領××日後送金のような条件では、輸入商品を販売して回収した資金を送金に充当できるようなケースもあり、そのような場合は輸入者に特に有利です。

図表11-5　後払送金ベースの仕組図

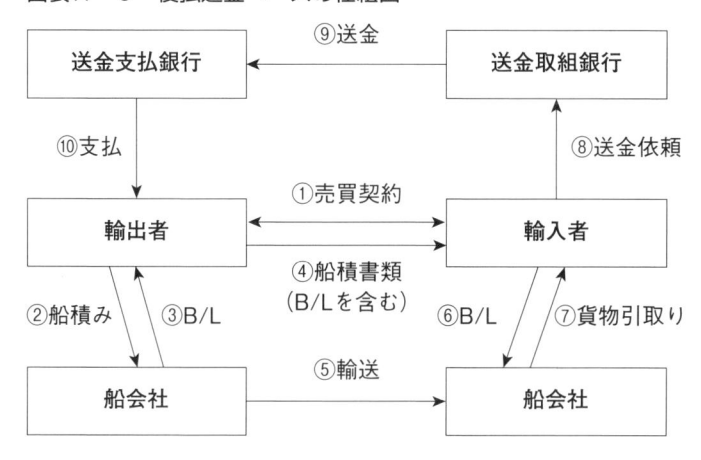

（送金支払銀行 ←⑨送金─ 送金取組銀行／⑩支払／⑧送金依頼／①売買契約／輸出者─輸入者／②船積み　③B/L／④船積書類（B/Lを含む）／⑥B/L　⑦貨物引取り／船会社─⑤輸送─船会社）

や、親会社と子会社（関連会社同士）の取引などに限定されています。

　この輸入者か輸出者のどちらかに偏ったリスクを解消するために、輸出者は、出荷と同時に輸入者に船積書類のコピーを送付し、輸入者は、船積みを確認でき次第、代金決済送金を取り組む同時送金という方法も多く利用されています。

⑤　組み合わせ送金

　貿易実務においては、上記②〜④の3つの送金を組み合わせて行うケース、たとえば、前払30％、同時50％、後払20％などが、非常に多くなっています。

図表11－6　信用状付荷為替手形取引のメリット・デメリット

	メリット	デメリット
輸入者	・信用状発行銀行が信用補完してくれる（後払送金では輸入できないようなケースでも輸入が可能になる）	・到着した船積書類が信用状の条件を充足していれば、商品が売買契約したものと異なっていても、支払を拒むことができない
輸出者	・輸入者の信用リスクの解消 ・取引銀行から買取に応じてもらいやすい（資金繰りの問題の解消）	・契約どおりの商品を輸出しても、船積書類が信用状の条件を充足していない場合、信用状発行銀行の支払を受けることができない

(3) 信用状（LETTER OF CREDIT：L/C）の役割

信用状を利用することにより、輸入者は、前記(2)②で説明したような前払送金でみられた偏ったリスクを回避しつつ、後払送金では輸入できない（輸出者が輸出に応じない）ようなケースでも輸入が可能になります（図表11－6参照）。

信用状の役割については、第8章⑥(3)で詳しく解説していますので参照してください。

(4) 信用状付荷為替手形による決済の仕組み

信用状付荷為替手形の仕組みを図表11－7として再掲します。それぞれの項目の詳しい解説については、第8章⑥(4)を参照してください。

(5) D/Pベース取引とその特徴

D/Pベース取引のメリット・デメリットは、図表11－8のとおりです。詳しい解説については、第8章⑥(5)を参照してください。

(6) 信用状なし荷為替手形D/Pベースの仕組み

信用状なし荷為替手形D/Pベースの仕組みを図表11－9として再掲しま

図表11-7　信用状付荷為替手形取引の仕組図

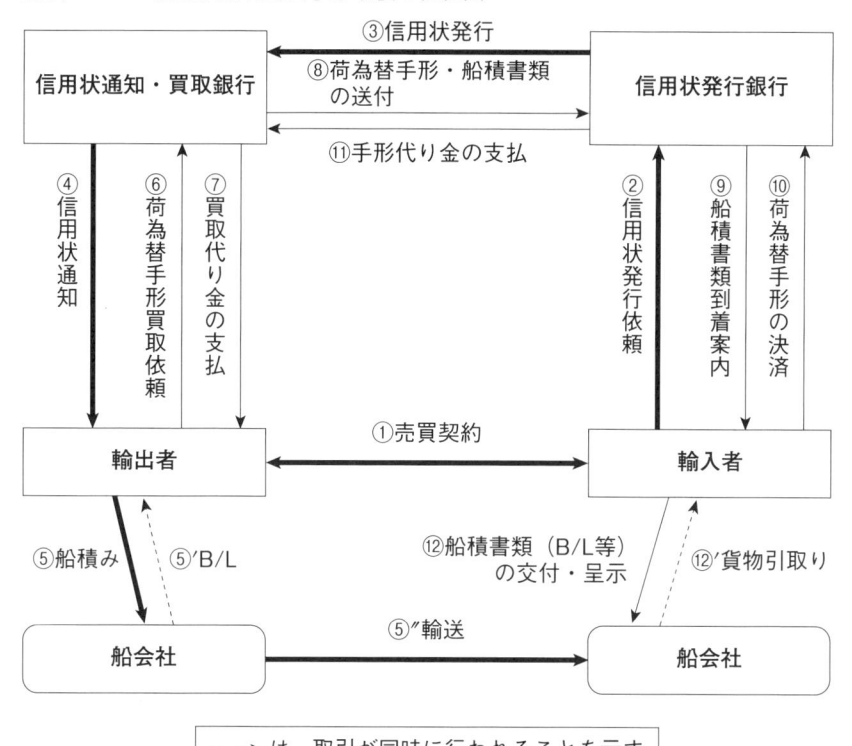

```
                      ③信用状発行
  ┌─────────────┐  ←───────────────  ┌─────────────┐
  │信用状通知・買取銀行│  ⑧荷為替手形・船積書類  │ 信用状発行銀行 │
  │             │  ───────────────→  │             │
  │             │       の送付       │             │
  │             │  ←───────────────  │             │
  │             │    ⑪手形代り金の支払   │             │
  └─────────────┘                    └─────────────┘
    ④ ⑥ ⑦                            ② ⑨ ⑩
    信 荷 買                            信 船 荷
    用 為 取                            用 積 為
    状 替 代                            状 書 替
    通 手 り                            発 類 手
    知 形 金                            行 到 形
       買 の                            依 着 の
       取 支                            頼 案 決
       依 払                               内 済
       頼
  ┌─────────────┐      ①売買契約       ┌─────────────┐
  │   輸出者    │ ←─────────────────→ │   輸入者    │
  └─────────────┘                    └─────────────┘
    │   ↑                    ⑫船積書類(B/L等)    ↑
  ⑤船積み ⑤'B/L                  の交付・呈示     ⑫'貨物引取り
    ↓   │
  ┌─────────────┐      ⑤″輸送        ┌─────────────┐
  │   船会社    │ ─────────────────→ │   船会社    │
  └─────────────┘                    └─────────────┘
```

------→ は、取引が同時に行われることを示す

図表11-8　D/Pベース取引のメリット・デメリット

	メリット	デメリット
輸入者	・代金の支払と書類の受取を条件付けることができる 　→前払送金にみられるような商品入手リスクはない ・信用状付きより銀行コストが安い	・輸出者に下記デメリットがあるため関連会社や長年の取引先など輸出者と特別な関係がないと通常利用されない
輸出者	・書類の引渡と代金の回収を条件付けることができる 　→後受送金にみられるような代金回収リスクはない	・輸入者の信用リスク 　(=不渡、不払いのリスク) ・輸出者の資金繰りの問題

第11章　輸入取引の仕組み　289

す。それぞれの項目の詳しい解説については、第8章6(6)を参照してください。

(7) D/Aベース取引とその特徴

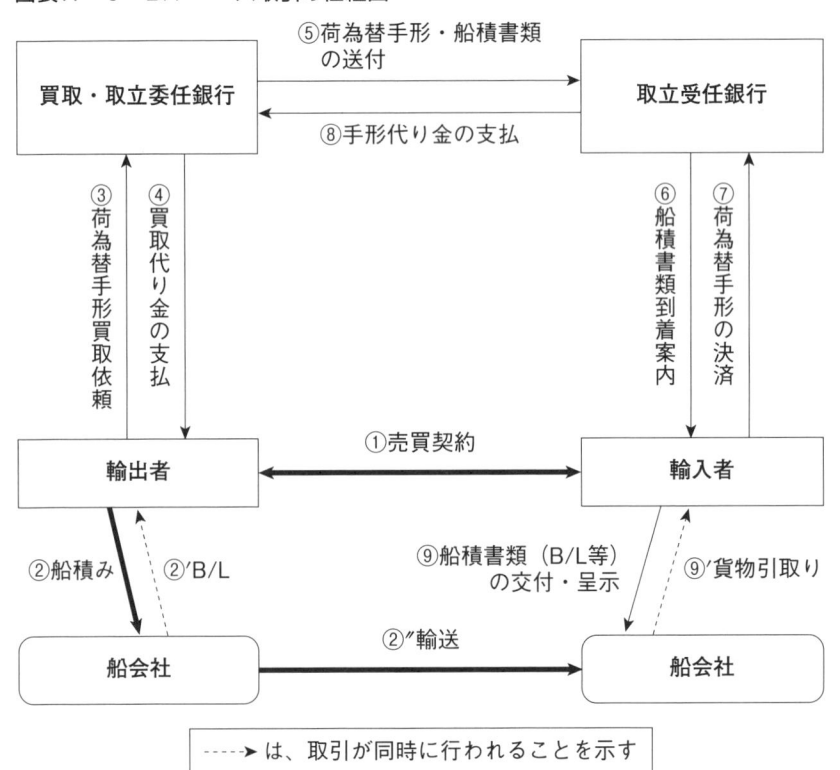

D/Aベース取引のメリット・デメリットは、図表11-10のとおりです。詳しい解説については、第8章6(7)を参照してください。

(8) 信用状なし荷為替手形D/Aベースの仕組み(買取扱いの場合)

信用状なし荷為替手形D/Aベースの仕組みを図表11-11として再掲します。それぞれの項目の詳しい解説については、第8章6(8)を参照してください。

図表11-9　D/Pベース取引の仕組図

```
                    ⑤荷為替手形・船積書類
                         の送付
  ┌─────────┐ ──────────────→ ┌─────────┐
  │買取・取立委任銀行│                      │ 取立受任銀行 │
  │         │ ←──────────────  │         │
  └─────────┘    ⑧手形代り金の支払      └─────────┘
     ↑  │                               ↑   ↑
   ③荷 ④買                            ⑥船 ⑦荷
   為 取                              積 為
   替 代                              書 替
   手 り                              類 手
   形 金                              到 形
   買 の                              着 の
   取 支                              案 決
   依 払                              内 済
   頼
     │  ↓                               │   │
  ┌─────┐     ①売買契約         ┌─────┐
  │ 輸出者 │ ←─────────────→   │ 輸入者 │
  └─────┘                        └─────┘
    │  ↑                   ⑨船積書類(B/L等) ↑  ↑
  ②船積み ②'B/L            の交付・呈示     ⑨'貨物引取り
    ↓  │                                   │  │
  ┌─────┐      ②"輸送          ┌─────┐
  │ 船会社 │ ──────────────→   │ 船会社 │
  └─────┘                        └─────┘
```

┌─────────────────────────┐
│----→は、取引が同時に行われることを示す│
└─────────────────────────┘

図表11−10　D/Aベース取引のメリット・デメリット

	メリット	デメリット
輸入者	・手形の引受と書類の受取を条件づけることができる →前払送金にみられるような商品入手リスクがない ・信用状付きより銀行コストが安い	・輸出者に下記デメリットがあるため関連会社や長年の取引先など輸出者と特別な関係がないと通常利用されない
輸出者	・後払送金に比べると、手形の引受を条件に書類を引き渡すので、代金回収リスクは、若干よくなる	・輸入者の信用リスク （不渡、不払いのリスク） ・輸出者の資金繰りの問題

図表11−11　D/Aベース取引の仕組図

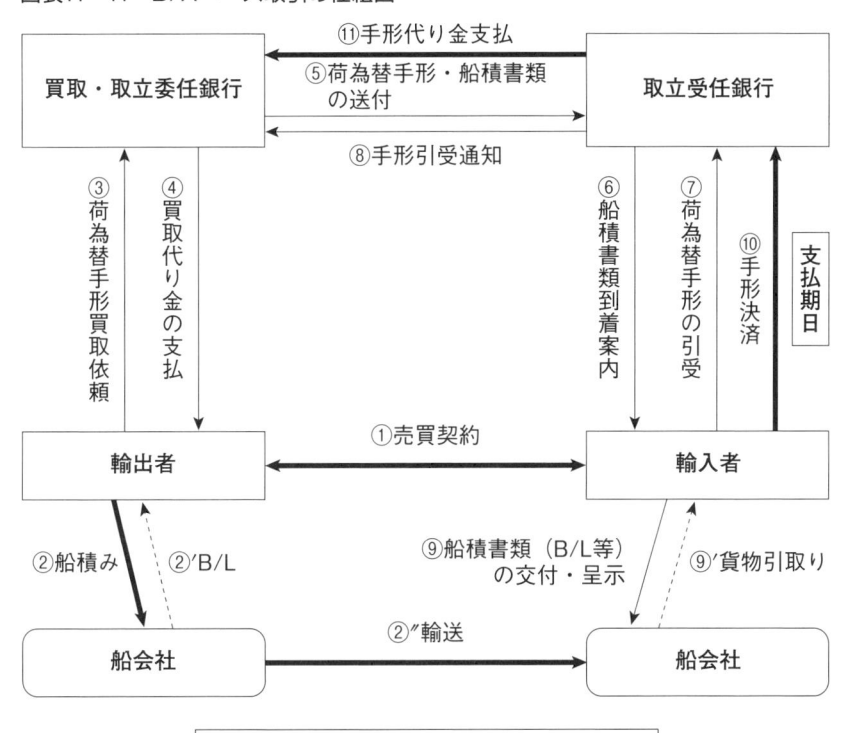

```
                         ⑪手形代り金支払
  ┌─────────┐ ←──────────────── ┌─────────┐
  │買取・取立委任銀行│   ⑤荷為替手形・船積書類   │取立受任銀行│
  │         │ ──────────────→ │         │
  │         │      の送付          │         │
  │         │ ←──────────────── │         │
  └─────────┘      ⑧手形引受通知      └─────────┘
    ③  ④              ⑥  ⑦        ⑩    支
   荷  買              船  荷        手    払
   為  取              積  為        形    期
   替  代              書  替        決    日
   手  り              類  手        済
   形  金              到  形
   買  の              着  の
   取  支              案  引
   依  払              内  受
   頼
    ↓  ↓              ↓  ↓        ↑
  ┌─────────┐      ①売買契約       ┌─────────┐
  │  輸出者  │ ←──────────────→ │  輸入者  │
  └─────────┘                    └─────────┘
    ②船積み  ②'B/L         ⑨船積書類（B/L等）  ⑨'貨物引取り
                          の交付・呈示
    ↓                                ↓
  ┌─────────┐      ②″輸送        ┌─────────┐
  │  船会社  │ ──────────────→ │  船会社  │
  └─────────┘                    └─────────┘
```

----▶ は、取引が同時に行われることを示す

第11章　輸入取引の仕組み　291

(9) 組み合わせ決済

輸入代金の決済方法について、上記(1)～(8)で述べましたが、実務においては、たとえば前払20％とL/Cベース80％、前払30％とD/Aベース70％などの組み合わせでの決済が多くみられます。

5 信用状付荷為替手形の一覧払決済

(1) 概　要

輸出者は、信用状（L/C）に基づき商品の船積みを行い、信用状条件どおりの書類をそろえて輸出地の取引銀行に買取のために持ち込みます。輸出地の銀行は、買取後に、信用状発行銀行宛に船積書類を送付します。

輸出地の買取銀行と輸入地の信用状発行銀行との間での決済は、レミッタンス方式（送金方式）であれば、信用状発行銀行が船積書類の受領後に決済資金を送金することにより行われます。一方、リンバース方式（補償方式）であれば、買取銀行が信用状発行銀行の指定した第三の銀行（補償銀行）に資金請求を行いますので、輸出者が決済するまでの間は、信用状発行銀行の立替えが発生します。決済方式については、下記(2)および(3)において、詳しく説明します。

(2) レミッタンス方式（送金方式）

輸出地の買取銀行が、希望する銀行（そこに、買取銀行の資金決済のための預金勘定がある）において、決済資金の受渡を行う方法です。

この方式の信用状には、「UPON RECEIPT OF DOCUMENTS COMPLYING WITH THIS CREDIT, WE SHALL REMIT THE PROCEEDS ACCORDING TO NEGOTIATING BANK'S INSTRUCTIONS（信用状条件を充足した書類を受領後に、信用状発行銀行は、買取銀行の指図に

従って代り金を送金します)」などの文言があるので、買取銀行は、船積書類を信用状発行銀行に送付する際、希望する銀行を明示します。輸入者から決済を受けた信用状発行銀行は、指図を受けた決済銀行にある買取銀行の預金口座に資金を送金（レミッタンス）することにより、支払を行います。

(3) リンバース方式（補償方式）

　信用状発行銀行があらかじめ指定した補償銀行（資金請求先、発行銀行の資金決済のための預金勘定がある）において資金の受渡を行う方法です。信用状発行銀行は、信用状の記載内容として、補償銀行を明示します。一方、補償銀行に対しては、信用状発行の事実を連絡して、資金請求があった場合の支払を委託します。買取銀行は、船積書類を信用状発行銀行に送付するとともに、別途、補償銀行に資金請求を行います。

　この方式の信用状では、「NEGOTIATING BANK IS AUTHORIZED TO CLAIM REIMBURSEMENT FROM REIMBURSING BANK（買取銀行は、補償銀行に対して資金を請求する権限が付与されています）」「BENEFICIARY DRAFT SHOULD BE FORWARDED TO DRAWEE BANK BY MAIL（受益者振出の手形は、支払銀行に郵送されるべきです）」などの文言が記載されています。

(4) 書類点検

　信用状発行銀行は、受領した船積書類を点検しますが、実際に書類を点検する場合の要点をあげると以下のとおりです。
・送付された荷為替手形と書類の内容、明細、通数が信用状条件に一致しているか
・信用状（L/C）の残高は、手形金額をカバーしているか
・信用状の有効期限内、書類呈示期限内に持ち込まれているか
・手形金額は、インボイス金額と一致しているか
・手形期間（テナー）は、信用状条件どおりか
・インボイスに記載された商品名は、信用状に記載された商品名と完全に一

致しているか
・建値は、信用状条件どおりか
・信用状で要求されている種類の運送書類（B/L、AIR WAYBILLなど）であるか
・船積みが、船積期限内に行われているか
・書類相互間の記載内容に矛盾はないか

(5) ディスクレ対応と書類到着案内

　信用状発行銀行による船積書類の点検の結果、書類に「ディスクレ」（ディスクレパンシー：DISCREPANCYの略、信用状との条件不一致）がなければ、信用状発行銀行は、輸入者に書類の到着通知を行います。一覧払（AT SIGHT）取引であれば、輸入者は直ちに代金を決済します。具体的には、信用状発行銀行は、船積書類の点検が終わると、船積書類の明細を記載した「輸入船積書類到着案内書（ARRIVAL NOTICE）」を作成し、輸入者に送付して、船積書類の到着を知らせると同時に、支払を求めます。

(6) 輸入決済

　輸入者は、信用状発行銀行に輸入決済を行い、支払と引き換えに、船積書類を受け取ります。輸入者は、海上輸送の場合であれば、受け取った船荷証券（B/L）を船会社に、航空貨物の場合であれば、貨物引渡指図書（リリース・オーダー）を航空会社に提出し、貨物を引き取ることにより、信用状付荷為替手形取引は完了します。

(7) 輸入決済時の相場

　一覧払取引で、リンバース方式の場合は、信用状発行銀行は、資金の立替えをしていますので、輸入者が決済する時の外為相場は、ACCレート（ACCEPTANCE RATE：一覧払輸入手形決済相場）といって、その間の利息を織り込んだ為替相場が適用されます。
　レミッタンス方式の場合は、対外決済と輸入者の決済が同日であれば、銀

行の資金の立替えが発生しませんので、外為相場は、TTSレート（TELEGRAPHIC TRANSFER SELLING RATE：電信売相場）が適用されます。

6 ディスクレとアンペイド

　信用状発行銀行が到着した船積書類に「ディスクレ」を発見した場合は、輸入者に電話または書状などにより、そのディスクレを許容するかどうかを照会します。

　輸入者は、そのディスクレの内容に問題がなければ、ディスクレを許容する旨を信用状発行銀行に対して回答します。もし、許容できないようなディスクレであれば、至急、アンペイド（UNPAID：支払拒絶、不渡）の連絡を行わなければなりません。

　船積書類にディスクレがあった場合、それを許容するかまたは拒絶するかの判断は急を要するもので、信用状統一規則16条により、信用状発行銀行は、テレコミュニケーション（スイフトなど）によって、呈示日の翌日から起算して第5銀行営業日の終了時までに呈示人（書類を送付してきた輸出地の銀行）に対して、支払を拒絶していることおよびディスクレの内容を通知しなければなりません。したがって、この通告が遅れた場合には、信用状統一規則の規定によりアンペイドにすることができなくなります。

> 【参考】信用状統一規則（UCP600）
> 第16条　ディスクレパンシーのある書類、権利放棄および通告
> ・a項（抜粋）……発行銀行が、呈示は充足していないと決定した場合には、その銀行は、オナー（注）することを拒絶することができる。
> （注）ここでいう「オナー（HONOUR）」とは、信用状が一覧払いにより利用可能な場合は、一覧後に支払うこと。
> ・c項（抜粋）……発行銀行が、オナーすることを拒絶すると決定した場合には、その銀行は、呈示人に対しその旨の一度限りの通告をしなければならない。

・d項（抜粋）……c項において要求された通告は、テレコミュニケーションにより、または、それが可能でない場合は、他の迅速な手段によって呈示日の翌日から起算して第5銀行営業日の終了よりも遅れることなく行われなければならない。

　海外の銀行では、時々、信用状の条件と船積書類の内容が違っている場合に、輸入者にそのディスクレを通知する前に、銀行が支払を拒絶することがあります。しかし、日本の銀行は、信用状の条件と船積書類との相違を発見した場合には、輸入者に連絡をして、そのうえでアンペイドにするという手続が一般的です。

　アンペイドにするかどうかの判断は、書類の内容だけによって決定しなければならず、貨物の現物を調べてから決定するなどというのは、信用状統一規則に反することになります。

　実際問題として、たとえば、重要な書類が不足しているというような場合であれば、いったんアンペイドにしておいて、輸出者と交渉し、当該書類を至急追送させ、書類の遅れにより生じた損失を補償してもらってから、支払うようにする方法があります。

　アンペイドにした場合は、当然のことながら、輸入者は貨物を受け取ることはできないわけで、船荷証券を含むすべての船積書類は送付してきた輸出地の銀行へ返送することになっています。

　なお、輸入した貨物の市況が悪化しており、貨物を引き取りたくないとか、資金繰りが苦しくなって輸入代金の決済が危ぶまれる場合に、些細なディスクレを理由にアンペイドにするケースが見受けられます。しかし、このようなマーケットクレームは、本来、いったん、輸入荷為替手形はきちんと決済し、その後で輸入者と輸出者の間で話合いをし、解決する事項であって、信義上、認められません。

　したがって、信用状発行銀行は、いくら書類上にディスクレがあるといっても、輸入者がまったく実害のない些細なタイプ・ミスなどを理由にアンペイドにする場合は、十分に事情を確認してから、それがはたして信用状取引のうえから、条件違反といえるかどうかを判断する必要があります。

7 NACCS

(1) NACCSとは

「NACCS」とは、「輸出入・港湾関連情報処理システム」（NIPPON AUTOMATED CARGO AND PORT CONSOLIDATED SYSTEM）のことで、税関官署、運輸業者、倉庫業者、航空会社、船会社、船舶代理店、銀行などをオンラインで結び、貿易関連業務の効率化と迅速化を図る電子通信システムです。

そしてこのNACCSにより、輸出入および港湾関連業務の大半が処理されています。

NACCSは、「輸出入・港湾関連情報処理センター株式会社」（NIPPON AUTOMATED CARGO AND PORT CONSOLIDATED SYSTEM, INC.）によって、運営されています。

(2) NACCSの機能

NACCSの主な機能は、以下のとおりです。
・船舶および航空機の入出港ならびに積荷に関する手続
・輸入または輸出を行う貨物に関する情報（内容、数量など）の登録と管理
・税関官署に対する輸入および輸出の申告
・輸入の際における関税の納付手続　など

(3) NACCS導入による効果

NACCS導入による効果は、以下のとおりです。
・システムにより、通関手続など一連の業務がすみやかに処理され、貨物の早期引取りが可能になります。
・入力情報がシステムファイルに蓄積され、入力作業の簡素化が図られま

す。
・関税などを自動的に引き落とすことができ、納税のつど、銀行へ出向く必要がなくなります。
・貨物の到着や搭載、通関手続の進行状況など貨物に関する情報を把握することができます。

(4) NACCSによる口座振替

銀行は、NACCSを活用して、口座振替による関税などの収納業務に関係していますので、この口座振替手続について説明します。

まず、「通常の口座振替」について述べ、次に「ダイレクト方式による口座振替」について解説します。

① 通常の口座振替

NACCSシステムでは、輸入手続（申請・審査・許可）をオンライン処理するとともに関税、消費税等の納付事務を銀行の口座振替で行っています。

輸出入・港湾関係情報処理センター株式会社（以下、「NACCSセンター」）のコンピュータセンターが保有する振替専用口座のファイル残高が関税、消費税等の納付額を上回ると輸入が許可され、輸入申告日の翌営業日に銀行にある通関業者の口座が引き落とされる仕組みです。

② ダイレクト方式による口座振替

通関業者が輸入手続（申請・審査・許可等）をオンライン処理で行う際に、輸入申告に伴う関税、消費税などの税金を、取引先の口座から即時（リアルタイム）に引き落として納付するシステムです。引落結果が、即時にNACCSセンターに通知され、それに基づきNACCSセンターは通関業者に輸入許可通知情報等を送信します。

図表11-12　通常の口座振替仕組図

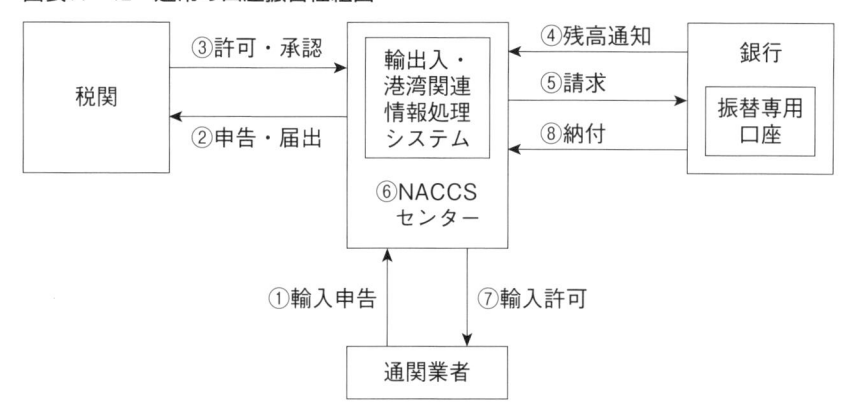

①②　通関業者は、NACCSシステム端末からNACCSセンターを通して税関に輸入申告を行います。
③　税関の輸入審査が終了すると④〜⑦の手続が同時に行われます。
④　NACCSセンターは、銀行が送信してくる前日の関税等口座振替専用口座の残高情報に基づきNACCSシステムのコンピュータセンターに作成される口座振替専用口座ファイルの残高が関税・消費税等の納付額を上回るか確認します。
⑤　ファイルの残高が納付額を上回る場合、銀行のNACCSシステム端末に、関税などの納付に必要な納付書領収控、領収済通知書が出力されます。
⑥　NACCSシステムのコンピュータセンターの口座振替専用口座ファイルから納税額が引き落とされます。
⑦　輸入許可通知書が通関業者の端末に出力されます。
⑧　銀行は輸入申告日の翌営業日に通関業者の関税等口座振替専用口座から納税額を引き落として納付処理を行います。

図表11-13　ダイレクト方式の仕組図

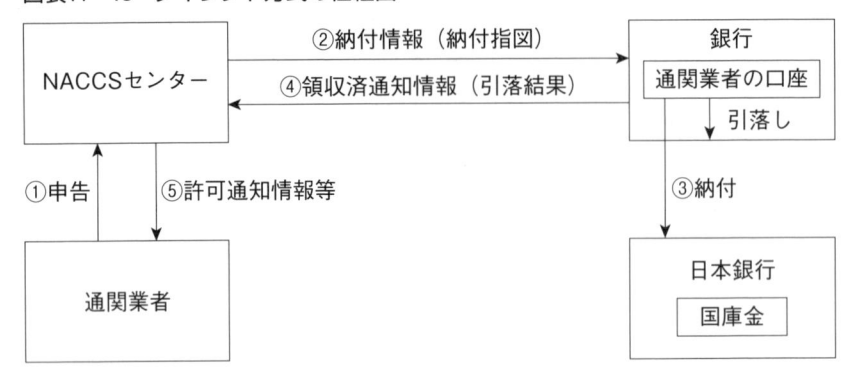

```
                    ②納付情報（納付指図）
┌───────────┐ ───────────────────→ ┌───────────┐
│           │                          │   銀行    │
│ NACCSセンター │                          ├───────────┤
│           │ ←─────────────────── │通関業者の口座│
└───────────┘  ④領収済通知情報（引落結果）  └───────────┘
   ↑    │                                  │ 引落し
①申告 │⑤許可通知情報等                       ↓ ③納付
   │    ↓                              ┌───────────┐
┌───────────┐                          │  日本銀行  │
│  通関業者  │                          ├───────────┤
│           │                          │  国庫金   │
└───────────┘                          └───────────┘
```

① 通関業者が、パソコン等によりNACCSセンター宛に通関申告を行います。
② NACCSセンターが納付情報（口座振替請求データ）を銀行へ送信します。
③ 銀行は、即時に通関業者の口座から納税金額を引き落とし、ペイジーの仕組みを利用して納付処理を行います。
④ 銀行は、領収済通知情報（引落結果）を即時にNACCSセンターへ通知します。
⑤ 引落済みの場合、NACCSセンターは通関業者宛に輸入許可通知情報等を送信します。なお、本システムの利用申込みは、お客さまが、直接、NACCSセンターに行います。

第12章

輸入金融

1 輸入金融の概要

(1) 輸入金融の意味

「輸入金融」とは、銀行または輸出者が、輸入者の輸入取引に伴って生ずる所要資金などに対して金融(ファイナンス)を行うことをいい、具体的には、輸入信用状の発行から始まって、商品の輸入通関・引取り、そしてその商品の販売代金回収までに必要な資金の金融、または信用を供与することまでをいいます。

輸入者は、自己資金では不十分な場合、銀行からの借入金により商品を輸入し、その商品を販売して代金を受け取って、借入金を返済します。このように輸入に必要となる資金をどのような方法で調達するかが、輸入金融の基本になります。

輸入金融としては、輸入信用状、支払保証状、輸入ユーザンス(本邦ユーザンスと手形引受方式)、シッパーズユーザンス、輸入はね返り金融、直(じき)はね、インパクトローン、荷物貸渡(T/R)、荷物引取保証(L/G)、AIR T/R、関税消費税延納保証、国際協力銀行の制度融資があります。

(2) 輸入金融の形態

① 外貨金融と円金融

輸入ユーザンスやインパクトローンは、米ドル・ユーロなどの外貨建てで行いますが、直はねや輸入はね返り金融は、一般の国内円融資(手形貸付、当座貸越など)で行います。

② 短期金融と長期金融

輸入ユーザンス(バンクユーザンス)、インパクトローンなどのファイナンスは、大半が1年以内の短期金融ですが、大型プラント輸入などの場合には、国際協力銀行と取引銀行とが協調して、融資期間1～10年程度の長期

金融を行うことがあります。

③ 荷物貸渡（T/R）

主に信用状を利用した輸入取引において、バンクユーザンスを利用する場合は、輸入貨物は約定により銀行に対する譲渡担保となります。しかし、そのままでは輸入者は、輸入貨物の販売ができません。そこで、輸入者は、輸入代金の決済前に、譲渡担保として銀行に所有権のある輸入貨物の貸渡を銀行から受けます。これを、荷物貸渡（T/R：TRUST RECEIPT）といい、国内金融ではみられない輸入金融の一種となります。

④ 輸入関連保証

輸入金融のなかには、直接に資金を必要としない輸入信用状、支払保証状、荷物引取保証、関税消費税延納保証などの輸入関連保証があります。

⑤ 制度金融

上記②の長期金融で説明したように、大型プラントなどの輸入に資金が必要な場合は、国際協力銀行の制度金融を利用することができます。

(3) 輸入金融の種類

輸入金融の種類は、以下のとおりです。

① 輸入信用状
② 支払保証状
③ 輸入ユーザンス
④ 輸入はね返り金融
⑤ 直はね
⑥ インパクトローン（IMPACT LOAN）
⑦ 制度金融
⑧ 荷物貸渡（T/R）
⑨ 荷物引取保証（L/G）
⑩ AIR T/R（丙号T/R、航空貨物T/R）
⑪ 関税消費税延納保証

それぞれについては、下記②〜⑫で詳しく解説します。

2 輸入信用状

(1) 信用状（L/C）とは

　信用状とは、輸入者の取引銀行（信用状発行銀行）が、一定の条件（船積書類が信用状条件に合致していること）のもとに、輸出者に対して支払を確約する書状です。
　もう少し、具体的にいえば、輸出者が商品を船積みした後、輸入者がたとえ倒産しても、信用状の条件を満たした船積書類を提出すれば、輸入地の信用状発行銀行によって、商品代金が支払われるというものです。

(2) 輸入信用状の発行

　信用状付荷為替手形ベースでの取引であれば、売買契約の成立後、輸入者は、取引銀行に対して信用状の発行を依頼します。
　信用状の発行は、信用状発行銀行にとっては、融資取引と同様に、輸入者に対して信用を供与する行為となるため、銀行内部で審査が行われることになります。担保などが必要となる場合があり、また、発行を依頼してから実際に発行されるまでに日数がかかることがあるため、取引銀行としては、輸入者から早めに申込みをしてもらうことが必要です。
　なお、信用状の発行依頼時には、貨物が到着してから販売代金を回収するまでの間の金融（たとえば輸入ユーザンス、輸入はね返り金融など）についても、同時に申し込むことが可能です。
　なお、信用状の詳細（信用状の種類、信用状統一規則、スイフトによる発行例など）については、第7章①(4)、(5)そして(6)の③と④、第11章③～⑤を参照してください。

(3) 信用状の当事者 （図表12-1参照）

① 輸入者……信用状発行銀行との間で、「銀行取引約定書」「信用状取引約定書」などを取り交わしたうえで、信用状の発行を依頼します。発行依頼人（APPLICANT）ともいいます。

② 信用状発行銀行……信用状通知銀行に信用状を発信して、輸出者に支払の確約をします。

③ 信用状通知銀行……信用状通知銀行は、信用状発行銀行とコルレス契約を締結しているため、信用状の真偽を確認のうえ、輸出者に信用状の到着通知を行います。

④ 輸出者……通知された信用状に基づき、商品を船積みします。輸出者は、信用状メリットの享受者であることから、受益者（BENEFICIARY：ベネ）ともいいます。

図表12-1　信用状の当事者

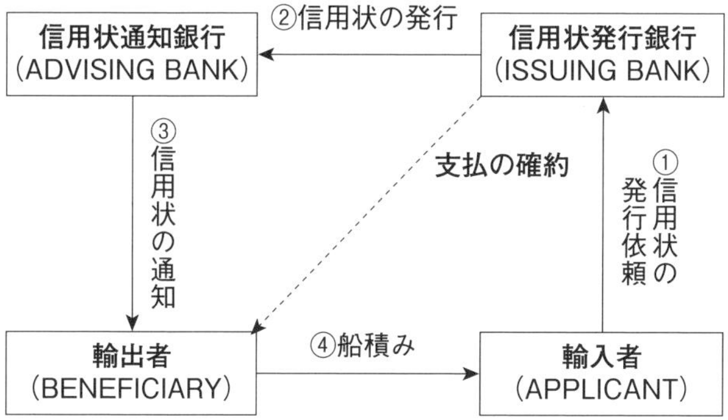

```
                ②信用状の発行
信用状通知銀行  ←──────────  信用状発行銀行
(ADVISING BANK)                (ISSUING BANK)
      │                               ↑
      │③信用状の通知     支払の確約    │①信用状の発行依頼
      │         ╲                     │
      ↓              ╲                │
   輸出者      ④船積み      輸入者
(BENEFICIARY) ──────────→  (APPLICANT)
```

3 支払保証状

(1) 支払保証状とは

「支払保証状（PAYMENT GUARANTEE：ペイメントギャランティー）」とは、信用状の発行にかえて、銀行が輸入者の信用リスクを保証する書状です。

前記2の信用状取引は、輸入者と輸出者への信用供与および貿易代金の決済手段として優れた仕組みですが、取引量がふえた場合には、事務負担がネックになってきます。

そこで、輸入信用状にかわり、輸出者への代金支払を保証する銀行保証書（バンクギャランティー）すなわち、支払保証状を発行することを条件として、輸入代金の決済方法を後払送金ベース取引に変更することで、事務負担の軽減を図るものです。

信用状の発行および管理に関する事務負担が軽減できるほかに、信用状取引よりも銀行に支払う手数料などのコスト負担が少なくて済むこと、輸出者は船積書類を迅速に入手できることなどのメリットがあります。

また、支払保証状は通常、一定期間において一定金額の支払を保証する形態をとりますので、輸出者は個別の信用状条件に拘束されずに安心して、船積みができます。

(2) 支払保証状の発行

支払保証状の発行を条件とした後払送金ベース取引であれば、売買契約の成立後、輸入者は取引銀行に対して支払保証状の発行を依頼します。

支払保証状の発行は、保証状発行銀行にとっては、信用状取引と同様、輸入者に対して信用を供与する行為となりますので、銀行内部で申出の妥当性などの審査が行われることになります。したがって、担保などが必要になる

場合があり、また、発行を依頼してから実際に発行されるまでに若干の日数がかかることもあるので、早めに取引銀行に相談してもらうことが必要です。

(3) 支払保証状の文例と訳文（きんざい銀行発行）

　下記に、米国の会社（XYZコーポレーション）から日本の会社（きんざい商事）への輸入取引に基づく支払保証状について、文例とその訳文を掲載しますので、参考にしてください。

〔支払保証状（PAYMENT GUARANTEE）の文例〕

TO：XYZ CORPORATION
1251 AVENUE OF THE AMERICAS,
NEW YORK, NY10020, USA

　WE, KINZAI BANK, LTD., TOKYO, JAPAN, HAVE BEEN INFORMED BY KINZAI SHOJI CO., LTD., 19, MINAMI-MOTOMACHI, SHINJUKU-KU, TOKYO, 160-8519, JAPAN, THAT THEY AS THE "BUYER", AND YOU, AS THE "SELLER", XYZ CORPORATION, HAVE ENTERED INTO A CONTRACT NO. KX09001 DATED 20XX-07-10 ACCORDING TO WHICH YOU WILL DELIVER GOODS TO KINZAI SHOJI CO., LTD.
　FURTHER THE BUYER HAS TO PROVIDE A BANK GUARANTEE IN THE AMOUNT OF USD 100,000.00 IN ORDER TO COVER THE DUE FULFILLMENT OF HIS PAYMENT OBLIGATIONS TOWARDS XYZ CORPORATION RESULTING FROM THE ABOVE CONTRACT.
　IN CONSIDERATION OF THE AFORESAID, WE HEREBY IRREVOCABLY UNDERTAKE TO PAY YOU ANY AMOUNT UP TO THE MAXIMUM OF USD 100,000.00 UPON RECEIPT OF YOUR FIRST DEMAND IN WRITING STATING THAT YOU HAVE DELIVERED GOODS TO KINZAI SHOJI CO., LTD.,

HOWEVER, YOU ARE NOT IN RECEIPT OF THE PAYMENT.
　YOUR DEMAND MUST BE ACCOMPANIED BY A COPY OF INVOICE AND TRANSPORT DOCUMENT BEARING YOUR CERTIFICATION THAT THE DOCUMENTS ARE RELATIVE TO THE DEMAND AMOUNT UNDER OUR GUARANTEE.
　OUR GUARANTEE IS VALID UNTIL 20XX-12-31.
　CLAIMS UNDER IT, IF ANY, MUST HAVE REACHED US ON OR BEFORE THE ABOVE EXPIRY DATE.

〔保証状の訳文（日本語訳）〕

　XYZコーポレーション、米国、ニューヨーク（受益者、輸出者）御中
　きんざい銀行は、買い手（輸入者）である「きんざい商事」と売り手（輸出者）である「XYZコーポレーション」と間で、貴社が商品をきんざい商事に引き渡す契約（契約番号KX09001、契約日20XX年7月10日）が締結されたとの通知を受けました。
　この結果、買い手がXYZコーポレーションに対して支払義務を履行することを保証するための10万米ドルの銀行保証を提供しなければなりません。
　上記を考慮して、きんざい銀行は、貴社がきんざい商事に商品を引き渡したが、支払を受領していない旨の書状による貴社の初回の請求を受け取った時点で、10万米ドルを上限とした金額を貴社へ支払うことを確約します。
　貴社の支払請求は、書類がきんざい銀行の保証状に基づく請求金額に一致している旨の貴社の証明を明記したインボイス（商業送り状）の写しと運送書類の写しを添付しなければなりません。
　この保証状の有効期限は、20XX年12月31日です。もし、支払請求がある場合には、上記の有効期限以内に、きんざい銀行に届かなければなりません。

4 輸入ユーザンス

(1) ユーザンス（USANCE）とは

ユーザンスとは、本来「期間」という意味ですが、ここでは「支払を猶予する」という意味で使われています。いいかえれば、本来支払わなければならない状態のものを、一定期間、支払を待ってあげることといえます。

銀行が金融を行う場合に、資金を新たに融資するというのは、非常にわかりやすい例です。しかし、本来返済すべき資金を回収しないで猶予することも、経済効果としては同じで、金融（ファイナンス）にほかなりません。

たとえば、信用状付一覧払輸入取引（第11章⑤「信用状付荷為替手形の一覧払決済」参照）において、信用状発行銀行がユーザンスを実行する場合、信用状発行銀行は対外的には資金をすぐ支払いますが、輸入者に対しては、直ちに資金請求せずに、請求を待ってあげるため、輸入者の銀行への返済は一定期間猶予されることになります。このような金融（ファイナンス）の仕組みをユーザンス（USANCE）といいます。

(2) 輸入ユーザンスとは

輸入取引に必要な決済資金の金融（ファイナンス）には、荷為替手形をいったん一覧払いにより決済した後、あらためて円貨や外貨による通常の手形貸付などの方法で、金融を受けることもありますが、一般的には、信用状発行の段階で、輸入ユーザンスを申し込み、金融を受ける方法が利用されています。

本来であれば、輸入者は、輸入代金を貨物と引き換えに輸出者へ支払うはずのものですが、実際の取引においては、輸出地および輸入地のそれぞれの取引銀行が関与してきます。銀行は、ただ単に外国為替（為替決済）を取り持つだけでなく、その資金の立替えも行います。

このため、輸出者は、輸入者が支払う前に銀行から代金を受け取ることができ、輸入者は、銀行が立て替えて輸出者に代金を支払うことにより、一定期間決済を猶予されることになります。

このような立替方式の輸入金融を、輸入ユーザンスといいます。輸入者は、このユーザンス期間に輸入貨物を販売し、回収した売上代金をユーザンスの期日に、輸出者ではなく、資金を立て替えた銀行に払い込むことになります。

(3) 輸入ユーザンスの種類

輸入ユーザンスの種類は、次の3つに区分されます。

① **本邦ユーザンス（本邦ローン、自行ユーザンス）**

「本邦ユーザンス」とは、輸入者の取引銀行が、自己の資金で輸入者にかわって対外支払を行い、輸入者の支払を一定期間猶予するものです。

これは、本邦の銀行が自己の資金を使用することから、「本邦ローン」「自行ユーザンス（OF：OWN FINANCE）」とも呼ばれ、輸入ユーザンスのなかで最も一般的に利用されています。

本邦ユーザンスの特徴は、本邦の銀行が自己の資金を使用して、輸入者にかわって対外支払を行うことです。信用状ベース取引において、輸入金融として利用されるケースがほとんどですが、後述のアクセプタンス方式（外銀ユーザンスおよび自行アクセプタンス）のように、信用状の発行が条件ではありません。

したがって、期限の到来した外銀ユーザンスおよび自行アクセプタンス、あるいは信用状なしD/Aベース取引に本邦ユーザンスを利用して、取引銀行が対外支払を行うことで輸入者の支払をさらに一定期間猶予することができます。また、信用状なしD/Pベース取引において、輸入者が一覧払決済を行えない場合でも利用できるため、利用範囲が広く、便利なユーザンスといえます。

輸入地サイドでのファイナンスですので、ユーザンス利息は、輸入者が負担し、輸出者負担にはできません。

② アクセプタンス方式（手形引受方式）

アクセプタンス方式（手形引受方式）は、銀行が輸出者振出しの信用状ベース期限付荷為替手形を引き受けることにより、手形の引受銀行がユーザンスを供与する方式をいいます。

前述の本邦ユーザンスにおいては、ユーザンス利息は輸入者負担でしたが、この方式は、主にユーザンス利息が輸出者負担の場合に利用され、次の2つに区分されます。

　a　外銀ユーザンス（外銀アクセプタンス、他行手形引受）

信用状発行銀行は、あらかじめニューヨークなどのコルレス銀行（為替契約のある外銀）との間で手形引受に関する契約を結んでおき、輸出者に当該コルレス銀行を手形の引受人とする期限付荷為替手形を振り出すことを条件とした信用状を発行します。

輸出者は、船積み後、信用状の条件に従い、上記のコルレス銀行を引受人とした期限付荷為替手形を振り出し、取引銀行（買取銀行）を経由して、その引受銀行に引受および割引を求めます。

この割引とは、引受銀行が引受手形を買い取り、手形期日までの期間利息を差し引いて、直ちに代り金を輸出地の買取銀行に支払うことをいいます。これにより、買取銀行は、輸出者に支払った代金を回収することになります。

引受銀行は、手形の引受と割引を行い、手形期日に信用状発行銀行より資金の回収を行いますが、その間、輸入者は信用状発行銀行に対する支払は猶予されることになります。ユーザンス期間中の資金を負担するのが「外銀」のため、このような方法を外銀ユーザンスといいます。

この方式は、邦銀の外貨資金調達力が弱かった頃よく利用されていましたが、邦銀の外貨資金調達力の上昇とともにあまり利用されなくなり、現在では、下記の自行アクセプタンスと同様、ユーザンス利息が輸出者負担の場合に利用されています。

外銀が資金負担をしている一方、ユーザンス期間中のリスクは信用状発行銀行が負っていますので、信用状発行銀行は、この与信リスク料相当分を外

銀ユーザンス手数料として輸入者から徴収しています。この分、下記の自行アクセプタンスより割高になるため、外銀ユーザンスの取扱件数は多くはありません。

 b 自行アクセプタンス（自行手形引受）

　信用状発行銀行（自行）を手形の引受・支払人とする期限付手形を振り出させる方式を「自行アクセプタンス」といいます。手形の引受・支払人である信用状発行銀行は、手形を引き受けて期日の支払を約束します。期日に、輸入者の決済を受けてから対外支払を行うため、信用状発行銀行において資金負担することはありません。外銀ユーザンスと同様、引受手数料や割引料を輸入者負担にすることもできますが、実務上は輸出者が負担することが多くなっています。

③ シッパーズユーザンス

　信用状なしD/Aベース取引において、輸出者が振り出した期限付荷為替手形（D/A手形）を輸入者が引き受け、手形の期日まで支払の猶予を受けるものです。

　D/A（DOCUMENTS AGAINST ACCEPTANCE：引受渡）においては、輸入者は、手形の引受と引き換えに輸入書類を受け取り、貨物を入手します。輸入者は、手形期日に支払を行い、輸入地の取立銀行はその資金を、輸出地の仕向銀行に送金します。

　このように、輸入者の支払は手形の引受後、手形期日まで猶予されます。輸出者が振り出した期限付手形を引き受けることで支払を一定期間猶予される、すなわち、輸出者が輸入者に対して支払猶予を与えていることから、シッパーズユーザンスと呼ばれています。

　なお、輸入者にとって後払送金（「決済は貨物到着後90日」など）に当たる送金ベースの貨物代金決済方法についても、シッパーズユーザンスの1つとして含めることがあります。

　決済までの資金コストは、輸出者が負担することも、輸入者が負担する（価格に上乗せするなど）こともありますが、輸出者にとっては代金回収リスク、資金負担などデメリットが多い半面、輸入者にとっては大変メリットの

大きい決済方法です。

(4) 輸入ユーザンスの特色

　本邦ユーザンスやアクセプタンス方式（手形引受方式）は、前述したように銀行が輸入者のために輸入代金を立て替えます。通常、輸入ユーザンスは、外貨建取引の場合に利用される金融（ファイナンス）です。

　外貨建ての輸入ユーザンスは、国内の円金融とは異なる点があります。その1つは、為替相場の問題です。インパクトローンなどの外貨での借入れと同じように、ユーザンス期日の為替相場の変動による為替リスクが伴います。したがって、為替リスクを回避するためには、為替予約を締結するなどの対応が必要になります。

　輸入ユーザンスが、国内の円金融と異なる点のもう1つは、ユーザンス金利が国内の金利体系とは、別であるということです。

　たとえば、米ドル建てのユーザンスであれば、その金利は米ドルの金利に連動します。しかし、為替相場による損得もありますから、米ドル金利が円金利より高ければ損で、低ければ得であるとは簡単に言い切れません。

　米ドルのユーザンス金利が円金利よりも高くても、返済時の為替相場が実行時よりも米ドル安・円高になっていれば、元金を円で返済する場合の金額が少なくて済むので、輸入者にとってその分は有利になります。したがって、金利と、為替相場の両方でコストを検討する必要があります。

(5) 輸入ユーザンスの利用手続

　輸入ユーザンスの利用を希望する場合には、信用状ベース取引であれば、信用状の発行依頼の際に同時に申し込みます。

　信用状なし（D/P、D/A）ベース取引の場合は、船積書類が銀行に到着してからではなく、できれば、契約の成立時に申し込むようにします。信用状なしベース取引の輸入貨物は、信用状ベース取引と異なり、銀行の担保ではありませんので、本邦ユーザンスを利用する場合は、いったん担保として銀行に差し入れ、あらためてT/R（荷物貸渡、貨物貸）によって輸入者が受け

取るという方式をとります。

5 輸入はね返り金融

　輸入者は、自己資金に余裕がなければ、輸入貨物販売代金の回収まで、輸入ユーザンスを利用するのが一般的です。しかし、販売代金回収条件の変更・回収の遅れや、原材料の輸入取引で製品化から販売までに長期間を要するなどの理由で、通常のユーザンス期間内に貨物代金を回収できない場合があります。

　たとえば、輸入者が輸入貨物を通関して国内販売先に売却しても、契約どおりに代金回収が行われるとは限りません。販売代金を振込み、小切手、約束手形などで受領するまでには、時間的にズレが生じる場合があります。一方、輸入ユーザンスの期日が到来してしまった場合には、輸入者は、融資をつないでもらわなくてはなりません。

　このようなケースにおいて、通常のユーザンス期間は外貨によるユーザンスを使用するものの、ユーザンス期間終了後から代金回収までの間は、円貨により融資を受ける場合があります。このように、輸入貨物の販売代金回収が、ユーザンス期日までに間に合わなかった場合、いったん外貨ユーザンスを決済し、外貨ユーザンス終了後も、これに引き続いて円融資を受ける場合、これを「輸入はね返り金融」といいます。

　製造・加工に時間を要し、代金回収まで長い期間のかかる原毛、鉄鉱石、木材などの原材料の輸入取引においては、輸入ユーザンスは、たとえば、120日程度とし、残りの期間を円金融とするなど、金利、為替相場、資金面などから、外貨金融と円金融を組み合わせて利用するケースもみられます。

　融資の形態としては、販売先からの代金回収が約束手形の場合は、はねの期間について商業手形割引（はね商手）が行われ、代金回収が約束手形によらない場合には、手形貸付や当座貸越などにより「輸入はね返り金融」が行われます。

6 直はね

輸入金融において、輸入者が金利や為替相場の関係から、外貨金融にかえて最初から円融資を希望するケースがあります。このように、上記5の輸入はね返り金融と異なり、最初から円融資となる輸入金融を「直（じき）はね」(輸入手形決済円資金融資)といいます。

これは、本来の貿易融資は米ドルやユーロなどの外貨によるものという考え方から、貿易関連の金融が、国内金融に直接はね返ったということで、「直はね」という用語を使用しています。

「直はね」は、従来、外貨ユーザンスを利用していた輸入者が、金利や為替相場などの関係から、円融資を希望するもので、「円シフト」という言葉もよく使われています。

「円シフト」の背景には、内外金利差からみて円金利が低利である、あるいは、為替相場の観点から輸入者に有利なときに円にシフトする、などがあります。

7 インパクトローン（IMPACT LOAN）

「インパクトローン（IMPACT LOAN）」とは、資金使途に制限のない外貨建貸付のことですが、輸入金融（ファイナンス）として利用されることもあります。外貨建てのファイナンスですので、本来であれば、本邦ユーザンスで対応すればいいわけですが、金利面や資金調達の多様化などの観点から、本邦ユーザンスのかわりに、このインパクトローンが使われることがあります。

たとえば、輸入者は、本邦ユーザンスのかわりに、インパクトローンの借入れを行い、輸入為替をいったん一覧払いで決済してしまいます。そして、

インパクトローンの期日に、回収した販売代金によりインパクトローンを返済します。

「インパクトローン」は、外貨の融資ですので、銀行はその外貨を市場から調達しなければなりません。銀行は、ロンドンを中心としたユーロ市場から調達することができますが、最近は、わが国のドルコール市場も規模が拡大し、米ドルについては東京ドルコール市場での調達が一般化しています。

インパクトローンは、米ドル、ユーロなどの主要通貨に限られます。金利は、東京ドルコール市場の金利に銀行の利鞘がプラスされて決まりますので、市場金利に連動して毎日変動します。ユーロなどの金利も、それぞれの通貨の市場金利に連動しています。もちろん、通貨により、円金利に比べて高い場合も低い場合もありますが、これは後述しますように、返済時の為替相場を考慮した実質金利に引き直さないと、低金利であるから有利であるとは一概にいえません。

インパクトローンの詳細については、第5章5を参照してください。

8 制度金融

大型プラントなどの輸入、航空機などの輸入に係る保証、石油・天然ガスなどのエネルギー資源や鉄鉱石などの鉱山資源の長期安定的輸入に結び付く諸外国における資源開発プロジェクトに係る長期融資など、通常、民間金融機関単独では取り上げにくい案件がある場合には、全額政府出資の株式会社日本政策金融公庫の国際金融部門である「国際協力銀行」の制度金融を利用することができます（第9章8参照）。

融資については、取引銀行との協調融資の形態となり、国際協力銀行の融資割合は、50～60％となっています。通貨は、円建て、米ドル建て、ユーロ建て、期間は1年以上10年以内が、原則になっています。

この制度金融の利用にあたっては、国際協力銀行および取引銀行の事前の審査および契約が必要となるため、輸入者はまず取引銀行に相談することに

なります。

9 荷物貸渡（T/R）

　荷為替手形ベースの輸入取引において、輸入者がバンクユーザンス（本邦ユーザンスおよびアクセプタンス方式）を利用する場合、輸入貨物は約定書により銀行に対する譲渡担保になっています。

　しかし、輸入者がその担保権付貨物を自社の倉庫に保管することはもちろん、自由に販売でき、しかもその貨物を買い受けた者が適法に所有権を取得できる便利な制度があります。これを、「荷物貸渡（T/R：貨物貸）」といいます。

　「T/R」とは、「TRUST RECEIPT」の略で、これは「輸入担保荷物保管証」といって、輸入者が担保権付貨物を銀行から受け取った際に、銀行に提出する約款付受取書を指しますが、この制度自体も「T/R」と呼んでいます。

　この「荷物貸渡（T/R）」の法律的性格は、「譲渡担保」と考えられています。一般的に貨物などの動産に質権を設定する場合は、その動産の占有を債権者に移す必要がありますが、譲渡担保制度では、担保の対象となる動産を債務者の手元に置いて、債務者にその担保物の利用を認めています。

　それでは、なぜこのような仕組みが必要なのか、バンクユーザンスを例に説明しましょう。輸入者がユーザンスの供与を受ける場合には、ユーザンス決済まで輸入貨物は銀行の譲渡担保になっているため、この荷物貸渡（T/R）の仕組みがないと、輸入者は船積書類の交付を受けることができません。船積書類が入手できなければ、貨物を引き取ることができず、貨物の売却代金でユーザンスを決済することができなくなり、そもそもユーザンスの供与を受けた意味がなくなります。一方、銀行としても、貨物を占有していれば債権保全上はより安全ですが、貨物の取扱いには慣れていません。むしろ、当該商品の取扱いに精通している輸入者に貨物の通関・売却を委ね、その処分代金でユーザンスの決済を受けるほうが、そもそも輸入者に対してユーザン

スを供した目的が達せられることになります。このように輸入者と銀行の両者の不都合を解消するために考え出された仕組みが「荷物貸渡（T/R）」であるといえます。

　荷物貸渡（T/R）が利用できる場合は、以下のとおりです。
① 信用状付荷為替手形による取引
　・一覧払条件の場合で、輸入手形決済のために本邦ユーザンスを利用
　・期限付手形の場合（外銀ユーザンスまたは自行アクセプタンス）
② 信用状なし荷為替手形による取引
　・輸入手形決済のために、本邦ユーザンスを利用

　荷物貸渡（T/R）の手続は、輸入者が、貨物の担保権者である銀行に対して「輸入担保荷物保管証」を提出して申し込みます。海上貨物の場合には船荷証券（B/L）に銀行が裏書をして輸入者に交付され、輸入者はこの船荷証券により船会社から貨物を引き取ることができます。航空貨物の場合は、銀行が「リリース・オーダー（RELEASE ORDER：貨物引渡指図書）」を交付し、輸入者は航空会社より貨物を引き取ることができます。

10　荷物引取保証（L/G）

　韓国・台湾・中国などの近隣諸国から海上貨物を輸入する場合、貨物を積んだ船舶は、すぐに日本の港に到着してしまいます。しかし、輸入者が貨物を引き取るため、荷物貸渡によってまたは一覧払いで決済を済ませて、銀行から船荷証券（B/L）を受け取ろうとしても、日本側の銀行に海外の銀行からB/Lが到着していないことがあります。

　船荷証券（B/L）を含む船積書類は、輸出地の銀行から輸入地の銀行へクーリエ（COURIER：国際宅急便）などにより送付されますが、輸出地の銀行でドキュメンツ・チェックなどの事務処理のため数日間滞留するのが一般的で、貨物を積んだ船のほうが船積書類よりも先に着いてしまうということが起こるわけです。

船荷証券（B/L）なしでは、輸入者は船会社から貨物を引き取ることができません。しかし、貨物の引取りを希望する場合、「荷物引取保証」といって、船会社に銀行発行の保証状を差し入れれば、船荷証券なしでも貨物を引き取ることができます。この保証状のことを「L/G（LETTER OF GUARANTEE）」といいます。

L/G（LETTER OF GUARANTEE）の内容は、後日、輸入者が船荷証券を入手した際は必ず船会社に提出すること、そして万一、この取扱いによって船会社が損失を受けた場合は、輸入者が損害を賠償することを約束しています。

このL/Gには、債務者として輸入者が署名するようになっていますが、そのほかに輸入者の取引銀行の署名が必要です。このL/Gに連帯保証人として署名する業務のことを「荷物引取保証（L/G）」といいます。

銀行は、このL/Gに署名することにより、担保となっている輸入貨物を輸入者が引き取ることを認めるとともに、万一の場合には輸入者と連帯して船会社に損害賠償する債務を負うことになります。したがって、荷物引取保証は銀行にとって与信取引であり、輸入者は銀行に対して保証料を支払います。

近隣諸国から貨物を輸入するため、この荷物引取保証の発生が見込まれる場合には、信用状の発行依頼時などに、荷物引取保証を申し込んでおくのが一般的です。

L/Gによって貨物を引き取った後、船積書類が到着したときは、輸入者はこれを銀行から受け取って船会社へ船荷証券を提出し、L/Gの原本を回収します。その原本を銀行へ返却すると、荷物引取保証は解除されます。

荷物引取保証の実行後に、万一、船荷証券を紛失して善意の第三者の手に渡り、船会社に対して貨物引渡の請求が行われますと、船会社に引き渡すべき貨物がないので、船荷証券の所持人に対して損害を賠償しなければならないことも想定されます。この場合は、船会社が支払った金額をL/Gの署名者（輸入者および銀行）に請求してくることになりますので、B/Lの取扱いには、特に注意しなければなりません。

荷物引取保証により、貨物を引き取った場合には、たとえ後から送付されてくる船積書類にディスクレパンシーがあっても、ディスクレを理由にアンペイド（不渡）はできなくなります。このアンペイドは、信義上の問題であるばかりでなく、アンペイドにすると、船荷証券は輸出地の銀行に返却しなければならず、後日その船荷証券に基づいて船会社に請求があれば、結局L/Gに署名した輸入者が支払わなければならず、その金額は、利息・損害金などが加算されてアンペイドにした金額よりも大きくなります。したがって、もし、貨物が不良品であった場合には、品質のクレームとして処理することになります。

11　AIR T/R（丙号T/R、航空貨物用T/R）

　航空貨物による輸入の場合には、銀行に船積書類が到着する前に、輸入地の空港に貨物が到着するのが一般的です。

　貨物の荷受人（コンサイニー：CONSIGNEE）が、銀行である場合には、銀行は、上記⑩の荷物引取保証と同様に、輸入者からの依頼により担保である貨物の貸渡（T/R）に応じます。このT/Rは、「AIR T/R、丙号T/R、航空貨物用T/R」などと呼ばれていて、ユーザンス期間に対応するT/Rとは区別されています。AIR T/Rは、「AIR TRUST RECEIPT」の略で、文字どおり、航空輸送の場合に行われる貸渡取引です。

　輸入者は、銀行にAIR T/Rの依頼を行い、銀行から交付される「リリース・オーダー：RELEASE ORDER（貨物引渡指図書）」を航空会社に提出することによって、貨物を引き取ることができます。これは、信用状付荷為替手形の一覧払決済やユーザンス供与のときに、銀行が輸入者に対して発行するリリース・オーダーと同じものです。

　ただし、航空便であっても、貨物の引取りを急いでいない場合は、船積書類の到着を待って決済するか、あるいは、通常のT/Rの手続をとればよいことになります。

AIR T/Rを実行すると、荷物引取保証の場合と同じように、後日到着した船積書類にディスクレがあっても、支払拒絶はできなくなります。もともと、銀行は、輸出者に対して信用状を発行した時点で、支払を確約していますが、その時点では、あくまでも信用状条件どおりの書類の呈示に対して支払を確約しています。しかし、AIR T/Rを実行したことにより、どのような書類に対しても支払を確約したことになり、「支払の確約」が質的に変化しています。

　航空貨物運送状（AIR WAYBILL）は、有価証券ではないため、銀行がAIR T/Rを実行しても、航空会社への保証は発生しません。また、後日、船積書類に含まれた航空貨物運送状が届いても、それを航空会社に提出する必要はありませんし、リリース・オーダーは保証状でないため、回収する必要もありません。

12 関税消費税延納保証

　輸入貨物を国内に引き取るためには、輸入申告を行い、関税や消費税などを納付しなければなりませんが、輸入者の迅速な通関や納税手続の便宜を図るために、税額に相当する担保などの提供を条件として、関税や消費税などの納付を猶予する「納付期限延長制度」があります。

　この制度は、輸入者が、国債・地方債、金銭、銀行または損害保険会社などによる保証書を担保として、税関に提供することを条件として、関税や消費税などの納期限の延長が認められるものです。一般的には、銀行が発行する保証書を差し入れることが多く、この銀行保証のことを「関税消費税延納保証」といっています。単に、「関税保証」という場合もあります。

　「納付期限延長制度」には、輸入者の納税の便宜を図るため、大別すると「個別延長方式」と「包括延長方式」の2種類があります。

　「個別延長方式」とは、個々の輸入申告ごとに納期限を延長する方式で、輸入者が輸入申告ごとに輸入許可日の翌日から3カ月以内の納期限の延長が

図表12-2　関税消費税延納保証の仕組図

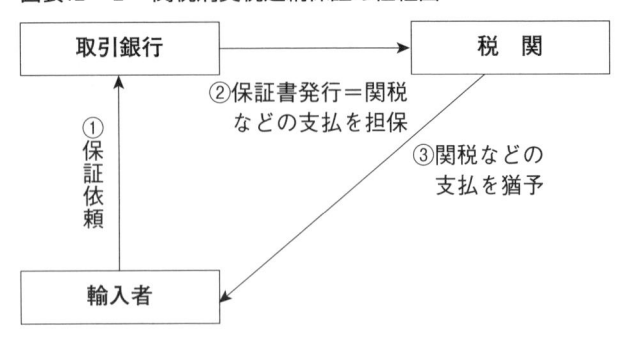

```
      ①保証依頼
取引銀行 ─────────────→ 税　関
  ↑      ②保証書発行＝関税
  │       などの支払を担保
  │                    ③関税などの
  │                      支払を猶予
  │
輸入者 ←──────────────
```

認められるものです。

「包括延長方式」とは、特定の月分の輸入申告についてひとまとめにして、特定月の末日の翌日から3カ月以内の納期限の延長が認められるものです。

関税消費税延納保証の利用による輸入者のメリットは以下のとおりです。

① 関税や消費税などを現金で納付する場合、税関が関税の受取を確認して通関するまでに時間がかかりますが、保証書の差入れにより、輸入許可前に貨物を引き取ることができるなど通関業務をスピードアップすることができます。

② 販売先への納期が迫っている場合や原料の在庫不足で生産に支障をきたす場合など、貨物を早く引き取りたいときに有効です。

③ 関税などの後払により、資金面での負担が軽減されます。

④ 通関ごとの関税などの支払という事務負担を軽減できます。

⑤ 商機を逸したり、保管料等の費用が掛かった結果として発生する損害などの不測の事態を避けることができます。

第13章

輸入商品の入手リスクヘッジ

1 輸入商品の入手リスク

　金融・経済のグローバル化が急速に進み、貿易取引の環境が多様化、複雑化するなかで、さまざまなリスクが発生しています。海外シッパー（輸出者）の倒産、貿易取引の制限、地震・津波などの自然災害、新型インフルエンザなどの伝染病、戦争、革命、テロ行為などリスクの範囲は変化しつつ、拡大しています。

　海外との輸入取引においても、さまざまなリスクが伴います。輸入契約を行う際には、国内取引には存在しないようなリスクに配慮することが必要になります。たとえば、前払による送金ベースを条件に輸入契約を締結して「前払送金」をしても、輸出者が倒産したり、貿易取引が制限されたり、戦争や内乱状態に陥ったりして、商品の入手が困難になるかもしれません。

　また、商品は入手できたとしても、契約とはまったく違った商品が送付されてきたり、数量が少なかったり、品質が異なっていたり、納期に間に合わなかったなどの「輸入商品の入手リスク」が問題となることが、多く見受けられます。

　したがって、輸入者にとって、この「輸入商品の入手リスク」をいかにヘッジ・回避するかということが、非常に重要になってきます。すなわち、「輸入商品の入手リスク対策」が必要不可欠といえます。

　輸入商品の入手リスクヘッジとしては、後払送金、支払保証状付後払送金、同時決済送金、信用状付取引、信用状なし取引（D/P・D/A取引）、契約履行保証状、輸入ファクタリング、独立行政法人 日本貿易保険（NEXI）の輸入保険、民間保険会社の輸入保険があります。

　ただし、上記の手法でも、まったくリスクがないわけではありません。たとえば、信用状付荷為替手形取引は、あくまで書類取引であり、売買契約から独立しています。輸入者に送られてきた商品が契約と異なっていても、輸出地の銀行から送られてきた船積書類が、信用状条件と一致していれば、輸

入者は代金の決済をしなければなりません。

したがって、価格条件はもちろんのこと、品質条件・数量条件・船積みの時期・紛争解決条項などを売買契約書に明確に盛り込むことが、輸入商品の入手リスクヘッジの基本といえます。

2 輸入商品の入手リスクヘッジ

① 後払送金（DEFERRED PAYMENT）

前払送金（ADVANCE PAYMENT）での輸入取引であれば、輸入者は、商品を受領する前に輸出者に代金を支払いますので、資金負担があるのはもちろんのこと、「輸入商品の入手リスク」があるきわめて不利な決済方法になります。

この輸入者の商品入手リスクを解消するためには、「後払送金」があります。「後払送金」は、輸入者が商品を受け取ってから代金を支払いますので、商品入手リスクがないきわめて有利な決済方法になります。

しかしながら、輸出者は、代金回収前に出荷しますので、代金回収リスクが残り、大変不利になりますので、長年取引を行っていて信頼関係が確立されている取引先との取引や、親会社と子会社の取引などに限定されます。また、輸入者と輸出者との力関係で輸入者が特に強い立場にある場合、あるいは、金額が少額の場合などに利用されます。

したがって、輸入取引を新規で始める場合や大口取引の場合などには、信用状付荷為替手形の決済方法が多く利用されます。

② 支払保証状付後払送金

上記①のとおり、「後払送金」は、輸出者にとって代金回収リスクが残る大変不利な決済方法ですので、限られた取引に利用されますが、「後払送金」に銀行が輸入者の信用リスクを保証する「支払保証状（PAYMENT GUARANTEE）」を付加すれば、輸出者の代金回収リスクは軽減されます。

したがって、この支払保証状を追加することで、後払送金ベースだけで

は、限定的だった取引が、輸入者の商品入手リスクなしというメリットを残したまま、より広範囲に利用されることになります。これが「支払保証状付後払送金」です。

また、支払保証状にはいくつかのメリットがあり、「信用状（L/C）」にかえて「支払保証状」を活用するケースが増加しています。たとえば、輸入者にとっては、信用状の発行および管理に関する事務負担が軽減できるほかに、信用状取引よりも銀行に支払う手数料などのコスト負担が少なくて済みます。一方、輸出者にとっては、信用状取引と同等の信用補完となるばかりではなく、船積書類を迅速に入手できるなどのメリットがあります。さらに、支払保証状は、通常、一定期間において一定金額の支払を保証する形態をとりますので、輸出者は個別の信用状条件に拘束されずに安心して、船積みできます。

③　同時決済送金

上記①および②のとおり、「送金ベース決済」は、「後払送金」「前払送金」のどちらにしても、輸入者か輸出者のどちらかが偏ったリスクを負わなければなりませんので、長年取引を行っていて信頼関係が確立されている取引先との取引や親会社と子会社の取引などに限定されています。

この輸入者か輸出者のどちらかに偏ったリスクを解消するために、輸出者は、出荷と同時に輸入者に船積書類のコピーを送付し、輸入者は、船積みを確認でき次第、代金決済送金を取り組む同時送金という方法も多く利用されています。

したがって、輸入者にとっては、この「同時決済送金」を活用すれば、前払送金で発生する商品入手リスクは、軽減されます。

なお、「後払送金」「前払送金」「同時決済送金」の詳細については、第11章④の(2)「送金ベースによる輸入決済」を参照してください。

④　信用状（L/C）付取引

信用状（L/C）とは、輸入者の取引銀行である信用状発行銀行が、輸出者に対して、一定の条件（輸出者作成の船積書類が信用状条件に合致していること）のもとに、支払を確約する書状です。

具体的にいえば、輸出者が商品を船積みした後、輸入者がたとえ倒産したとしても、信用状の条件を満たした船積書類を提出すれば、輸入地の信用状発行銀行によって、商品代金が支払われるというものです。

上記のように、信用状は、支払を確約する書状ですが、無条件に支払義務を負担するのでは、輸入者と発行銀行が著しく不利になります。このため、商品を確実に入手できるように、信用状に「一定の条件」をつけています。

「一定の条件」とは、「信用状発行銀行に到着した船積書類が信用状条件に合致していること」です。輸入者は、注文した商品を確実に入手するために、各々の船積書類に各種の条件を要求します。つまり、輸入者は、信用状で輸出者に行為を要求しても、支払確約の条件にはならないため、「要求したい行為」を提出させる書類の内容に盛り込むことで、確実に商品入手を実現しようとします。

上記で説明したように、送金ベース決済により輸入者が外国から商品を輸入する場合、前払送金であれば、輸出者は安心して出荷できますが、輸入者には商品入手リスクが残ります。逆に、後払送金であれば、輸出者に代金回収リスクが残りますので、輸出者は安心して出荷することはできません。

このような場合、輸入者の依頼に基づいて輸入地の銀行が信用状を発行すれば、輸出者は安心して商品を輸出することができるとともに、一方、輸入者は商品入手リスクが軽減されます。

すなわち、輸出者は船積み後、信用状条件どおりの船積書類を作成して取引銀行に持ち込めば、書類は信用状発行銀行に送付され、輸入者が決済できなくても、信用状発行銀行が決済することになります。一方、輸入者にとっても、前払送金における商品入手リスクを軽減できるメリットがあります。

これにより、輸入者は、前払送金でみられた偏ったリスクを回避しつつ、後払送金では輸入できない（輸出者が輸出に応じない）ようなケースでも輸入が可能になります。

ただし、輸入者と輸出者にまったくリスクがないわけではありません。信用状による取引は、あくまで書類取引であり、売買契約から独立しています。たとえば、輸入者に送られてきた商品が契約した内容と異なっていて

も、輸出地の銀行から送られてきた船積書類が信用状条件と一致していれば、輸入者は代金の決済をしなければなりません。

したがって、輸入商品の入手リスクヘッジの大前提は、売買契約時における契約書に、品質条件・数量条件などを明確に盛り込むことです。

⑤ **信用状なし（D/Pベース）取引**

「信用状なし（D/Pベース）取引」とは、信用状のついていない「支払渡条件」の荷為替手形を使って決済する方法です。

輸出者は、船積み後、輸入者を支払人とする荷為替手形を振り出し、船積書類とともに取引銀行を通じて、手形買取または代金取立を依頼します。送金ベース決済と違って、船積書類は、銀行経由で送付され、輸入者が荷為替手形を「決済」するのと引き換えに輸入者に交付されます。すなわち、「DOCUMENTS AGAINST PAYMENT（D/P：支払渡）」となるわけです。

輸入者にとっては、「商品の受取」と「代金の支払」を条件づけることができますので、「前払送金」にみられるような商品入手リスクはありません。ただし、事前に商品の確認ができないため、注文したものと異なった商品を出荷されるリスクはカバーできません。

一方、輸出者にとっては、荷為替手形という決済手段はあるものの、信用状がついていませんので、輸入者に支払を強制する効力はなく、業態悪化・倒産などにより輸入者が支払えないリスク、あるいは、支払のための資力はあっても商品市況の変動などを理由として支払を拒まれるリスクは、カバーできません。

したがって、輸入者の立場からみれば、新規あるいは取引歴の浅い輸出者からは出荷してもらえない欠点はありますが、関連会社あるいは取引歴が長く輸入者の信用状態を把握している取引先との間では、比較的多く利用されています。

また、輸入者にとっては、信用状の発行および管理に関する事務負担が軽減できるほかに、信用状取引よりも銀行に支払う手数料などのコスト負担が少なくて済みます。

⑥ **信用状なし（D/Aベース）取引**

「信用状なし（D/Aベース）取引」とは、信用状のついていない「引受渡条件」の荷為替手形を使って決済する方法です。

輸出者は、船積み後、輸入者を支払人とする期限付荷為替手形を振り出し、船積書類とともに取引銀行を通じて、手形買取または代金取立を依頼します。送金ベース決済と違って、船積書類は銀行経由で送付され、輸入者が荷為替手形を「引受」するのと引き換えに輸入者に交付されます。すなわち、「DOCUMENTS AGAINST ACCEPTANCE（D/A：引受渡）」となるわけです。

D/Pベースでは、荷為替手形のサイト（期間）は、支払渡条件ですので、原則として「一覧払い（AT SIGHT）」になりますが、D/Aベースでは、引受渡条件ですので、「期限付き」になります。たとえば、「一覧後90日払い：AT 90 DAYS AFTER SIGHT」となります。これは、輸入者が手形を一覧してから90日後に輸入決済をするという意味です。

したがって、D/Aベースの取引では、輸入者は輸出者が振り出した期限付手形の引受と引き換えに船積書類を受け取り、手形期日に支払う仕組みのため、実質的には、輸入者からみれば「後払送金」に当たり、前払送金にみられるような商品入手リスクはありません。

一方、輸出者からみれば、実質的には「後受送金」に当たり、決済前に商品を輸入者に引き渡すので、不渡・不払いのリスクなどデメリットが多く、大変不利な決済方法となります。

⑦ **契約履行保証状（PERFORMANCE BOND）**

大型設備、大口プラントなどの多額の契約あるいは納期までに長期間を要する輸入取引において、輸入者は、輸出者に対して、契約の確実な履行の保証として、保証金の差入れを要求する場合があります。

この保証金は、輸出者が契約を履行しなかった場合には、輸入者によって没収されます。

この場合、保証金が現金で差し入れられることはまれで、通常は銀行の保証状により対応します。このような保証を「契約履行保証」といいます（図

表13-1参照)。輸入者は、輸出者に対し、この契約履行保証状を要求することにより、輸入商品の入手を確実なものにすることができます。なお、保証金額は、通常、契約金額の10％前後です。

⑧ **輸入ファクタリング**

「輸入ファクタリング」とは、後払送金ベースや信用状なし（D/P、D/A）ベースの輸入取引において、輸入者が財務上の理由で輸入代金を支払えなくなった場合、ファクタリング会社が、輸出者に対して、インボイス金額の100％を保証する制度です。前記②や④の「支払保証状（PAYMENT GUARANTEE）」や「信用状（L/C）」と、ほぼ同等の役目・役割を果たすものといえます。

たとえば、輸入者の「後払送金」は、輸出者にとって代金回収リスクが残る大変不利な決済方法であるため、限られた取引に利用されますが、後払送金ベース取引にファクタリング会社が輸入者の信用リスクを保証する「輸入ファクタリング」を付加すれば、輸出者の代金回収リスクは軽減されます。

したがって、このファクタリングを追加することで、後払送金ベースだけ

図表13-1 契約履行保証の仕組図

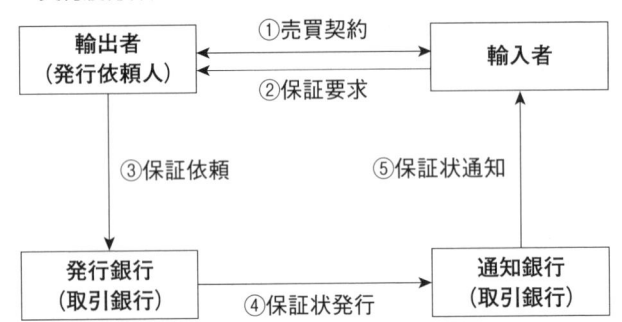

① 売買契約……輸入者と輸出者との間で、売買契約を締結
② 契約履行保証要求……輸入者は、輸出者に対し、契約履行保証状を要求
③ 契約履行保証依頼……輸出者は、取引銀行に対し契約履行保証状の発行を依頼
　　取引銀行は、発行の可否を検討のうえ、保証実行
④ 保証状発行……輸出者の取引銀行（保証状発行銀行）は、輸入者の取引銀行（通知銀行）に保証状を発行
⑤ 保証状通知……通知銀行は、輸入者に対して、契約履行保証状をアドバイス（通知）

では限定的だった取引が、輸入者の商品入手リスクなしというメリットを残したまま、より広範囲に利用されることになります。

⑨ **日本貿易保険の前払輸入保険**

独立行政法人 日本貿易保険（NEXI）が運営している貿易保険は、ほとんどが輸出関連保険ですが、輸入取引に係る唯一の保険があります。それが、「前払輸入保険」です。

「前払輸入保険」は、前払輸入契約に基づいて、輸入者が前払した輸入商品の代金について、商品を輸入することができなくなり、前払輸入契約に基づいて返還請求したにもかかわらず、支払った前払金の返還を受けることができないことにより受ける損失を補てんします。

たとえば、産業機械の前払輸入契約を締結し、輸出者に前払金を送金して船積みを待っていたところ、輸出者が商品の船積み前に倒産してしまい、輸出者に前払金の返還請求を行ったが、前払金を取り戻すことができなかったことによる損失をてん補します。

前払輸入保険について説明しましたが、詳細については、独立行政法人日本貿易保険（NEXI）に問い合わせください（第10章③を参照）。

⑩ **民間保険会社の輸入保険**

輸入関連保険については、上記⑨の独立行政法人 日本貿易保険（NEXI）が運営する「前払輸入保険」が主体でしたが、最近では、民間の保険会社も輸入取引に関する保険を取り扱っています。

民間保険会社の輸入保険も、日本貿易保険の「前払輸入保険」と同様、前払金に対する商品のノン・デリバリー（NON-DELIVERY）による損失をてん補するものが中心となっていますが、保険の名称、てん補範囲、損失のカバー率、免責事項、保険料など各社によって異なりますので、保険会社や保険代理店に問い合わせください。

第14章

特殊貿易

1 特殊貿易の種類

(1) 特殊貿易とは

「貿易」というと、通常、日本と外国との二国間の取引関係ばかりで考えがちですが、グローバルに三国間以上にわたるなど、多種多様で複雑な「特殊貿易」も行われています。たとえば、日本のメーカーが東南アジア諸国の製造子会社で生産した商品を欧米向けに販売したり、日本の大手商社が組織とネットワークを生かして数カ国にわたる取引を成立させるなど、貿易取引は多種多様で複雑化しています。

それでは、日本と外国との単なる輸出入取引ではない、すなわち、「売切り」「買切り」とは異なる「特殊な貿易形態」について説明します。

(2) 特殊貿易の種類

特殊貿易の種類は、以下のとおりです。

① 仲介貿易
② スイッチ貿易
③ 委託販売貿易
④ 委託加工貿易
⑤ 加工貿易
⑥ 貴金属の輸出入
⑦ 支払手段等の輸出入

それぞれについては、下記②〜⑧で詳しく解説します。

2 仲介貿易

(1) 仲介貿易とは（仲介貿易の基本形態）

　外為法では、「仲介貿易取引」を、外国相互間における貨物の移動を伴う貨物の売買に関する取引であると定義づけています（外為法25条1項2号）。

　すなわち、「仲介貿易」とは、本邦（日本）の居住者が、外国相互間で貨物を移動させ、それに伴う代金の決済などについて売買契約の当事者となる取引をいいます。

　また、別の表現をすれば、「仲介貿易」は、三国間の貿易取引で、仲介者は取引の仲介による差額を手数料として受け取る取引であるともいえます。そのため、仲介貿易を「三国間貿易」という場合もあります。

　たとえば、わが国の商社A社が、韓国B社から仕入れた商品を米国C社へ販売するとします。貨物は韓国から米国へ直接移動しますが、契約はA社が韓国B社および米国C社とそれぞれに行っているため、船積書類は日本を経由するとともに、仕入れ（輸入）も売上げ（輸出）もわが国のA社が計上することになります。したがって、輸入と輸出の決済代金の差額が、仲介者であるA社の利益（儲け）となります。

　前記のとおり仲介貿易とは、外国相互間で貨物が移動するのが本来の形ですが、配船などの都合で貨物をいったん本邦に輸送したうえ、保税上屋または保税地域に仮陸揚げし、別の船舶で輸入者宛に輸送する場合も仲介貿易に含まれます。なぜなら、日本国内であっても保税上屋または保税地域は、外国とみなされ、本邦サイドで輸出入の通関が行われていないからです。

　本邦でいったん輸入通関をし、あらためて第三国に輸出する場合は、中継貿易となり、仲介貿易ではありません。したがって、中継貿易においては、わが国で輸入取引と輸出取引の両方があったものとみなされます。

　図表14-1に「韓国B社から米国C社へ商品を輸出する取引をわが国の商

社A社が仲介する」という仲介貿易取引の事例を掲載しましたので参考にしてください。

(2) 仲介貿易の代金決済方法

輸出サイドおよび輸入サイドの代金決済方法は、送金ベース取引（前払・前受、後払・後受）、信用状付取引、信用状なし取引（D/P、D/Aベース）のいずれでも可能で、輸出サイドと輸入サイドの決済方法が異なっていても問題はありません。あくまで、代金の決済（受払）方法については、売買契約に従います。

なお、輸出入の代金決済方法の詳細については、第8章⑥「輸出代金の決済方法」と第11章④「輸入代金の決済方法」をそれぞれ参照してください。

代金の受払方法を信用状付取引とする場合には、仲介者は、自己を受益者として通知を受けた信用状（マスター信用状またはマザー信用状、第一の信用

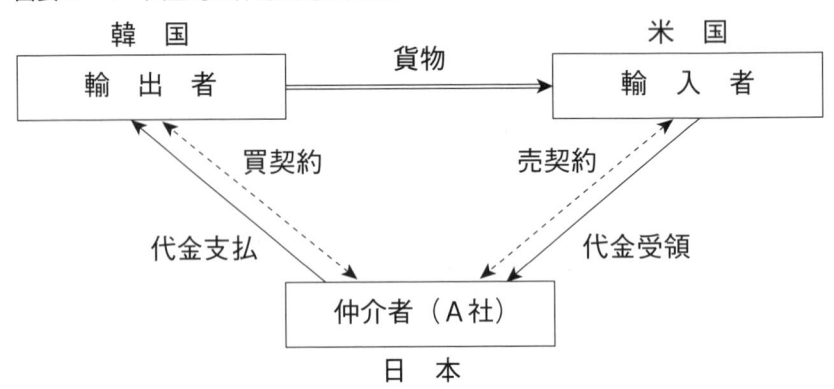

図表14-1　典型的な仲介貿易の仕組図

```
        韓　国                              米　国
     ┌─────────┐      貨物        ┌─────────┐
     │ 輸　出　者 │ ═══════════▶ │ 輸　入　者 │
     └─────────┘                  └─────────┘
         ▲ │                            ▲ │
         │ │  買契約           売契約    │ │
   代金支払│ ▼                          │ ▼ 代金受領
         ┌─────────────┐
         │ 仲介者（A社） │
         └─────────────┘
              日　本
```

状といいます）の条件を満たす信用状（見返信用状またはBACK-TO-BACK CREDIT、ベビー信用状、第二の信用状といいます）の発行を取引銀行に依頼し、信用状条件を充足する書類を入手します。

この場合、仲介者は、輸入者サイドからディスクレを理由とした支払拒絶を受けないよう注意する必要があります。

(3) 仲介貿易のその他の形態

仲介貿易の典型的な形態は、上記のとおりですが、このほかにも以下の3つの形態があります。いずれの場合も、外国相互間で貨物が移動すること、および、本邦の居住者がその売買契約の当事者になることが前提条件となります。

① 仲介手数料のみを受け取るケース

仲介者は、輸出者と輸入者とそれぞれ売買契約を締結しますが、代金決済は輸出者と輸入者との間で直接行われ、仲介者は、輸出者または輸入者から仲介手数料のみを受け取ります（図表14－2参照）。

② 仲介者が支払のみを行うケース

プラント輸出または海外請負工事のケースで、現地で使用される一部機材を、本邦内での調達が困難である、または輸入者からの指定などの理由により、第三国から購入し、輸入者あるいは海外工事現場に直送することがあります。

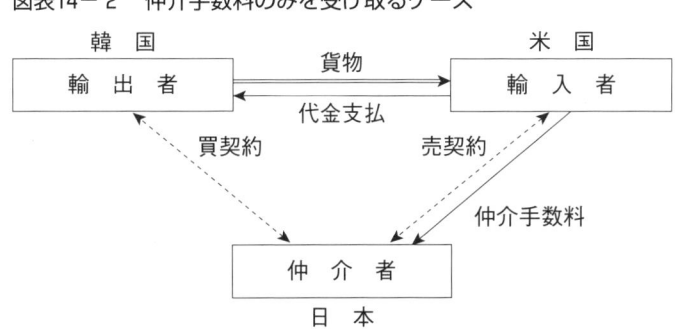

図表14－2　仲介手数料のみを受け取るケース

図表14-3　仲介者が支払のみを行うケース

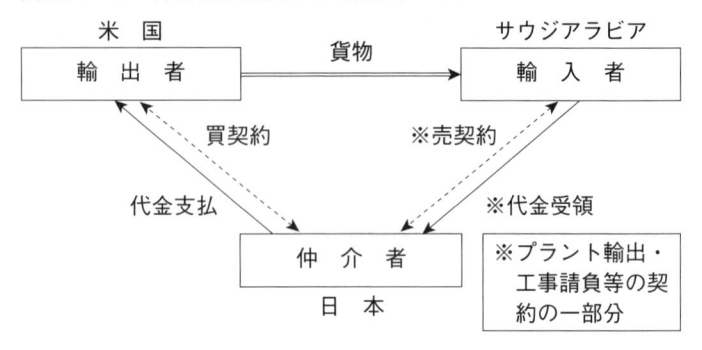

```
    米　国                          サウジアラビア
  ┌───────┐       貨物        ┌───────┐
  │ 輸出者 │ ───────────────→ │ 輸入者 │
  └───────┘                    └───────┘
      ↑↕       買契約    ※売契約     ↑
      │                              │
   代金支払                        ※代金受領
      │         ┌───────┐           │
      └────────→│ 仲介者 │←──────────┘
                └───────┘      ※プラント輸出・
                  日　本        工事請負等の契
                                約の一部分
```

図表14-4　本邦内の仲介者が2名のケース

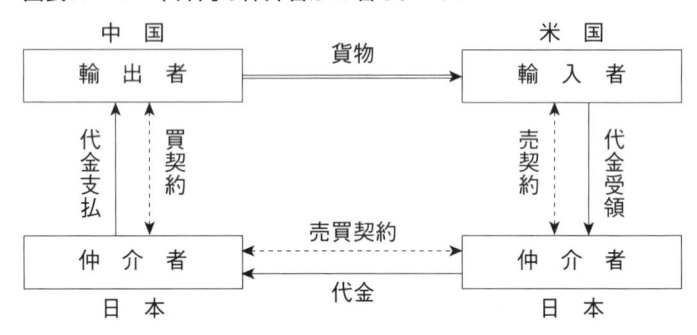

```
    中　国                          米　国
  ┌───────┐       貨物        ┌───────┐
  │ 輸出者 │ ───────────────→ │ 輸入者 │
  └───────┘                    └───────┘
    ↑↕                            ↑↕
  代買                           売代
  金契                           契金
  支約                           約受
  払                                領
    │      ┌───────┐  売買契約  ┌───────┐
    └─────│ 仲介者 │←─────────→│ 仲介者 │
           └───────┘    代金    └───────┘
            日　本                 日　本
```

　この第三国からの購入および現地への貨物輸送の取引も仲介貿易の一形態となります。この場合購入先である第三国への対価の支払は、購入のつど本邦より行いますが、受取は個々に発生せず、プラント輸出代金または海外工事請負代金の一部として、回収することになります（図表14-3参照）。

③　**本邦内の仲介者が2名のケース**

　本邦内に仲介者が2名いる場合で、外国との買契約と売契約をそれぞれの仲介者が締結し、仲介者間でさらに売買契約を締結するケースです。この場合の契約当事者は、図表14-4のように外国の2つの国にそれぞれ1者、本邦内に2者の合計4者となります。

(4) 仲介貿易開始時の留意点

仲介貿易においては、一般に外国の輸出者と輸入者の相互間には、直接の契約関係がなく、また商品は仲介者の手を経由せず、直接輸出者から輸入者に輸送されます。このため、品質不良、規格相違、数量不足などのクレームの発生が比較的多く、いったんクレームが発生すると、三者間にわたって交渉する必要があるため、通常の貿易に比べて、解決までに時間・経費などのコストが大きくなります。

したがって、仲介貿易の開始にあたっては、下記の事項に留意する必要があります。

買契約と売契約の内容に齟齬がないかどうか、十分にチェックします。たとえば、仲介者が輸出者と輸入者とそれぞれ締結する売契約書と買契約書双方に記載される商品名、品質、規格、数量、船積港、荷揚港、船積期限、建値などの諸条件について相互間に相違がなく、首尾一貫していることなどを慎重に点検します。

買契約と売契約は、基本的にはともに信用状ベースの取引とし、かつ取引のリスクや資金負担を避けるために、双方の決済期間をできるだけ同じ期間とします。たとえば、輸入サイドを一覧払いとし、輸出サイドを期限付きなどとしてはいけません。

仲介者は、自己を受益者として通知を受けた信用状（マスター信用状またはマザー信用状）と、仲介者が取引銀行に対して受益者宛に発行を依頼した信用状（見返信用状またはBACK-TO-BACK CREDIT）に記載されている条件が売契約と買契約のそれぞれの内容に合致し、かつマスター信用状と見返信用状相互間の条件が一致していることを確認します。もし、契約内容との不一致があったり、一貫性がないようなことがあれば、遅滞なく信用状のアメンド（条件変更）を行うことが必要になります。

万一、クレームや紛争が起きた場合に備えて、紛争解決条項を契約書に明確に定めておくことも重要です。仲介貿易の当事者間で、自主的に解決できれば、それが最善ですが、もし外国の裁判所に訴訟が提起され、外国の法律

によって裁判が行われることになりますと、日本側としては困った立場になります。当事者間の力関係にもよりますが、いつでも仲介者の主張が通るとは限りません。たとえば、契約書に「この契約は日本法に準拠し、紛争が発生した場合には、日本の裁判所が管轄権を有するものとする」などと合意しておくと、有利になります。

(5) 仲介貿易の実務例からみた具体的留意点

仲介貿易では、仲介者は外国で廉価で高品質の商品を見つけ出す、あるいは、つくりだすなどの努力は必要ですが、後は商品を外国相互間で移動させればいいわけですので、「仲介貿易取引」は、割がいい商売であると思われがちです。

しかしながら、実質的な輸出者および輸入者がともに外国にいることから、さまざまな点に留意する必要があります。

日本の商社A社が、中国B社から仕入れた商品を米国C社へ販売するという仲介貿易の事例を図表14-5として掲載しますので、どのような点に留意すべきか確認してください。なお、それぞれの代金決済方法は、信用状ベース取引とします。

(6) 仲介貿易とはみなされない取引形態

以下の2つの貿易取引は仲介貿易とはみなされない取引形態です。

① **貨物の移動が同一国内にとどまる場合**

わが国の居住者が、外国との間で売契約と買契約を締結する場合であっても、その貨物がまったく移動しないか、またはその移動が同一国内での移動にとどまる場合は、輸出でも輸入でも仲介貿易でもなく、単に同一国内での貨物の売買ですから、この取引は単なる貿易外取引となります。たとえば、図表14-6のように、中国国内のB社からC社への貨物の移動を伴う取引です。

② **輸入通関および輸出通関が行われる場合**

いったん、貨物を日本に輸入し、そのままもしくは加工のうえ、あらため

図表14-5　仲介貿易の具体的留意点

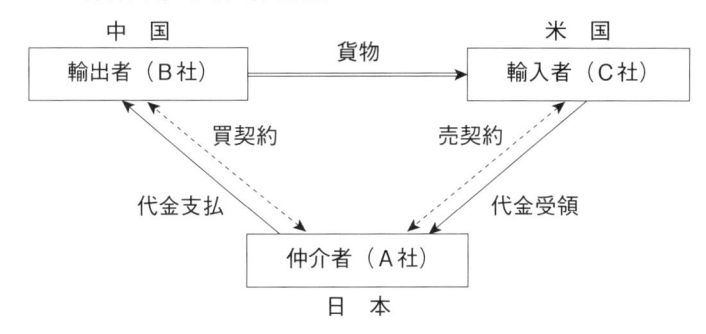

```
        中　国                           米　国
   ┌──────────┐      貨物      ┌──────────┐
   │輸出者（B社）│ ──────────→ │輸入者（C社）│
   └──────────┘                └──────────┘
         ↑↓                          ↑↓
       買契約                       売契約
    代金支払                         代金受領
            ↘        ┌──────────┐        ↙
             　　　　│仲介者（A社）│
                    └──────────┘
                        日　本
```

① まずは、仲介貿易取引全体の仕組みを十分に理解することが大切です。詳しくは、前記(1)〜(4)を参照してください。
② 仲介者A社は、売契約と買契約の内容に齟齬はないかどうか、十分にチェックします。たとえば、仲介者A社が輸入者C社および輸出者B社とそれぞれ締結する売契約書と買契約書双方に記載されている商品名、品質、規格、数量、船積港、荷揚港、船積期限、建値などの諸条件について、相互間に相違がなく、首尾一貫していることなどを慎重に点検します。
③ 売契約と買契約は、ともに信用状付荷為替手形取引ですので、仲介者A社は輸入者C社の取引銀行の発行した信用状（マスター信用状）を入手後に、輸出者B社を受益者とした信用状（見返信用状）の発行依頼を取引銀行に行います。
④ 各々の信用状のテナーは、取引のリスクと資金負担を避けるために、双方の決済期間を同じ期間とします。たとえば、輸入サイドを一覧払いとし、輸出サイドを期限付きとしてはいけません。
⑤ 信用状の有効期限は、輸出者B社と輸入者C社との間に余裕をもたせます。たとえば、米国から入手した信用状（マスター信用状）の有効期限が3月31日であれば、中国向けの信用状（見返信用状）の期限は3月15日などとします。つまり、中国で荷為替手形が買い取られた後、その船積書類は日本の信用状発行銀行に到着し、日本の発行銀行で船積書類を点検した後、米国へ船積書類が送られるからです。
⑥ 仲介者A社は、マスター信用状と見返信用状に記載されている条件が売契約と買契約のそれぞれの内容に合致し、かつ両信用状の条件が一致していることを確認します。もし契約内容との不一致があったり、一貫性がないようなことがあれば、遅滞なく信用状のアメンド（条件変更）を行う必要があります。

て第三国へ輸出する場合においては、いったん輸入したものは仲介貿易ではなく中継貿易として、わが国で輸入取引と輸出取引があったものとみなされます。

図表14－6　貨物の移動が同一国内にとどまる場合

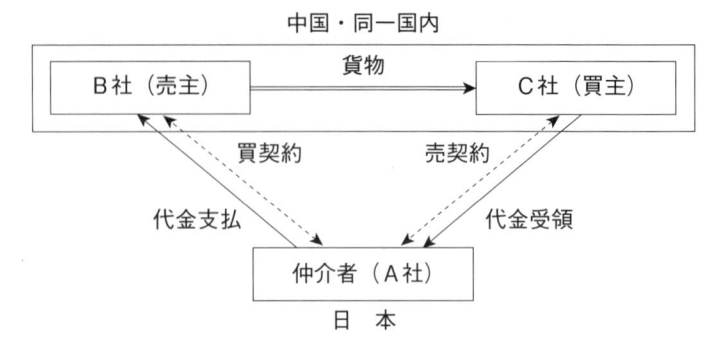

```
           中国・同一国内
   ┌─────────────────────────────────┐
   │              貨物                │
   │  B社（売主） ────────→ C社（買主） │
   └────↑↓──────────────────↑↓───────┘
         買契約            売契約
    代金支払 ↘          ↙ 代金受領
              仲介者（A社）
                日　本
```

　ただし、配船などの都合で貨物をいったん本邦に輸入したうえ、保税上屋または保税地域に仮陸揚げし、別の船舶で輸入者宛に輸送する場合は、仲介貿易とみなされます。なぜなら、日本国内であっても保税上屋または保税地域は、外国とみなされ、本邦サイドで輸出入の通関が行われていないからです。

(7) 仲介貿易保険

　仲介貿易において、相手先の倒産や戦争・革命・貿易制限・テロ・自然災害といった不可抗力などによって、船積みできない損失または船積みした後に代金回収不能となる損失をカバーする政府が設けた保険があります。これを、総称して「仲介貿易保険」といい、独立行政法人 日本貿易保険（NEXI）が運営しています。

　実際の保険制度として、仲介貿易取引が対象となるものは、「貿易一般保険（個別保険）」「貿易一般保険（企業総合保険）」「限度額設定型貿易保険」の3種類です。
・貿易一般保険（個別保険）……仲介貿易にかかわる貨物の生産（集荷）、船積み、代金決済に至る一連のプロセスのなかで発生する損失をてん補する最も基本的な保険で、個別の仲介貿易ごとに仲介者が任意に保険契約を申し込むものです。
・貿易一般保険（企業総合保険）……保険商品としては、上記の貿易一般保

険(個別保険)と同じですが、あらかじめ仲介者が日本貿易保険(NEXI)と特約を結ぶことにより、一定の期間(通常は1年)に一定の条件を満たしたすべての仲介貿易契約について包括的に保険契約を締結するものです。
・限度額設定型貿易保険……仲介者が、特定の相手方と継続的に行う仲介貿易にかかわる船積み前の船積不能および船積み後の代金回収不能リスクをてん補する保険です。

なお、それぞれの貿易保険の詳細については、第10章③「貿易保険」を参照してください。

(8) 外為法上の規制

仲介貿易取引に関する外為法上の規制として、国際的平和・安全の維持を妨げ、もしくは日本が締結した条約その他の国際約束の誠実な履行を妨げることになると認められるものについては、経済産業大臣の許可を受けなければなりません。

2013年6月末現在では、次の取引が規制の対象となっています。
・北朝鮮を原産地または船積地域とする貨物の仲介貿易取引
・第三国から北朝鮮への贅沢品の輸出に係る仲介貿易取引

仲介貿易取引は、貿易関係貿易外取引となりますので、30百万円相当額超の支払または受取を行ったときは、日本銀行経由財務大臣宛に「支払又は支払の受領に関する報告書」を提出しなければなりません。

3 スイッチ貿易

(1) スイッチ貿易 (SWITCH TRADE)

「スイッチ貿易」とは、輸出者から輸入者へ貨物を直接船積みし、売買契約および代金決済は、輸出者と輸入者以外の第三者が行い、かつ、本邦の居

住者以外が仲介する形態をいいます。

　したがって、仲介者が日本の居住者ではなく、外国の第三者になる点が、前記②で説明した仲介貿易と異なります。

　仲介貿易は、外為法において「本邦（日本）の居住者が、外国相互間で貨物を移動させ、それに伴う代金決済について売買契約の当事者となる取引である」と定義されていますが、一方、このスイッチ貿易については外為法における定義は特にありません。

　スイッチ貿易では、貨物は日本と外国との間で移動しますので、売買契約および代金決済を行う仲介者は本邦（日本）の居住者ではなく、外国にいる第三者となります。

　仲介貿易もスイッチ貿易も、いわゆる三国間貿易ですが、上記のように、仲介者が日本にいるか、外国にいるかの大きな相違点があります。

　具体的にいえば、スイッチ貿易とは、たとえば、日本からベトナムへの輸出またはベトナムから日本への輸入で、仲介者が香港にいる場合を指し、これを「香港スイッチ」と呼んでいます。また、日本から中国への輸出または中国から日本への輸入で、仲介者が韓国にいる場合を指し、これを「韓国スイッチ」と呼んでいます。

(2) スイッチ貿易が行われる背景

① 相手国の輸出入取引に係る外為法などの規制により、やむをえず第三国を経由して輸出入をする場合
② 輸出入取引に係る資金に余裕がある、または、資金調達が容易にできる商社などが仲介者となり、仲介手数料を収得する場合　など

　上記のような背景がありますが、「香港」や「シンガポール」などの貿易取引の規制が少ないいわゆる「フリーマーケット」でスイッチが行われることが多くなっています。

(3) スイッチB/L（SWITCH B/L）

　図表14-7の「香港スイッチ」を例にした場合、ベトナムで発行された船

図表14-7　香港スイッチの仕組図（ベトナムから日本への輸入）

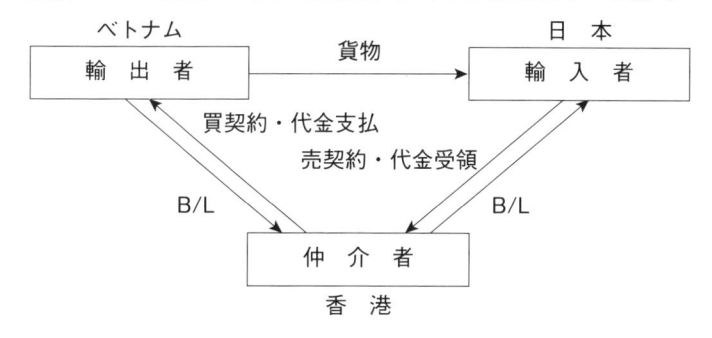

```
    ベトナム              貨物              日  本
  ┌─────────┐ ─────────────→ ┌─────────┐
  │ 輸 出 者 │                │ 輸 入 者 │
  └─────────┘ ←───────────── └─────────┘
       ↑     買契約・代金支払      ↑
       │     売契約・代金受領      │
       │                          │
      B/L                        B/L
       │       ┌─────────┐        │
       └─────→ │ 仲 介 者 │ ←─────┘
               └─────────┘
                  香　港
```

　荷証券（B/L）は、香港の仲介者が受け取り、そのB/Lを発行した船会社の香港支社にB/Lを提出して、香港の仲介者をシッパーとしたB/Lに差し替えてもらいます。差し替えられたB/Lは、日本の輸入者に送られてきます。この香港で差し替えられ新たに発行されたB/Lを、「スイッチB/L（SWITCH B/L）」といいます。

　スイッチB/Lは、商売上の機密などから、メーカーなど実際のシッパーの名前をB/L面上に出したくない場合などに、仲介者をシッパーとして発行されます。

4 委託販売貿易

(1) 委託販売貿易とは

　「委託販売貿易」とは、貨物の所有者が外国の第三者にその貨物の販売を委託し、第三者が実際に売り上げた分について売上代金を回収し、売れ残った商品を引き取り、貨物の所有者（販売者）がその売上高に応じて第三者に販売手数料を支払う取引をいい、コンサインメント（CONSIGNMENT）とも呼ばれています。

　委託販売貿易には、貨物を輸出して、その販売を外国の受託者に委託する

もの、すなわち「委託販売輸出」と、貨物の国内販売を外国の委託者から受託して輸入するもの、すなわち「委託販売輸入」があります。

(2) 委託販売輸出とは

「委託販売輸出」とは、商品の販売者が日本国内におり、外国の第三者に商品の販売を委託する「委託販売契約に基づく貨物の輸出取引」です（図表14－8参照）。

委託販売だからといって特別な手続はなく、後受送金ベースの輸出決済と同じになります。売れ残った商品は無為替輸入（注1）しますが、輸入割当品目（注2）に該当する場合でも承認などの手続は不要です。

(注1) 無為替輸入……代金のすべてについて決済が行われない輸入取引であり、「NO COMMERCIAL VALUE」と表現されます。
(注2) 輸入割当品目……品目によっては、輸入割当てを受けた者でないと輸入できない貨物があります。輸入割当制度のことを「IMPORT QUOTA SYSTEMS」といい、これに該当する貨物を「輸入割当品目（IQ品目）」といいます。その内容については経済産業大臣により公表され、この貨物の輸入については経済産業大臣の承認が必要です。

委託販売輸出契約の特徴は、以下のとおりです。
・貨物の所有権は、貨物が外国で販売されるまでは委託者にあること
・委託者は保険の受益者であり、運賃その他の経費を負担すること
・支払は送金ベースで行うこと

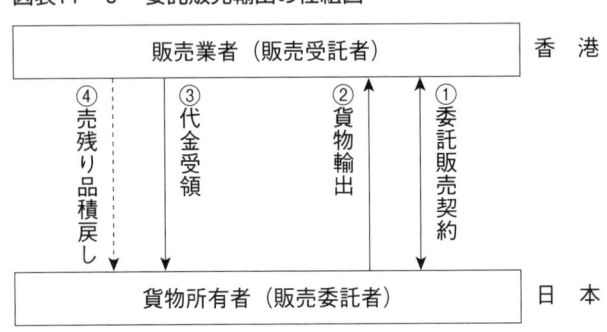

図表14－8　委託販売輸出の仕組図

販売業者（販売受託者）	香　港
④売残り品積戻し　③代金受領　②貨物輸出　①委託販売契約	
貨物所有者（販売委託者）	日　本

・売れ残った貨物は積戻しができることが条件となっていること

(3) 委託販売輸入とは

「委託販売輸入」とは、外国の商品販売者が日本国内の第三者に商品の販売を委託する「委託販売貿易契約に基づく貨物の輸入取引」です（図表14－9参照）。

外為法上、特別な手続はなく、後払送金ベースの輸入決済と同じです。売れ残った貨物は、無為替輸出として積み戻しますが、禁制品などの一部貨物を除いては、輸出承認などの手続は不要です。

委託販売輸入の特徴は、以下のとおりです。
・貨物の所有権は、貨物が国内で販売されるまでは委託者にあること
・委託者は保険の受益者であり、運賃その他の経費を負担すること
・支払は送金ベースで行うこと
・売れ残った貨物は積戻しができる条件になっていること

以上より、委託販売貿易においては、一般的にその貨物の保険の受益者は委託者であり、運賃その他の諸経費や金利およびリスクなども委託者が負担し、委託者の支払う販売手数料および受託者の支払う販売代金の金額は、売上高確定後に送金ベースによる決済で行われます。

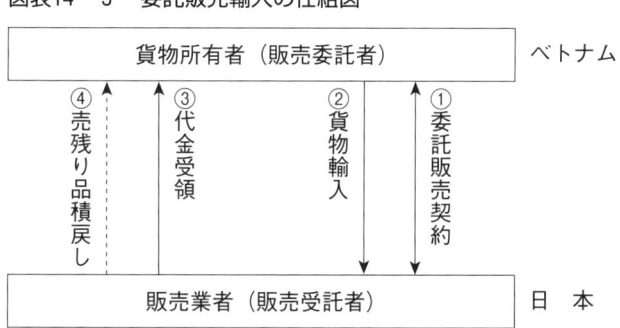

図表14－9　委託販売輸入の仕組図

```
┌─────────────────────────────────┐
│      貨物所有者（販売委託者）        │  ベトナム
└─────────────────────────────────┘
    ↑        ↑         ↓         ↑
    ④        ③         ②         ①
   売       代         貨         委
   残       金         物         託
   り       受         輸         販
   品       領         入         売
   積                             契
   戻                             約
   し
    ↓        │         ↓         │
┌─────────────────────────────────┐
│      販売業者（販売受託者）         │  日　本
└─────────────────────────────────┘
```

第14章　特殊貿易　347

5 委託加工貿易

(1) 委託加工貿易とは

「委託加工貿易」とは、加工委託者が生産に必要な原材料を加工受託者に提供し、受託者がそれを加工して委託者または委託者の指示する者に対して引き渡し、加工賃を受け取る契約形態をいいます。

委託加工貿易には、原材料を輸入して、本邦内で加工の後、委託者に再輸出するという契約に基づく貿易形態、すなわち「順委託加工貿易」と、契約の相手方に貨物を輸出し、外国でその貨物に加工を施した後、再輸入する契約に基づく貿易形態、すなわち「逆委託加工貿易」とがあります。

(2) 順委託加工貿易とは

「順委託加工貿易」は、図表14-10のように、本邦の受託者が外国の委託者から加工委託を受けるものをいいます。

(3) 逆委託加工貿易とは

「逆委託加工貿易」は、図表14-11のように、本邦の委託者が外国の受託者に加工を委託するものをいいます。

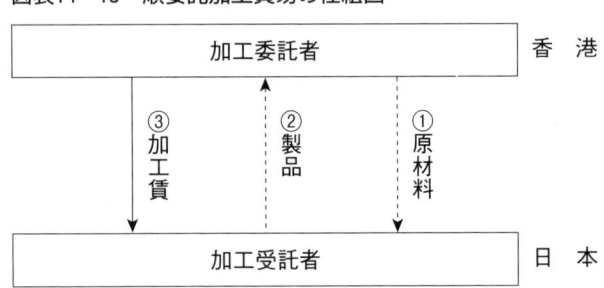

図表14-10　順委託加工貿易の仕組図

```
            ┌──────────────────────────┐
            │      加工委託者           │ 香 港
            └──┬────────▲────────┬─────┘
               │        │        │
            ③加工賃  ②製品   ①原材料
               │        │        │
            ┌──▼────────┴────────▼─────┐
            │      加工受託者           │ 日 本
            └──────────────────────────┘
```

図表14-11　逆委託加工貿易の仕組図

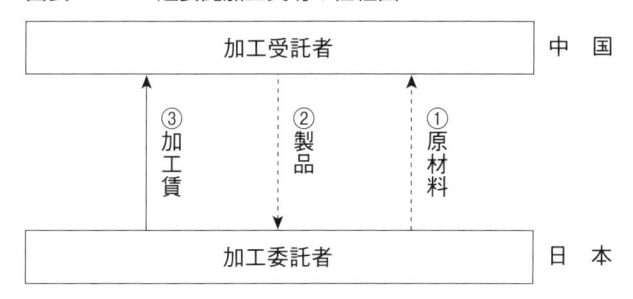

```
┌─────────────────────────────┐
│         加工受託者          │  中　国
└─────────────────────────────┘
     ↑         ↑         ↑
     ③         ②         ①
     加         製         原
     工         品         材
     賃                    料
     │         ↓         │
┌─────────────────────────────┐
│         加工委託者          │  日　本
└─────────────────────────────┘
```

(4) 特　徴

　安くて豊富な労働力があるところに加工を任せたほうがコストの引下げにつながる場合や、受託者が特殊な加工技術を有しており優秀な製品を提供する場合などに委託加工貿易が行われます。

　委託加工貿易の特徴は、貨物の所有権が委託者に属したままで、受託者に移転せず、無為替輸出、無為替輸入になりますので、加工賃の受領または支払のみが行われるところにあります。なお、「加工賃」には、加工の作業経費および報酬のほか、運賃、保険料、倉庫料などが含まれます。

　委託加工貿易としての外為法上の規制は、外国で加工する逆委託加工貿易が対象となります。輸出貿易令、輸出貿易管理規則の規定により、革・毛皮・皮革などの加工を外国に委託する場合は、それらの加工原材料の輸出について経済産業大臣の承認が必要となります。

　本邦の受託者が外国の委託者から加工賃を受領したとき、または、本邦の委託者が外国の受託者に加工賃を支払ったとき、金額が30百万円相当額を超える場合には、日本銀行経由で財務大臣宛に「支払又は支払の受領に関する報告書」を提出しなければなりません。

　逆委託加工貿易で加工された製品を本邦に輸入する場合には、関税の納付が必要ですが、ケースによっては減税または特恵関税扱い（注）などの関税上の優遇を受けられることがあります。また、逆委託加工貿易の場合には、付加価値があまり低いと現地政府の許可が取得できないケースがよくありま

第14章　特殊貿易

すので、あらかじめ当事者間で十分話し合っておくことが大切です。
(注) 特恵関税……特別な関係の相手国に対して、相互主義の立場から低い税率を与え合う一種の割引関税制度のことをいいます。

6 加工貿易

「加工貿易」とは、原材料を外国から輸入して、それを加工したうえで輸出する取引をいいます（図表14－12参照）。

前記5で説明した委託加工貿易との違いは、委託加工貿易においては原材料の所有権が最後まで委託者（原材料の輸出者）にあるのに対し、加工貿易の場合は原材料の所有権が輸入決済と同時に輸入者に移る点にあります。

1960年代から1970年代の日本は、外国から原材料を輸入して外国へ製品を輸出するという典型的な「加工貿易」を行っていましたが、製品輸出では、常に欧米と貿易摩擦が発生しました。製品輸出は、繊維、カラーテレビ、鉄鋼、自動車、そして半導体と推移しましたが、対日貿易赤字に悩む欧米各国の手前、問題になるたびに輸出の自主規制を強いられました。その後、日本の企業は結局、輸出を自主規制するよりも現地生産へとシフトしていくことを選択しました。そのため、現在では、海外の現地法人で生産したものを輸入するという製品輸入が主流となっています。

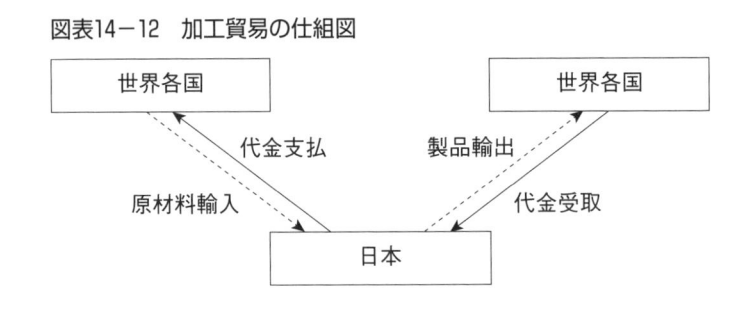

図表14－12　加工貿易の仕組図

7 貴金属の輸出入

　外為法上の「貨物」とは、貴金属、支払手段および証券その他債権を化体する証書以外の動産と定義されていて、貴金属と下記⑧の支払手段は輸出入令の対象貨物ではありません。

　外為法上の「貴金属」とは、一般的にいわれている金・銀・プラチナなどを総称しての意味ではなく、具体的には「金の地金、金の合金の地金、流通していない金貨その他金を主たる材料とする物をいう」（注）と定義されています。

(注)　「金の地金、金の合金の地金（金地金）」……金の含有する地金であって、その形状が塊、片、粒その他これに類する形状のもの。
　　　「流通していない金貨」……強制通用力のある金貨のうち、その額面金額を超える価額で取引されるものを含む。
　　　「金を主たる材料とする物（金製品）」……金の地金を使用する物品であって、その含有する金の重量または価格が当該物品の重量またはFOB価格の2分の1以上のもの。

　これらの貴金属の輸出入については、平時は自由に行うことができますが、財務大臣が外為法令の規定の確実な実施を図るため必要があると認めたとき、または国際収支の均衡もしくは通貨の安定を維持するため、特に認めたときは、財務大臣の許可を受けなければなりません。2013年6月末現在、北朝鮮を仕向地とする貴金属の輸出については、財務大臣の許可を受けなければなりません。

　1998年の外為法改正の際に、貴金属を携帯輸出入する際には、財務大臣への届出制度が新設されました。具体的には、貴金属のうち、金の地金（金の含有量が90％以上のもの）であって、その重量が1kgを超えるものを携帯して輸出（国外への持出し）または輸入（国内への持込み）をしようとするときは、「支払手段等の携帯輸出／輸入届出書」を税関長に提出しなければなりません。

貴金属の対価の受払が銀行などを経由する取引において、30百万円相当額を超える場合には、当該支払などをした日から10日以内に「支払又は支払の受領に関する報告書」の提出が必要となります。

8 支払手段等の輸出入

　外為法では、「支払手段」とは、「①銀行券、政府紙幣、小額紙幣及び硬貨、②小切手（旅行小切手を含む）、為替手形、郵便為替及び信用状、③証票、電子機器その他の物に電磁的方法により入力されている財産的価値であつて、不特定又は多数の者相互間での支払のために使用することができるもの（いわゆる、電子マネー）、④約束手形及び①または②に掲げるものに準ずるもの」と定義されています。また、「支払手段等」とは、以上の支払手段に貴金属と証券を加えたものです。

　1百万円相当額を超える現金、小切手、約束手形、有価証券などの支払手段を携帯して輸出（国外への持出し）または輸入（国内への持込み）をしようとするときは、前記7で説明した「支払手段等の携帯輸出／輸入届出書」を、税関長に提出しなければなりません。

事項索引

[A〜Z]

A/Sレート ……………………… 79, 81
ABS ……………………………… 77
ACCレート ……………………… 79, 80
ADVICE AND CREDIT ………… 132
ADVICE AND PAY ……………… 132
ADVISING BANK ……………… 145
AIR T/R ………………………… 303, 320
AIR WAYBILL ………… 167, 180, 182
APPLICANT ……………… 145, 305
B/L ………… 144, 167, 172, 215, 233, 282
BA ………………………………… 76
BENEFICIARY …………… 145, 305
BID BOND ………………… 256, 257
BILL OF EXCHANGE …… 164, 214
BILL OF LADING …… 167, 172, 215
BOND …………………………… 244
CASH売レート ………………… 79, 80
CASH買レート ………………… 79, 81
CENTRAL RATE ………………… 78
CERTIFICATE OF ORIGIN
 ……………………………… 168, 187
CFR …………… 162, 163, 164, 199
CIF …………… 162, 163, 164, 200
COMMERCIAL INVOICE
 ……………………………… 167, 168, 214
CONFIRM ……………………… 150
CONFIRMATION ………… 244, 248
CONFIRMED CREDIT ………… 149
CONSIGNEE …………………… 176, 181
CP ………………………………… 76
CREDIT ADVICE ……………… 19
CURRENT DEPOSIT …………… 99
CUT OFF TIME ………………… 132
D/A …… 216, 228, 247, 248, 290, 329
D/P …… 216, 224, 247, 248, 288, 328
DEBIT ADVICE ………………… 19
DEBIT AUTHORIZATION ……… 19
DISCOUNT ……………………… 85
DISCREPANCY ………………… 235
DOMESTIC EXCHANGE ………… 3
EB ……………………………… 134
EXCHANGE ……………………… 2
EXPIRY ………………………… 206
FLAT …………………………… 85
FOB …………… 161, 162, 164, 199
FOREIGN EXCHANGE ………… 4
FORFAITING …………… 244, 250
FORWARD RATE ……………… 83
G7 ……………………………… 68, 94
G20 ……………………………… 68
HRR ……………………………… 89
ICC ……………………………… 6
IMPACT LOAN ……… 116, 244, 254
INCOTERMS …………………… 161
INSPECTION CERTIFICATE
 ……………………………… 168, 189, 198
INSURANCE POLICY
 ……………………………… 167, 184, 215
INVOICE DISCOUNT …… 244, 252
IQ品目 ………………………… 283

事項索引 353

IRREVOCABLE	147
IRREVOCABLE CREDIT	149
ISSUING BANK	145
JETRO	11, 193
L/C	144, 220, 262, 279, 288, 304, 326
L/Cコンファーム	244, 248, 249, 262
L/G	318
L/G付買取	236, 238
LEADS & LAGS	94
LETTER OF CREDIT	144, 220
LIBOR	75
MAIL INTEREST	79
MARRY	92
MONEY LAUNDERING	43
NACCS	297
NETTING	94
NEXI	10
NON-RESIDENT	113
ORDINARY DEPOSIT	99
PACKING LIST	167, 187
PAY ON APPLICATION	132
PAYMENT ADVICE	19
PAYMENT ORDER	19
PERFORMANCE BOND	256, 257, 329
PREMIUM	85
R/A	16, 17
RECEIVED B/L	173
REFUNDMENT BOND	256, 258
REIMBURSEMENT AGENT	16, 17
RELEASE ORDER	181, 320
RESIDENT	113
REVOLVING CREDIT	152
SHIPPED B/L	173
SPOT RATE	83
STALE B/L	175
SURRENDERED B/L	175
SWIFT	131, 153
T/C	124, 127
T/R	303, 317
T/T	131
TARIFF	14
TIME DEPOSIT	100
TRANSFERABLE CREDIT	153
TTBレート	77, 79, 81
TTMレート	78, 79
TTSレート	77, 79, 80
UCP600	6, 146, 295
UNCONFIRMED CREDIT	150
USANCE	309
USANCE BILLレート	79, 81

[あ]

アクセプタンス方式	311
預り金勘定	15, 16, 17
預け金勘定	15, 16, 17
後受送金	217
後払送金	286, 325, 326
アメンド	236, 237
アンペイド	295

[い]

委託加工貿易	334, 348
委託販売貿易	334, 345
委託販売輸出	346
委託販売輸入	347
一覧払信用状	150

一覧払輸入手形決済相場……… 79,80
インコタームズ ……………… 12,161
インターバンク・レート ………… 77
インパクトローン………………… 93,
　　　　　　　116,244,254,303,315
インフレ率 …………………………… 66
インボイス ……………………… 144,
　　　　　　　167,168,214,233,282
インボイスディスカウント… 244,252

[う]

受取船荷証券……………………… 173
売相場……………………………… 79,80
売予約……………………………… 86
運賃込み条件…………… 163,164,199
運賃保険料込み条件…… 163,164,200

[え]

エア・ウェイビル……… 180,181,215
エレクトロニック・バンキング… 134
円高 ………………………………… 64
円建取引 …………………………… 92
円安 ………………………………… 64

[お]

オープン・コンファーム
　　　　　　　……………… 150,207,249
オープン信用状……………… 151,152
乙仲………………………………… 211
オフショア市場 …………………… 73
オプション渡し …………………… 87

[か]

外貨準備高 ………………………… 66

外貨定期預金………………… 98,99,108
外貨当座預金……………………… 98,99
外貨普通預金……………………… 98,99
外貨預金…………………………… 93,98
外貨両替…………………………… 124
外銀アクセプタンス……………… 311
外銀ユーザンス…………………… 311
外国為替 ………………………… 2,3,5,62
外国為替及び外国貿易法（外為法）
　　　　　　　……………… 6,10,22,34,207
外国為替市場 ……………………… 72
外国為替相場 ……………………… 62
外国送金…………………………… 129
外国通貨…………………………… 124,125
外国通貨売相場…………………… 79,80
外国通貨買相場…………………… 79,81
外国通貨建相場 …………………… 63
買相場……………………………… 79,81
外為（ガイタメ）………………… 3
回転信用状………………………… 152
買取………………………………… 225,232
介入………………………………… 71
買予約……………………………… 86
確定日渡し ………………………… 87
確認………………………………… 150
確認信用状………………………… 149
加工貿易…………………………… 334,350
カット・オフ・タイム …………… 132
貨物引渡指図書…………………… 181
為替………………………………… 2,62
為替手形…………………… 164,214,233
為替取引…………………………… 129
為替ブローカー…………………… 72,73
為替予約…………………… 11,83,85,90

事項索引　355

為替リスク ……………………… 9,11
関税消費税延納保証………… 303,321
カントリーリスク ………… 9,10,192

[き]

期間渡し ………………………… 87
期限付信用状…………………… 150
期限付手形買相場………………79,81
基準相場 ………………………… 78
記名式 …………………………… 176
逆委託加工貿易………………334,348
居住者 …………………………… 113
居住者間の外貨建決済………… 12,94
銀行間直物相場 ………………… 77
銀行引受手形 …………………… 76
金融商品取引法………………… 106
金利裁定 ………………… 84,107,118

[く]

組み合わせ決済………………231,292
組み合わせ送金………………220,287
クリーン取引……………………37,38
クリーンビル………137,138,139,140
クロス・レート ………………… 78

[け]

経済成長率 ……………………… 65
契約履行保証……………… 256,257,329
ケーブル・ネゴ………………236,238
決済銀行 ………………………… 16
検査証明書……… 168,189,198,209,282
原産地証明書……… 144,168,187,282

[こ]

航空貨物運送状…… 167,180,215,282
交互計算 ………………………… 95
口座振込………………………… 132
公示仲値…………………………78,79
購買力平価 ……………………… 67
購買力平価説 …………………… 71
国外送金等調書提出制度……… 130
国外送金等調書法 ……………… 6
国際協力銀行……………… 244,255,316
国際収支 ………………………… 66
国際収支説 ……………………… 71
国際商業会議所 ………………… 6
コマーシャルペーパー ………… 76
コルレス勘定 …………………… 15
コルレス銀行 …………………… 15
コルレス契約 …………………… 14
コンサイニー ……………… 176,181

[さ]

財政収支 ………………………… 66
裁定相場 ………………………… 78
サイレント・コンファーム
……………………… 150,207,249
先物相場 ………………………… 83
指図式…………………………… 176
サレンダードB/L ……………… 175
三国間貿易……………………… 335

[し]

ジェトロ …………………… 11,193
直先スプレッド ………………… 84
直はね……………………… 303,315

直物相場 …………………… 77,83
資金洗浄 …………………… 43
自行アクセプタンス …………… 312
自国通貨建相場 ……………… 63
資産担保証券 ………………… 77
市場連動直物相場 …………… 82
失業率 ……………………… 67
シッパーズユーザンス ………… 312
支払指図書 …………………… 19,131
支払通知書 …………………… 19
支払保証状 …………………… 303,306
支払または支払の受領に関する報告書
　…………………………… 39
資本取引 ……………………… 8,28
仕向送金 ……………………… 129
受益者 ………………… 145,281,305
順委託加工貿易 ……………… 334,348
少額貯蓄非課税制度 ………… 102
商業送り状 …… 167,168,214,233,282
証書貸付 ……………… 117,244,245
譲渡可能信用状 ……………… 153
書類点検 …………………… 148,232
書類取引性 …………………… 147
信用状 ……………………… 144,
　　220,233,262,279,288,304,326
信用状通知銀行 ……………… 145,305
信用状付一覧払輸出手形買相場
　…………………………… 79,81
信用状統一規則 ……… 6,12,146,295
信用状発行銀行 ……………… 145,305
信用調査 ……… 11,194,195,276,277
信用リスク ………………… 9,11

［す］

スイッチ貿易 ………………… 334,343
スイフト ……………… 14,131,153
スイフトRMA ………………… 14
ステイルB/L ………………… 175
スワップ・スプレッド ………… 84

［せ］

請求払 ……………………… 132
請求払保証統一規則 ………… 6,12
制度金融 …………………… 255,316
全国銀行データ通信システム …… 129

［そ］

送金小切手 ………………… 131,134
相殺 ……………………… 95

［た］

対外直接投資 ………………… 28
対顧客直物相場 ……………… 77
貸借記 ……………………… 95
対内直接投資 ………………… 29
建値 ……………………… 160,199
タリフ ……………………… 14
ダン・レポート ……………… 195

［ち］

地政学的リスク ……………… 70
仲介貿易 …………………… 7,334,335

［つ］

通貨オプション ……………… 90
通知後現金払 ………………… 132

[て]

定期預金……………………… 100
ディスカウント ………………… 85
ディスクレ（ディスクレパンシー）
　……………… 232,235,247,294,295
ディスクレ対応………………… 235
手形貸付………………… 117,244,245
デポコルレス銀行 ……………… 15
電子ブローキングシステム ……… 74
電信売相場 ………………… 77,79,80
電信買相場 ………………… 77,79,81
電信送金………………………… 131

[と]

東京外為市場 …………………… 73
当座貸越………………… 244,245
当座預金 ………………………… 99
同時決済送金………… 219,286,326
ドキュメンタリー取引 …………… 37
ドキュメンツ…………………166,214
ドキュメンツ・チェック………148,232
特殊貿易………………………… 334
独立抽象性 ……………………… 147
特恵関税………………………349,350
ドラフト ………………………164,214
トラベラーズ・チェック……124,127
取消不能………………………… 147
取消不能信用状………………… 149
取立……………………… 225,232
取立統一規則 ………………… 6,12
取引勧誘状 …………………… 195
トレジャリーチェック………… 138

[な]

内国為替 ……………………… 2,5,62
内為（ナイタメ）……………………… 2

[に]

荷受人 ………………………176,181
日本貿易振興機構 …………… 11,192
日本貿易保険…… 10,11,262,263,264
荷物貸渡……………………… 303,317
荷物引取保証………………… 303,318
入金通知書 …………………… 19
入札保証………………………256,257
ニューヨーク市場 ……………… 76

[ね]

ネッティング……………………12,94

[の]

ノンデポコルレス銀行 …………… 15

[は]

パーソナルチェック…………… 138
発行依頼人…………………145,305
バンクチェック………………… 138
犯罪収益移転防止法 …………… 6,35

[ひ]

引落授権書 …………………… 19
引落通知書 …………………… 19
非居住者……………………… 113
非居住者円預金 ……………… 113
被仕向送金…………………… 135
非常リスク ……………………… 9,10

[ふ]

ファンダメンタルズ ………………… 65
フォーフェイティング… 244,250,262
普通預金 ……………………………… 99
船積期限…………………… 156,206,282
船積書類…………………………… 166,214
船積船荷証券……………………… 173
船荷証券… 144,167,172,215,233,282
プラザ合意 ………………………… 95
フラット …………………………… 85
プレミアム ………………………… 85
プロフォーマ・インボイス……… 169

[へ]

丙号T/R……………………… 303,320
ペイメント・ギャランティー…… 327

[ほ]

貿易外取引……………………… 8,122
貿易取引……………………………… 7
貿易取引条件…………………… 160,199
貿易保険…………………………… 262,264
貿易保険制度…………………… 10,11
包装明細書……………………… 167,187,282
保険証券… 144,167,184,215,234,282
保税地域…………………………… 211
本船渡し条件…………………… 161,164,199
ボンド…………………………… 244,256
本人確認義務 ………………… 34,35,36
本邦ユーザンス………………… 310,336

[ま]

前受金返還保証………………… 256,258

前受送金…………………………… 217
前払送金…………………………… 285,326
マネー・ローンダリング ………… 43
マネーオーダー…………………… 138
マリー ……………………………… 92

[む]

無確認信用状……………………… 151
無為替輸入………………………… 346

[め]

メール期間金利 …………………… 79

[も]

元地回収B/L……………………… 175
モントリオール議定書 …………… 32

[ゆ]

有効期限…………………… 155,206,281
ユーザンス………………………… 309
ユーロ円インパクトローン……… 119
ユーロ市場 ………………………… 75
輸出金融…………………………… 242
輸出手形保険……………… 263,267,269
輸出取引……………………………… 7
輸出入・港湾関連情報処理システム
　………………………………………… 297
輸出ファクタリング……… 262,263
輸出前貸…………………… 243,244,245
輸出予約…………………………… 86
輸入金融…………………………… 302
輸入取引……………………………… 7
輸入はね返り金融…………… 303,314
輸入ユーザンス…………………… 309

輸入予約 …………………………… 86
輸入割当品目………………… 283,346

[よ]

預金保険制度………………………… 102

[り]

リーズ・アンド・ラグズ ………… 94
リストリクト信用状……………… 151
旅行小切手………………… 124,127
リリース・オーダー………… 181,320

リンバース方式……………… 292,293

[れ]

レミッタンス方式………………… 292

[ろ]

ロンドン市場 ……………………… 75

[わ]

ワシントン条約……………… 31,32,208

外為エッセンシャルシリーズⅠ
外国為替
平成25年10月22日　第1刷発行

著　者　大　村　　　博
発行者　倉　田　　　勲
印刷所　奥村印刷株式会社

〒160-8520　東京都新宿区南元町19
発　行　所　一般社団法人 金融財政事情研究会
　　　　　編集部　TEL 03(3355)2251　FAX 03(3357)7416
販　　売　株式会社きんざい
　　　　　販売受付　TEL 03(3358)2891　FAX 03(3358)0037
　　　　　URL http://www.kinzai.jp/

・本書の内容の一部あるいは全部を無断で複写・複製・転訳載すること、および磁気または光記録媒体、コンピュータネットワーク上等へ入力することは、法律で認められた場合を除き、著作者および出版社の権利の侵害となります。
・落丁・乱丁本はお取替えいたします。定価はカバーに表示してあります。

ISBN978-4-322-12349-4

KINZAI バリュー叢書 好評発売中

ゼロからわかる損益と資金の見方
●都井清史［著］・四六判・180頁・定価（本体1,300円＋税）

損益と資金繰りの見方の基本を詳解した入門書の決定版。実際のB/S、P/L、キャッシュフロー計算書等を参照しながら数値・指標の示す意味をわかりやすく解説。

金融機関のガバナンス
●天谷知子［著］・四六判・192頁・定価（本体1,600円＋税）

ベアリングズ破綻、サブプライム・ローン問題、「ロンドンの鯨」事件、金融検査事例集等を題材に、ガバナンスを考える。

内部監査入門
●日本金融監査協会［編］・四六判・192頁・定価（本体1,600円＋税）

リスクベース監査を実践し、リスク管理態勢の改善を促すことができる内部監査人の育成、専門的能力の向上のための最適テキスト。

日米欧の住宅市場と住宅金融
●独立行政法人 住宅金融支援機構 調査部［編著］・四六判・324頁・定価（本体1,800円＋税）

日本の住宅金融市場の歴史を振り返り、構造変化とその要因を分析。さらに米サブプライム問題やスペインの銀行危機を総括し、日本への教訓を探る。

責任ある金融
──評価認証型融資を活用した社会的課題の解決
●日本政策投資銀行 環境・CSR部［著］・四六判・216頁・定価（本体1,600円＋税）

「環境」「事業継続」「健康」の3つをテーマとした評価認証型融資を通じて、企業の成長制約要因を成長要因に転換し、新しい社会をデザインする。

住宅ローンのマネジメント力を高める
──攻めと守りを実現する住宅ローンのビジネスモデル
●本田伸孝・三森　仁［著］・四六判・228頁・定価（本体1,600円＋税）

金融機関の貸出審査の3割弱を占める住宅ローンについて、商品性、収益性、債権管理、リスクの把握などの観点からビジネスモデルのあり方を検証・提言した一冊。

好評図書

事例に学ぶ 貸出の基本を教えるOJTの勘所
―対話形式で学ぶ"判断・事務・管理"の63シーン
吉田　重雄［著］　A5判・292頁・定価（本体2,500円＋税）

事例に学ぶ 苦情・クレーム対応の勘所
―初動対応のポイントと金融ADR
香月　裕爾［監修］炭本　典生［著］　A5判・340頁・定価（本体2,400円＋税）

事例に学ぶ 倒産予知の勘所
―与信管理の強化と粉飾決算の発見
岩渕　真一［著］　A5判・204頁・定価（本体2,200円＋税）

事例に学ぶ 貸出担当者育成の勘所
―貸出業務の本質とOJTによる人材育成
吉田　重雄［著］　A5判・280頁・定価（本体2,600円＋税）

事例に学ぶ 決算分析の勘所
―融資担当者のための決算書読解・資金分析術
井口　秀昭［著］　A5判・196頁・定価（本体2,000円＋税）

事例に学ぶ 貸出先実態把握の勘所
―「取引先概要表」の作成と財務・実体面の動態把握
吉田　重雄［著］　A5判・256頁・定価（本体2,200円＋税）

事例に学ぶ 再生EXITの勘所
―ステークホルダー・マネジメントの要諦
奥　総一郎［著］　A5判・244頁・定価（本体2,600円＋税）

事例に学ぶ 貸出判断の勘所
―資金使途の検証にみる「貸出の王道」
吉田　重雄［著］　A5判・196頁・定価（本体2,000円＋税）

事例に学ぶ 法人営業の勘所
―ソリューション営業の極意
澁谷　耕一・滝川　秀則［著］　A5判・208頁・定価（本体2,200円＋税）

事例に学ぶ 債権保全の勘所
―キャッシュフローを通じた債権管理
穂刈　俊彦［著］　A5判・216頁・定価（本体2,200円＋税）